Don Shay & Jody Duncan

Wie aus dem Bestseller DINOPARK
der Kinoerfolg von Steven Spielberg wurde

aus dem Amerikanischen
von Klaus Berr

Droemer Knaur

Titel der Originalausgabe: The Making of Jurassic Park.
An Adventure 65 Million Years in the Making
Originalverlag: Ballantine Books, a Division of Random House,
Inc., New York

Die Deutsche Bibliothek – CIP Einheitsaufnahme
Shay, Don:
Jurassic Park: wie aus dem Bestseller DinoPark der
Kinoerfolg von Steven Spielberg wurde / Don Shay & Jody
Duncan. Aus dem Amerikan. von Klaus Berr. – München:
Droemer Knaur, 1993
   Einheitssacht.: The making of Jurassic Park <dt.>
   ISBN 3-426-26713-6
NE: Duncan, Jody:

Dieses Buch wurde auf chlor- und säurefreiem Papier gedruckt

© Copyright 1993 für die deutschsprachige Ausgabe
by Droemersche Verlagsanstalt Th. Knaur Nachf. München 1993
TM & © 1993 Universal City Studios, Inc. & Amblin Entertainment,
Inc. Licensed by MCA Publishing Rights, Inc., a Division of MCA
Illustrationen im Innenteil von: John Bell, Murray Close, Tom Cranham, Stefan
Dechant, Peter Iovino, Marty Kline, Dave Lowery, Craig Mullins, Mark
»Crash« McCreery, David Negran, Dan Sweetman, Jim Teegarden
Das Werk einschließlich aller seiner Teile ist urheberrechtlich geschützt.
Jede Verwertung außerhalb der engen Grenzen des Urheberrechtsgesetzes
ist ohne Zustimmung des Verlages unzulässig und strafbar. Das gilt
insbesondere für Vervielfältigungen, Übersetzungen, Mikroverfilmungen und
die Einspeicherung und Verarbeitung in elektronischen Systemen
Umschlaggestaltung: Agentur Zero, München
Umbruch: Ventura Publisher im Verlag
Druck und Bindearbeiten: Mohndruck, Gütersloh
Printed in Germany   5   4   3   2   1
ISBN 3-426-26713-6

DANKSAGUNG

Wollen Sie es gut, oder wollen Sie es schnell?
Sieht man sich die vielen hastig hergestellten Bücher über populäre Kinofilme an, ist die Antwort meistens leider allzu offensichtlich. Als Autoren, die ihre Arbeit ernst nehmen, waren wir deshalb sehr froh, als schon bei den ersten Begegnungen mit Vertretern von Amblin Entertainment, MCA Publishing und Ballantine Books deutlich wurde, daß alle ein gutes, informatives Buch über die Entstehung von *Jurassic Park* wollten. Fast ein Jahr ist vergangen, in dem wir diesen Film als Chronisten von der Vorproduktion bis hin zur Postproduktion begleitet haben, und wir sind immer noch beeindruckt.

An erster Stelle haben wir natürlich Steven Spielberg und allen Mitgliedern seines bemerkenswerten Produktionsteams zu danken, denn sie standen uns trotz der Hektik bei dieser außergewöhnlich komplexen Produktion immer zur Verfügung. Besondere Anerkennung möchten wir der Koproduzentin Lata Ryan aussprechen, die von Anfang bis zum Ende für uns da war. Wir danken Marvin Levy und Kris Kelly vom Amblin Marketing Team – und Bonnie Curtis für eine besonders wichtige Telefonverbindung. Des weiteren geht unser Dank an die Pressesprecherin des Produktionsteams, Marsha Robertson, und an Murray Close, dessen Standfotos viel zur Illustration dieses Buches beigetragen haben.

Und schließlich noch ein Dankeschön an Nancy Cushing-Jones von MCA Publishing für ihr Engagement für dieses Projekt und für ihre Fähigkeit, Dinge geschehen zu lassen, sowie an ihre Kollegin Jennifer Sebree für ihre Kontaktarbeit und ihre unermüdliche Unterstützung.

Don Shay und Jody Duncan

INHALT

DANKSAGUNG

TEIL I:
VORPRODUKTION
13

TEIL II:
PRODUKTION
79

TEIL III:
POSTPRODUCTION
137

TEIL IV:
STORYBOARDS
161

FILM CREDITS
191

SAN FRANCISCO (AP) – Einer Gruppe kalifornischer Wissenschaftler ist es gelungen, ein Fragment genetischen Materials zu klonen, das von einer fünfundzwanzig Millionen Jahre lang in Bernstein konservierten, stachellosen Biene stammte.

Die Wissenschaftler, die Teile der DNS des Insekts extrahierten und ihre genaue Gensequenz bestimmten, wollen dieses neue Verfahren nun auch anwenden bei anderen in Bernstein eingeschlossenen, urzeitlichen Tieren wie etwa Eidechsen, Rüsselkäfern und einer Stechmücke, die möglicherweise Dinosaurierblut gesaugt hat.

Falls diese Mücke tatsächlich Dinosaurierblut in sich trägt, so die Wissenschaftler, wird es ihnen vielleicht möglich sein, die Geheimnisse dieser rätselhaften, ausgestorbenen Reptilien und ihrer Entwicklungsgeschichte zu lüften. Der Bericht über die erste Phase dieser Forschungsarbeit, veröffentlicht in der jüngsten Ausgabe der britischen Zeitschrift *Medical Science Research*, stammt von Raul J. Cano, einem Molekularbiologen an der California Polytechnic State University in San Luis Obispo, Kalifornien, und von dem Entomologen George O. Poinar vom University of California's College of Natural Resources in Berkeley.

Auch wenn dieses Forschungsprojekt stark an *Jurassic Park* erinnert, einem Roman über Wissenschaftler, die Dinosaurier neu erschaffen, indem sie ihre DNS klonen, stellt Poinar fest, das eigentliche Ziel des Experiments sei der Beweis, daß eine Extraktion lebensfähiger DNS von ausgestorbenen Tieren möglich ist, und die Suche nach neuen, überzeugenden Indizien für eine »genetische Uhr«, die die Geschwindigkeit der Evolution in erdgeschichtlichen Zeiträumen angibt.

In dem diese Woche veröffentlichten Bericht beschreiben die Wissenschaftler, wie es ihnen gelang, Fragmente des Muskelgewebes aus den Flügeln von vier Bienen zu extrahieren, die praktisch unversehrt im Harz eines ausgestorbenen Baumes konserviert worden waren.

Dieses Harz versteinerte im Laufe von Jahrhunderten und wurde so zu Bernstein. Poinar sammelt Insekten und Fellfragmente, die aus einer Bernsteinmine in der Dominikanischen Republik, wo diese Bäume vor fünfundzwanzig bis vierzig Millionen Jahren wuchsen, stammen.

Mit zu diesem Forscherteam gehören Poinars Sohn Hendrik, Student an der Californian Polytechnic, und David W. Roubik aus Panama, ein Bienenexperte der Smithsonian Institution.

Die in dem Experiment verwendete Biene gehörte zur Spezies *Propledia dominicana*, einer ausgestorbenen Vorläuferin einer tropischen stachellosen Bienenart, die heutzutage über die ganze Erde verbreitet ist.

Die Sequenzierung der urzeitlichen DNS zeigt, daß etwa sieben Prozent des genetischen Materials dieser Biene von dem heutiger Bienen abweichen – laut Cano und Poinar ein wertvoller Hinweis auf den Verlauf der Bienenevolution.

Zwei Wochen nach dem Beginn der Produktion von Jurassic Park – *am 4. September 1992 – brachte die Nachrichtenagentur Associated Press die nebenstehende Meldung:*

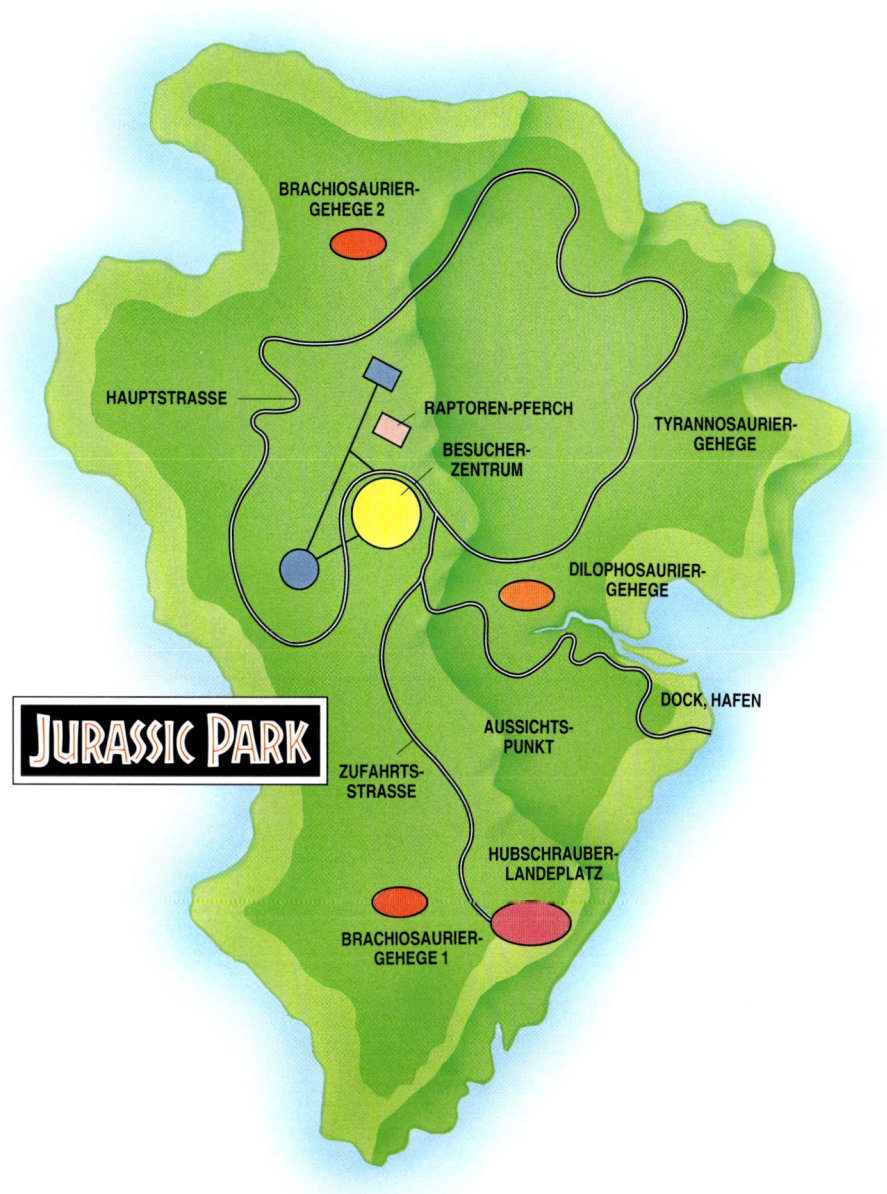

TEIL I

VOR-
PRODUKTION

Es war eine höchst vielversprechende Verbindung. Der eine ein Schriftsteller, dessen phantasievolle Techno-fiction-Romane Bestsellerlisten erobern. Der andere einer der erfolgreichsten Filmemacher der Welt. Beiden war schon in jungen Jahren Erfolg beschieden, und beide waren, nach zwei Jahrzehnten der Vervollkommnung ihrer Fähigkeiten, auf dem Gipfel ihrer Kunst angelangt.
Was zuerst nur in den Filmfachzeitschriften angekündigt wurde, fand sehr schnell seinen Weg in die Massenmedien und ins öffentliche Bewußtsein: Michael Crichton hatte eben seinen siebten Roman, *Jurassic Park* [1], beendet, und Steven Spielberg wollte daraus einen Film machen.

Allein schon der Titel machte neugierig. Ein Buch mit dem Namen *Jurassic Park* mußte irgend etwas mit prähistorischen Tieren zu tun haben. Und Michael Crichton sollte diese Erwartung nicht enttäuschen. Obwohl bis zur Veröffentlichung noch sechs Monate vergehen sollten, wurde sehr schnell bekannt, daß das Klonen von Dinosauriern für einen futuristischen Freizeitpark der Angelpunkt der Geschichte war. Wer mit Crichtons früheren Arbeiten vertraut war – vor allem mit dem Film *Westworld* von 1971, bei dem er das Drehbuch schrieb und Regie führte und in dem es um Roboter in Menschengestalt geht, die in einem Fantasy-Park Amok laufen –, der konnte sich vorstellen, daß auch in diesem Saurierzoo nicht alles nach Plan laufen würde.
Beinahe zehn Jahre lang schlug sich Crichton mit dem Grundgedanken dieses Romans herum. Schon 1981 hatte er ein Drehbuch geschrieben, in dem es um die Erschaffung eines Dinosauriers mit gentechnischen Mitteln ging, doch mit der Ausarbeitung war er nicht recht zufrieden. Da er zu der Zeit keine Lösung für dieses Problem fand, legte er das Skript beiseite. Etwa drei Jahre später hat-

Gegenüber: Eine Farbskizze des Tors zum Jurassic Park, gezeichnet vom Art Director John Bell. *Unten:* Das Logo des Jurassic Park, in Plastik geschnitzt von Yarik Alfer.

[1] In Deutschland unter dem Titel *DinoPark* bei Droemersche Verlagsanstalt erschienen. Anm. d. Übers.

14 Jurassic Park

te er eine Idee, wie man anders mit dem Stoff umgehen könnte. »Anfangs widerstrebte mir der Gedanke. Damals herrschte in unserem Land gerade eine große Dinosauriermanie. Und ich hatte das Gefühl, wenn ich etwas über Dinosaurier machte, würde ich nur in dem Trend mitschwimmen. Da mir das nicht behagte, beschloß ich zu warten. Aber im folgenden Jahr gab es diese Dinosauriermanie noch immer, und auch in dem darauf wurde sie kaum schwächer, so daß ich mir schließlich sagte, es werde wohl immer so bleiben.« Die Wende kam 1989. »Meine Frau war schwanger mit meinem ersten Kind, und ich merkte, daß ich an keinem Spielwarengeschäft vorbeigehen konnte, ohne ein Plüschtier zu kaufen. Und in den meisten Fällen waren das Plüschdinosaurier. Meine Frau konnte es nicht verstehen. Wir wußten, daß wir ein Mädchen bekommen würden. Warum ich nur immer diese Dinosaurier kaufe? Und ich antwortete ihr: ›Na ja, auch Mädchen mögen Dinosaurier.‹ Aber es war klar, daß ich fast schon besessen war von Dinosauriern, von der Verbindung Kinder und Dinosaurier. Und die Frage, was das zu bedeuten hatte, ging mir damals nicht mehr aus dem Kopf.«

Verblüfft von der Unausweichlichkeit des Ganzen, wandte Crichton sich von den Plüschsauriern ab. Er beschloß, die Idee seines beiseite gelegten Drehbuchs wiederzubeleben und daraus einen Roman zu machen. Wahrscheinlichkeitsfanatiker, der er war, mußte er zunächst ein Konzept entwickeln, mit dem gentechnisch erschaffene Dinosaurier in eine von Geschäfts-

Oben: Der Romanautor Michael Crichton, die Produzentin Kathleen Kennedy, der Figurenbauer Stan Winston und der Regisseur Steven Spielberg posieren mit der *King-Kong*-Heldin Fay Wray bei den Dreharbeiten zu *Jurassic Park*. *Gegenüber:* Um sein Interesse an dem geplanten Film zu unterstreichen, ließ Winston von seinem Art Department im Stan Winston Studio Dinosaurierentwürfe produzieren, noch bevor das Filmprojekt endgültig genehmigt war. Die Bleistiftskizzen des Triceratops, des Gallimimus, des Dilophosauriers, des Parasaurolophus, des Veloziraptors und des Brachiosauriers stammen von Mark »Crash« McCreery.

interessen beherrschte Welt eingefügt werden konnten. »Bei dem Gedanken an Projekte wie die Extraktion von Dinosaurier-DNS und die Entwicklung neuer Tiere aus diesem Extrakt, stellte sich mir natürlich sofort die eine Frage: Das ist ja schön und gut, aber wer wird dafür bezahlen? Die Kosten würden mit Sicherheit gigantisch sein – und was bringt es zum Beispiel der Stanford University, einen Dinosaurier zu haben? Die Idee mit dem Freizeitpark hatte also mit der Frage der Finanzierung eines solchen Projekts zu tun. Zuerst widerstrebte mir diese Idee, weil sie zu sehr an *Westworld* und an andere meiner früheren Einfälle erinnerte. Aber mir fiel einfach keine andere Finanzierungsmöglichkeit ein. Und ich kann mir immer noch keine andere vorstellen. Ich glaube, falls je Dinosaurier wirklich geklont werden, dann wird es zu Unterhaltungszwecken geschehen. Und das paßte auch zu einem zweiten Thema, das mich interessierte, nämlich die Kommerzialisierung der Gentechnik – was meiner Ansicht nach ein sehr ernstes Problem ist, außerdem eines, dem wir uns noch nicht stellen. Die Tatsache, daß diese Dinosaurier für einen Freizeitpark produziert werden, zeigt, wie ich glaube, sehr schön, daß diese ganze erstaunliche Technologie im Grunde genommen nur für kommerzielle und unseriöse Zwecke ausgenutzt wird.«

»Crash« McCreery bei der Arbeit am Gallimimus-Entwurf. Das Buch wie der Film orientieren sich an neuesten paläontologischen Theorien, nach denen es eine evolutionäre Verbindung zwischen den Dinosauriern und den Vögeln unserer Zeit gibt.

Nachdem Crichton also die Notwendigkeit des Freizeitpark-Motivs eingesehen hatte, wählte er als Schauplatz eine abgelegene Insel vor der Küste von Costa Rica. Am Anfang des Romans steht das Jurassic-Park-Projekt nach sechs Jahren intensiver und streng geheimer Forschung und Entwicklung kurz vor der Vollendung. Einem Team hochspezialisierter Gentechnologen ist es gelungen, mit Hilfe von Saurier-DNS, die sie aus den in Bernstein konservierten Überresten blutsaugender Insekten extrahiert hatten, fünfzehn verschiedene Arten von Dinosauriern zu klonen – insgesamt zweihundert Tiere –, die der reiche Unternehmer John Hammond zu den patentierbaren Attraktionen seines Freizeitparks der Superlative machen will. Zu einer abschließenden Prüfung und Begutachtung des Projekts werden zwei bekannte Paläontologen, Alan Grant und Ellie Sattler, sowie der skeptische Mathematiker Ian Malcolm, ein Experte der Chaostheorie, auf die Insel eingeladen.

Die erste Version des Romans, die Crichton während der Schwangerschaft seiner Frau begann, aber erst lange nach der Geburt des Kindes fertigstellte, zeigt deutlich, wie sehr er der Idee verhaftet war, die Dinosaurier zu zeigen, wie Kinder sie sehen – im konkreten Fall die beiden jungen Enkel Hammonds, Tim und Alexis Murphy, die sich auf der noch immer streng geheimen Insel aufhalten, während ihre Eltern sich mit Scheidungsproblemen herumschlagen. »Die erste Version war wirklich aus dem Blickwinkel der Kinder erzählt – und alle, die diese Version lasen, waren übereinstimmend der Meinung, daß das nicht so richtig funktionierte. Ich glaube, das hing damit zusammen, daß die Vorstellung, unter Dinosauriern zu sein, wieder Dinosaurier auf der Welt zu haben, die man in ihrer Lebensumgebung beobachten kann, eine so faszinierende Vorstellung ist, daß die Leser sie nicht aus dem Blickwinkel von Kindern oder Jugendlichen miterleben wollen. Sie wollen die Sicht eines Erwachsenen. Die erste Änderung bestand deshalb in einem Wechsel hin zu Grants Blickwinkel – zumindest größtenteils. Die zweite große Änderung war die Hinzufügung von umfangreichem Material über die Chaostheorie, das ich der bis dahin relativ unbedeutenden Figur des Malcolm in den Mund legte. Das passierte so, wie es Schriftstellern immer wieder passiert, daß ich nämlich vor meiner Schreibmaschine saß und mir dachte: ›Es wird Zeit, daß Malcolm etwas sagt‹, und dann redet er drei Seiten lang. Und ich dachte mir: ›Komisch, eigentlich wollte ich ihn bloß drei Sätze sagen lassen.‹ Und beim nächsten Mal passierte das gleiche wieder.«

Was da in Crichton auch abgelaufen sein mochte, es ist offensichtlich, daß Ian Malcolm – der sich ausführlich über die Torheit ausläßt, die Natur nacher-

Anhand der Druckfahnen des zu der Zeit noch nicht veröffentlichten Romans entwarf das Design-Team visuelle Konzepte für den Film. *Links:* Zu diesen Konzepten gehörten auch zahlreiche Skizzen der Parklandschaft aus der Feder von Tom Cranham. *Unten:* Eine frühe Kostümskizze von John Bell für John Hammond, den Initiator und Kopf des *Jurassic-Park*-Projekts.

schaffen und kontrollieren zu wollen – größtenteils mit Crichtons Stimme spricht. »Malcolm ist sehr extrem, ich glaube deshalb nicht, daß ich genau seine Worte benützen würde. Aber die Überzeugung, daß die Naturwissenschaft in ihrer Arroganz in vielerlei Hinsicht ihre Grenzen nicht mehr erkennt, ist, glaube ich, grundsätzlich korrekt.«

Nach zusätzlichen Überarbeitungen und mehr als zwei Jahren Arbeit präsentierte Crichton im Mai 1990 das *Jurassic-Park*-Manuskript seinem langjährigen Verleger Alfred A. Knopf. Schon nach wenigen Tagen machte es in Hollywood die Runde. »Brandheiß«, wie die Geschichte unbestreitbar war, wäre sie normalerweise einfach an den Meistbietenden gegangen. Aber Crichton hatte schon einmal, in den späten Siebzigern, einen solchen Bietkrieg miterlebt, als sein Roman *Congo* – zu dem Zeitpunkt noch nicht viel mehr als eine Idee – von Twentieth Century Fox für die damals erstaunliche Summe von einer Million Dollar gekauft wurde. Doch der Film wurde nie gedreht. Da Crichton mehr daran lag, daß *Jurassic Park* wirklich verfilmt wurde, als an einer Rekordsumme für den Verkauf, instruierte er seinen Agenten Robert Bookman von Creative Artists Associates, die Rechte zu einem Festpreis von 1,5 Millionen Dollar anzubieten, damit er die Angebote unbeeinflußt von finanziellen Verlockungen prüfen konnte.

Dabei hatte er sich im Grunde genommen bereits für Steven Spielberg entschieden. »Es fing alles an, als Michael und ich an einem Skript von ihm arbeiteten, das ich gekauft hatte. *E. R.* hieß es – *Emergency Room*«, erinnert sich Spielberg. »Wir saßen in meinem Büro und redeten über Änderungen, als ich ihn beiläufig fragte, woran er, neben diesem Skript, gerade arbeite. Er sagte, er habe eben ein Buch über Dinosaurier mit dem Titel *Jurassic Park* beendet, das nun dem Verlag zur Prüfung vorliege. ›Weißt du‹, sagte ich, ›Dinosaurier haben mich immer schon fasziniert, und ich würde das sehr gern lesen.‹ Also ließ er mir eine Kopie der Fahnen zukommen. Ich las sie sofort und rief ihn gleich

am Tag darauf an. ›Das wird einen heißen Bietkrieg der Angebote geben, da bin ich mir ziemlich sicher‹, sagte ich. Aber Michael meinte, an einem solchen Krieg sei er eigentlich gar nicht interessiert. Er wolle es jemandem geben, der es wirklich verfilmen würde. ›Also, ich würde den Film gern machen‹, sagte ich, und er entgegnete: ›Willst du ihn produzieren oder Regie führen?‹ Ich sagte: ›Beides‹ und er daraufhin: ›Ich gebe dir das Buch, wenn du mir garantierst, daß du Regie führst.‹ Aber dann bekam es die Agentur in die Finger, und die favorisierte natürlich einen Bietkrieg, obwohl Michael es mir privat eigentlich schon versprochen hatte. Bald darauf war es an alle Studios in der Stadt verschickt, und die Angebote überstürzten sich.«

Der Krieg war ausgebrochen. »Ich war gerade in Kanada«, erinnert sich Crichton, »als all diese Verhandlungen stattfanden. Ich war ein gefragter Mann in Hollywood – ungefähr einen Tag lang.« Bald waren nur noch vier ernsthafte Bewerber übrig – jeder ein berühmter Regisseur mit einem großen Studio im Rücken. Twentieth Century Fox wollte die Rechte für Joe Dante, Warner Brothers für Tim Burton. Guber-Peters Entertainment, in Verbindung mit Tri-Star Pictures, hatte Richard Donner in petto. Und Universal Pictures legte sich für Steven Spielberg ins Zeug. Von seinem Urlaubsort aus telefonierte Crichton mit allen vieren und bekräftigte schließlich seine frühere Zusage, wobei er sich von der Überlegung leiten ließ, wem der Interessenten er eine tatsächliche Realisierung des Films am ehesten zutraute. Weniger als eine Woche nach der Ausschreibung zum Verkauf war der Handel abgeschlossen, und *Jurassic Park* wurde angekündigt als Großproduktion unter der Regie von Steven Spielberg.

Gegenüber: Zu den Aufgaben des Design-Teams gehörte auch die Entwicklung von Symbolen zur Markierung der einzelnen Sauriergehege. Für diese Symbole kombinierte John Bell Skelettskizzen der verschiedenen Saurier mit dem Umriß der Isla Nublar, dem Standort des Jurassic Park. • Das markanteste Gebäude des Parks war das Besucherzentrum mit dem Kontrollraum, der Brutstation und dem Labor sowie einer zentralen Rotunde mit Fossilien aus der Jurazeit. Eine frühe Entwurfsskizze für das Zentrum von Tom Cranham. *Oben:* Eine Illustration von Craig Mullens für eine der Hauptsequenzen des Films, in der der Tyrannosaurus Rex aus seinem Gehege ausbricht und zwei liegengebliebene Tourfahrzeuge angreift.

20 JURASSIC PARK

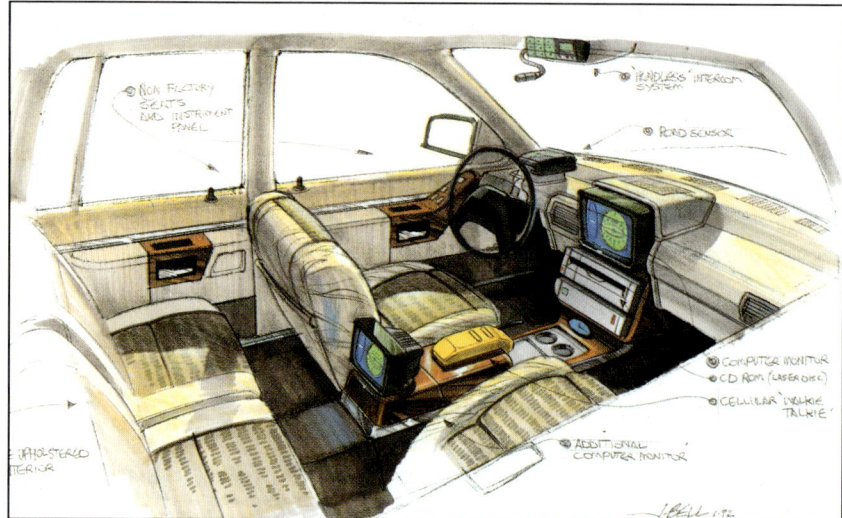

Zusätzlich zur visuellen Ausarbeitung der Schlüsselszenen mußte das Design-Team sich auch um die Gestaltung unzähliger Requisiten und Accessoires kümmern, wie etwa der Wartungs- und Tourfahrzeuge und des Nachtsichtgerätes.

»Ich wußte, daß es sehr schwierig werden würde, diesen Film zu machen«, stellt Crichton fest. »Steven ist zweifellos der erfahrenste und erfolgreichste Regisseur für diese Art von Film. Er versteht es meisterhaft, die Technik zu benutzen, ohne sich von ihr benutzen zu lassen.« Obwohl es ihn freute, daß Spielberg seinen Roman auf die Leinwand bringen würde, stand er doch dem Angebot, er selbst solle für 500 000 Dollar zusätzlich das Drehbuch schreiben, skeptisch gegenüber. »Meiner Ansicht nach hatte ich nun schon so viele Jahre lang in meinem kleinen Büro geistige Gewichte gestemmt, um etwas extrem Schwieriges zu tun, nämlich eine Sauriergeschichte zu schreiben, die tatsächlich funktioniert, eine, die eben nicht ist wie *Eine Million Jahre vor unserer Zeit*. Und ich glaubte, jetzt wirklich etwas Vernünftiges geschaffen zu haben. Aber ich war der ganzen Sache so überdrüssig geworden, daß ich das Drehbuch eigentlich gar nicht schreiben wollte. Ich hatte Malcolm satt, und ich hatte Grant satt – ich hatte sogar die Dinosaurier satt. Andererseits hatte ich aber das Gefühl, daß nur ich die Dimensionen dieser Geschichte kannte. Es war wie ein Boot. Reiß ein Stück heraus, und das Wasser kommt herein. Hoppla, das darfst du nicht tun. Mach was anderes, und das Boot segelt zu schnell oder in die falsche Richtung. In meinen früheren Entwürfen hatte ich schon genügend solcher Fehler gemacht, ich wußte deshalb, wo die Fallstricke lagen. Also sagte ich zu Steven: ›Ich liefere dir einen Entwurf und kürze die Geschichte auf finanzierbare Länge, aber dann mußt du dir einen anderen suchen, der den Figuren den letzten Schliff gibt.‹ Ich glaube, das hat ihn ziemlich überrascht, weil Autoren sonst nie sagen: ›Such dir jemand anderen.‹«

Die Aufgabe erwies sich als noch schwieriger als selbst der erschöpfte Crichton es sich vorgestellt hatte. Nach einigen Vorgesprächen, in denen er herauszufinden versuchte, was Spielberg gut und was ihm weniger gefiel, setzte sich der Autor hin, um seinen Roman auf Spielfilmlänge zu kürzen. Sieben Monate später, und nur wenige Wochen nachdem das Buch endlich auf den Markt gekommen war und sofort die Bestsellerlisten erobert hatte, lieferte er seinen ersten Entwurf ab. »Keiner war zufrieden damit«, erinnert sich Crichton, »aber Steven war großartig und fand sofort heraus, was daran nicht stimmte. Ich weiß noch, wie er sagte: ›Der Film fängt mit zuviel Tempo an.‹ Und ich wußte sofort, daß er recht hatte. Das Skript brauchte einige der Elemente, die ich in den Roman eingearbeitet hatte, so eine Art Warmlaufen vor Spielbeginn, aber ich hatte mitten in der Handlung angefangen, und das funktionierte nicht.

Ein Bild von David Negron: Alan Grant – einer der drei Wissenschaftler, die auf die Insel bestellt wurden, um den Park zu inspizieren – flieht zusammen mit Hammonds Enkeln, Tim und Alexis Murphy, vor dem ausgebrochenen T-Rex. Solche bereits in der Vorproduktion angefertigten und direkt von Crichtons Roman inspirierten Darstellungen waren für die Entwicklung der endgültigen Handlung des Films von unschätzbarem Wert.

Links oben: Eine Entwurfsskizze von John Bell für den Speisesaal des Besucherzentrums. Auf dem fertigen Set war später ein Wandgemälde des berühmten Saurierillustrators Doug Henderson mit einer Darstellung des Lebens in der Jurazeit zu sehen. *Rechts oben:* Eine frühe, ebenfalls von Bell stammende Illustration des Baumriesen, in dem Grant, Lex und Tim die Nacht verbringen, nachdem sie dem T-Rex glücklich entkommen sind. *Links unten:* Eine Grobskizze der in der Rotunde ausgestellten Skelette. *Rechts unten:* Aus einer Reihe von Gründen wurden viele Schlüsselszenen des Romans nicht mit in das Drehbuch des Films übernommen. Eine Szene, die nicht überlebte, war die, in der Grant und die Kinder vor dem T-Rex mit einem Floß den Fluß hinunter flüchten. Eine frühe Darstellung dieser Szene von Tom Cranham.

Dann schlug Steven vor, wir sollten es in Teilstücken von je vierzig Seiten machen. Für das erste brauchte ich ungefähr einen Monat, und dann setzten wir uns zusammen und feilten daran herum – aber die Richtung stimmte, das merkten wir sofort. Jetzt waren die Leute zufrieden, und ich spürte das. Es gab ja Storyboards, Skizzen und ähnliches – bereits wenige Wochen nachdem Steven das Buch gekauft hatte, waren die fertig gewesen –, und dieses Material half mir sehr beim Schreiben. Den zweiten Teil lieferte ich etwa einen Monat später ab, und den letzten schließlich zwei Monate darauf. Das war harte Arbeit für mich, aber auch eine sehr wertvolle Erfahrung. Die Zusammenarbeit mit Steven funktionierte hervorragend, er ist – höchst untypisch für das Filmgeschäft – intelligent und sachlich.«

Als Produzentin des Films wurde Kathleen Kennedy gewonnen, die, nach einem bescheidenen Anfang als Produktionsassistentin bei *1941*, seit vierzehn Jahren mit Spielberg zusammenarbeitete. In diesen Jahren war sie zuerst zur

Links: Einer, der schon sehr früh zum Kreativ-Team des *Jurassic-Park*-Projekts stieß, war der Produktionsdesigner Rick Carter. *Rechts:* Rick Carter im Gespräch mit dem Art Director Jim Teegarden.

Koproduzentin, dann zur Produzentin aufgestiegen und hatte schließlich 1984 zusammen mit Spielberg und einem Produzenten-Kollegen, ihrem späteren Mann Frank Marshall, Amblin Entertainment gegründet. Als Mitproduzenten stellte man ihr Gerald R. Molen zur Seite, der für Amblin bereits als Produktionsleiter und Koproduzent gearbeitet hatte. Als Koproduzentin für *Jurassic Park* wurde Lata Ryan engagiert.

Es war offensichtlich, daß es für einen Film, der nicht nur eine exotische Szenerie, sondern auch eine Unmenge gigantischer prähistorischer Tiere verlangte, nur von Vorteil sein konnte, wenn so früh wie möglich auch ein Produktionsdesigner hinzugezogen wurde. Ohne langes Zögern entschied Spielberg sich für Rick Carter. Als junger Produktionsdesigner bei Spielbergs Abstecher ins Serienfernsehen, *Fantastische Geschichten*, hatte Carter jede Folge entworfen, darunter auch die zwei des Regisseurs. »Rick hat alle vierundvierzig Folgen von *Fantastische Geschichten* gemacht«, erzählt Spielberg, »und das war wie zwei Jahre College und praktische Ausbildung vor Ort. Mir gefiel seine Arbeit sehr. Um eine solche Serie zu machen, bei der jede Folge ein eigenes Konzept hatte, mußte er arbeiten, als wäre er vierundvierzig verschiedene Produktionsdesigner für ebenso viele Spielfilme. Ich hatte das Gefühl, daß Rick alles tun konnte, was man von ihm verlangte. Er hat keine Grenzen, keinen festgelegten Stil. Er ist das Chamäleon der Produktionsdesigner im Hollywood von heute.« Nach *Fantastische Geschichten* arbeitete er in der Schlußphase von *Reich der Sonne* mit und widmete auch *Rain Man* einige Wochen, als Spielberg noch glaubte, er würde den Regieauftrag für diesen Film bekommen. Unter Amblins Banner gestaltete er auch Teil zwei und drei der Trilogie *Zurück in die Zukunft* für den Regisseur Robert Zemeckis.

»Ich wurde etwa zwei Jahre vor dem eigentlichen Drehbeginn zum Team von *Jurassic Park* geholt«, berichtet Carter. »Zu diesem Zeitpunkt waren außer mir

Links: Obwohl ursprünglich nur engagiert, um bei der visuellen Umsetzung des Romans in Filmbilder mitzuhelfen, entwarf Marty Kline später die Dschungelumgebungen. *Rechts:* John Bell bei der Arbeit im Art Department von Amblin. *Unten:* Kennkarten, wie sie von Besuchern und Personal des Jurassic Park getragen werden.

nur Steven, die Produzenten und Michael Crichton an dem Projekt beteiligt. Das Drehbuch war noch nicht geschrieben – wir arbeiteten mit den Fahnen des Romans –, und mir bot sich deshalb die großartige Gelegenheit, direkt an der Gestaltung des Films mitwirken zu können. Normalerweise bekommt ein Produktionsdesigner ein fertiges Drehbuch in die Hand gedrückt und muß das dann visualisieren. Aber bei diesem Film war es anders. Ich war bei vielen frühen Besprechungen mit Steven dabei, in denen wir die einzelnen Szenen des Romans analysierten und uns dann überlegten, welche sich für den Film am besten eignen würden.«

»Ob Sie es glauben oder nicht«, sagt Spielberg, »aber mein erster Eindruck war, daß in dem Buch zu viele Dinosaurier vorkommen. Meiner Ansicht nach war es technisch unmöglich, einen Film mit einer solchen Unmenge von Sauriern zu machen. Aber Michael hatte in seinem Buch Großartiges geleistet, sowohl in wissenschaftlicher wie auch in erzählerischer Hinsicht. Und ich glaube, seine größte Leistung war es, einen glaubwürdigen Rahmen für die Rückkehr der Dinosaurier in unsere heutige Welt zu schaffen. Er hatte uns gezeigt, daß so etwas vorstellbar und machbar ist. Ich wollte nun das Wesentliche aus der Geschichte herausziehen, mir meine sieben oder acht Lieblingsszenen aussuchen und um die herum das Drehbuch schreiben. Also haben wir das Buch in seine Einzelteile zerlegt.«

Eine ganze Reihe von Illustratoren und Storyboard-Zeichnern wurden engagiert, die mithelfen sollten, die reichhaltige Bildhaftigkeit des Romans in etwas mit filmischen Mitteln Darstellbares zu übersetzen. Zu ihnen gehörte auch Marty Kline. »Beim Entwerfen der Storyboards waren wir zu viert«, erzählt Kline. »Ed Verreaux, Tom Cranham, Dave Lowery und ich. John Bell – ein sehr fähiger Zeichner – illustrierte Sequenzen, die viel Detailtreue erforderten. Dann waren da noch Dave Negron und Craig Mullins, die vollständig ausge-

JURASSIC PARK 25

Links: Eine Darstellung des gigantischen Elektrozauns, der das Tyrannosaurier-Gehege umgibt, aus der Feder von John Bell. *Unten:* In der Geschichte wird der Zaun deaktiviert, als die Energieversorgung der Parks unterbrochen wird, und der T-Rex kann deshalb die turmhohe Barriere durchbrechen und die davor liegengebliebenen Tourfahrzeuge angreifen. Eine frühe Skizze des Angriffs von Bell.

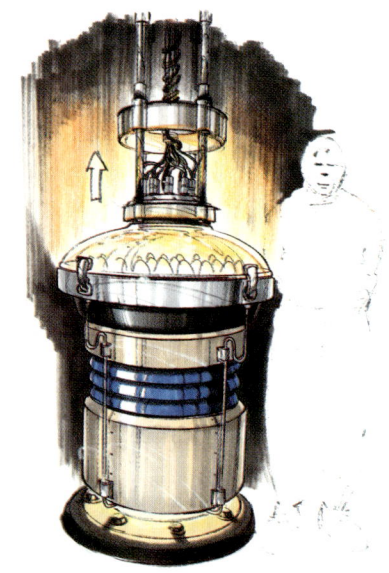

arbeitete Bilder von den wichtigsten Szenen malten. Es waren also eine ganze Menge von uns beteiligt. Anfangs arbeiteten wir mit den Fahnen als Vorlage, weil zu diesem Zeitpunkt das Buch noch nicht veröffentlicht war. Wir nahmen uns einfach die einzelnen Sequenzen vor und setzten das, was wir eben gelesen hatten, in Storyboards um – was gar nicht so schwierig war, weil Michael Crichton eine Mischung aus Action und Technologie schreibt und das Buch sehr bildhaft ist. Rick arbeitete die Szenen aus – den Angriff des T-Rex und die Flucht auf dem Fluß –, und wir skizzierten sie auf Storyboards. Die legte Rick dann Steven vor, und Steven reagierte darauf – oft mit eigenen kleinen Skizzen. Anfangs machten wir wahllos alle möglichen Szenen, doch bald fingen wir an, auszusortieren und uns auf das zu konzentrieren, was Steven wirklich sehen wollte. Dabei fielen auch viele wichtige Szenen heraus. Die mit den Pterosauriern im Aviarium schnitten wir ziemlich früh heraus, weil wir das Gefühl hatten, daß sie die Handlung nicht voranbrachte, und viel später fiel dann auch noch die ganze Floßsequenz heraus, weil sie logistisch wie filmisch zu aufwendig wurde. Wir hatten einige schwierige Entscheidungen zu treffen.«

Das artspezifische Verhalten der Dinosaurier war ein Thema, mit dem sich alle im Kreativteam herumschlagen mußten. »Wir versuchten«, erzählt Carter, »das Tier im Dinosaurier im Gegensatz zum Monster im Dinosaurier herauszuarbeiten. Damit wollten wir sie aber nicht weniger bedrohlich machen, sondern nur verhindern, daß sie zu sehr zu Monsterklischees abflachten. Und was die Menschen in unserem Film anging, deren Situation sollte eher so sein, als würden sie von Tieren gejagt, die eben Fleischfresser sind und nicht irgendwie psychopathisch und nur darauf aus sind, sie zu schnappen. Das war auch einer der Gründe, warum wir Herden von Dinosauriern wollten, nämlich um zu

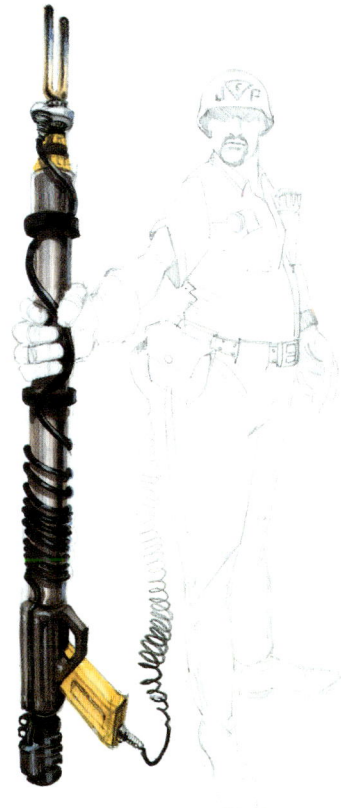

Gegenüber: Im Labor des Parks ist es einer Gruppe von Gentechnikern gelungen, Dinosaurier-DNS aus in Bernstein gefangenen Moskitos der Jurazeit zu extrahieren und damit diese längst ausgestorbenen Tiere zu klonen. John Bells Entwurfsskizzen der Laborausrüstung zeigen Variationen der Lagereinheit für Embryos und der Brutstation. *Diese Seite:* Weitere Skizzen von John Bell zeigen Hammonds Firmenhubschrauber, die Bernsteinmine, die am Anfang des Films vorkommt, und ein Taser-Gewehr, wie es vom Wachpersonal für die Raptoren benutzt wird.

zeigen, daß Saurier so waren wie jede andere Lebensform auch und daß sie so lebten, wie es der Natur entsprach.«

Spielberg hatte seine persönlichen Lieblinge unter den im allgemeinen ziemlich abgedroschenen Saurierfilmen, die er in seiner Jugend gesehen hatte. »Die meisten von ihnen waren furchtbar, aber jeder hatte auch einige gute Stellen. In *Gorgo* gibt es die Sauriermama, die ihr in einem Zirkus gefangengehaltenes Baby sucht. *Panik in New York* ist eine wirklich gut erzählte Geschichte mit einigen großartigen Szenen der Architekturzerstörung. Natürlich ist *Godzilla* der beste von allen Saurierfilmen, weil er einen glauben läßt, daß das alles tatsächlich passiert.« Aber für *Jurassic Park* suchte Spielberg nach etwas ganz anderem. »Mir ging es nie darum, einen Dinosaurierfilm zu drehen, der besser ist als alle anderen, sondern ich wollte, daß mein Dinosaurierfilm realistischer wird als alle anderen. Ich wollte, daß das Publikum sagt: ›Ich glaube wirklich, daß so etwas heute passieren könnte.‹ *Unheimliche Begegnung der dritten Art* ba-

28 Jurassic Park

sierte in gewisser Weise auf dem sowohl wissenschaftlichen wie populären Glauben, daß UFOs existieren, oder zumindest existieren könnten. Und dieser Film hatte eine Glaubwürdigkeit, an der ich mich orientierte, als ich *Jurassic Park* in Angriff nahm. Ich wollte, daß meine Dinosaurier Tiere sind. Ich ließ es nicht einmal zu, daß irgend jemand sie Monster nannte. Was mir vorschwebte, war eine Mischung aus *Nova* und *Explorer* [2] mit ein paar Elementen aus *Jäger des verlorenen Schatzes* und *Der weiße Hai*. Aber falls ich einen einzigen Film als Vorbild nennen müßte, wäre das *Hatari*. Für mich ist das der Prüfstein aller Spielfilme, die vom Kampf des Menschen gegen die Natur handeln.«

Während sich aus dem Roman allmählich ein Drehbuch entwickelte, wurden Crichtons fünfzehn Spezies auf machbare sieben reduziert. Aber die Art, wie man sie zum Leben erwecken sollte, war das Thema hitziger Diskussionen. Traditionell waren bei Saurierfilmen die größten Erfolge mit der sogenannten Stop-Motion-Animation, der Einzelbildanimation, erzielt worden, einem Verfahren zur Simulation natürlicher Bewegung, bei dem bewegliche Puppen, an denen pro Einstellung minimale Haltungsveränderungen vorgenommen werden, in Einzelbildern abgefilmt werden. Für einen Regisseur hat dieses Verfahren den gravierenden Nachteil, daß ein Großteil der Handlung erst in der Postproduction (am Schneidetisch) von Handwerkern zusammengefügt wird. »Steven war nicht gerade begeistert von dem Gedanken, mit Miniaturmodellen arbeiten zu müssen«, erinnert sich Carter. »Er wollte soviel wie möglich in

---

[2] Eine naturwissenschaftliche Fernsehserie. Anm. d. Übers.

Eine der Szenen, die von John Bell illustriert, aber später nicht in den Film aufgenommen wurden, war die, in der es zu einer spielerischen Begegnung zwischen Lex und einem Triceratops-Baby kommt. Diese Szene, die in Crichtons Roman nicht enthalten ist, hätte dazu dienen sollen, einige der Saurier im Park von ihrer freundlichen Seite zu zeigen.

Oben: Zu den gefährlichsten Parkbewohnern gehören die Raptoren, hochintelligente Raubtiere, die von den anderen isoliert und in einem streng bewachten Gehege gefangengehalten werden. Eine Skizze des Raptoren-Pferchs von Tom Cranham. *Links:* Ebenso von Cranham stammt die Skizze der Rotunde, in der sich die Skelette eines Tyrannosauriers und eines Alamosauriers ein Scheingefecht liefern.

Originalgröße, um besser vermitteln zu können, wie es wäre, in der gleichen Zeit und am gleichen Ort wie der Dinosaurier zu sein. Es würde ihm auch eine einheitlichere Kameraführung bezüglich der Dinosaurier ermöglichen – was seinem Stil entspricht. Das soll nicht heißen, daß er nicht schon eine Menge Spezialeffekt-Filme gedreht hat, in denen die Leute ins Nichts sprechen oder ins Nichts schauen, aber in diesem Fall war es ihm wichtig, etwas auf dem Set (dem Drehort) zu haben. Das sollte ja die Stärke des Films ausmachen – daß die Dinosaurier überzeugend als etwas wirken, was man noch nie zuvor gesehen hat. Steven hatte das schon sehr erfolgreich bei *E. T.* versucht und bei *Der weiße*

Hai – ein gleichzeitig sanftes wie bösartiges Tier. Was wir jetzt vorhatten, war eher wie *Unheimliche Begegnungen der steinzeitlichen Art*.«

Da Spielberg sich für fast jeden Film, den er im letzten Jahrzehnt gedreht hatte, aus der kinematografischen Trickkiste von Industrial Light and Magic bedient hatte – einer Firma, die sein alter Freund George Lucas gegründet hatte, um die revolutionären visuellen Effekte für *Krieg der Sterne* herstellen zu können –, nahm er sehr früh Kontakt auf mit Dennis Muren, dem Visual Supervisor von ILM. Als penibel arbeitender Künstler, der bereits sechs Academy Awards gewonnen hatte – zwei davon für die Spielberg-Filme *E. T.* und *Indiana Jones und der Tempel des Todes* –, gehörte Muren zu den Gefragtesten in seinem Gewerbe. Aber trotz des enormen Umfangs des *Jurassic-Park*-Projekts sah Muren am Anfang wenig, was ihn professionell reizte. »Zu der Zeit«, erinnert sich Muren, »hatte Steven sich darauf versteift, alles mit Dinosaurier-Robotern in Originalgröße, die er sich bauen lassen wollte, zu drehen. Er hatte den King-Kong-Roboter im Vergnügungspark der Universal Studios in Florida gesehen und war ganz begeistert von ihm. Er war der Ansicht, daß derjenige, der ihn gebaut hatte, mit den entsprechenden Anweisungen auch Dinosaurier würde bauen können, die fast alles leisten konnten, was er für seinen Film brauchte. Die Dinosaurier sollten also lebensgroße mechanische Roboter sein, und für ILM blieb nur noch der Kleinkram übrig.«

Zu den ersten Mitstreitern im *Jurassic-Park*-Team gehörte auch der Spezialist für mechanische Effekte Michael Lantieri – der mit Spielberg bei *Indiana Jones und der letzte Kreuzzug* und mit Regisseur Robert Zemeckis bei anderen Am-

Die Entwürfe für das Besucherzentrum machten während der zweijährigen Entwicklungsphase beträchtliche Veränderungen durch. Diese frühe Darstellung von John Bell zeigt zwei Säulen, die an die anmutigen Köpfe und langen Hälse eines Brachiosauriers erinnern.

blin-Projekten, wie *Falsches Spiel mit Roger Rabbit* und *Zurück in die Zukunft II* und *III* zusammengearbeitet hatte. Zusammen nahmen sie Kontakt auf mit dem Konstrukteur Robert Gurr von Gurr Design, Inc., dem Schöpfer des King Kong, der Spielberg so faszinierte. Da Gurr bereits eine ganze Reihe komplexer Attraktionen für Vergnügungsparks gebaut hatte, war er zuversichtlich, einen lebensgroßen Tyrannosaurus Rex, der allen Anforderungen der Filmemacher genügte, liefern zu können, und machte sich auch gleich daran, erste Pläne zu zeichnen. Obwohl beide Lager sehr optimistisch waren, mußte Spielberg sich schließlich doch damit abfinden, daß ein überzeugend wirkender, fast sieben Meter großer, beweglicher Dinosaurier die Möglichkeiten der gegenwärtigen Robotertechnik überstieg. Obwohl er immer noch soviel wie möglich mit lebensgroßen Dinosauriern drehen wollte, wandte er sich nun verstärkt konventionelleren Techniken zu.

Der aussichtsreichste unter den potentiellen Kandidaten war der Figurenschöpfer Stan Winston. Wie viele seiner Kollegen hatte er seine Karriere als Spezialist für Make-up-Effekte begonnen und mit formbarem Latexschaum Gesichter und Körper von Schauspielern verändert. Doch als dann Science-fiction- und Fantasy-Filme immer aufwendiger und phantastischer wurden, verlegte er sich, zusammen mit anderen Spitzenkräften seines Fachs, auf die Schaffung teilweise oder ganz mechanisierter Figuren, um so die Bedürfnisse von Autoren und Regisseuren, die die Grenzen der Illusion im Film sprengen wollten, besser befriedigen zu können. Seine Arbeit mit dem Regisseur James Cameron bei *Terminator* und *Aliens – Die Rückkehr* hatte ihm einen hervorra-

Eine Farbskizze, die John Bell zeichnete, noch bevor der endgültige Handlungsverlauf feststand. Sie illustriert einen nur kurz in Betracht gezogenen Filmschluß, bei dem Hammond auf der Isla Nublar zurückgelassen wird, während die überlebenden Parkbesucher mit dem Hubschrauber davonfliegen.

32 JURASSIC PARK

genden Ruf und einen Oscar für visuelle Effekte eingebracht, und er arbeitete gerade wieder mit Cameron an *Terminator 2*, als Kathy Kennedy ihn im Dezember 1990 anrief, um mit ihm über *Jurassic Park* zu sprechen.

»Zu diesem Zeitpunkt«, sagt Winston, »war immer noch fraglich, ob es *Jurassic Park* überhaupt geben würde, ob der Film überhaupt finanzierbar wäre. Alle in meinem Studio wollten den Film machen – wir sind nämlich alle große Dino-Fans –, und ich wollte schon immer einmal mit Steven zusammenarbeiten. Das hieß also, wir mußten ein wenig Arbeit investieren, um den Auftrag zu bekommen.« Obwohl es für das Projekt noch nicht einmal grünes Licht gab, zog Winston seinen Topkreativen, Mark »Crash« McCreery, von allen anderen Arbeiten ab und ließ ihn detaillierte Zeichnungen der wichtigsten Dinosaurier in dem Roman anfertigen. »Diese ersten Skizzen gingen auf meine Rechnung. Es gab noch keinen Vertrag, kein Geld von Universal oder Amblin. Wir taten das als Geste des guten Willens, um zu zeigen, daß wir wirklich an dem Projekt interessiert waren. Und da das Projekt noch alles andere als gesichert war, sah ich in den Zeichnungen und allem anderen, was wir zum Thema Dinosaurier entwickelten, Material, das sich die Studiobosse ansehen und für das sie sich

Alle Parkbewohner wurden im Stan Winston Studio entworfen. »Crash« McCreery, einer von Winstons Illustratoren, produzierte eine Reihe von Skizzen und Bewegungsstudien, darunter auch die eines angriffsbereiten Tyrannosauriers. Im Gegensatz zu den trägen Echsen früherer Saurierfilme zeigt *Jurassic Park* die Dinosaurier als flinke, warmblütige Tiere.

begeistern konnten, und das würde dann hoffentlich etwas Bewegung in die Sache bringen.«

McCreerys erste Zeichnung war eine Bewegungsstudie eines laufenden Tyrannosauriers vor weißem Hintergrund. Die zweite zeigte das Tier im Dschungel mit erhobenem linken Bein in einer Angriffshaltung, die an einen Raubvogel erinnerte. »Ich wollte so weit wie möglich weg von den Vorstellungen, die sich die Leute von Dinosauriern machen«, berichtet McCreery. »Weg von den steifen, massigen, unbeholfenen Wesen, wie man sie aus früheren Filmen kennt. Wir wollten damit zeigen, daß wir vertraut waren mit den neuesten Theorien, nach denen Dinosaurier wahrscheinlich vogelähnliche Warm-

Skizzen von ausgewachsenen und frisch geschlüpften Velociraptoren aus der Feder von »Crash« McCreery. Bei der Entwicklung der Dinosaurier hielt sich Winstons Design-Team soweit irgend möglich an wissenschaftliche Vorlagen und machte nur kleinere Zugeständnisse, wo die dramatische Wirkung es verlangte.

blüter und keine echsenähnlichen Kaltblüter waren. Die Zeichnungen hatten noch nicht konkret mit *Jurassic Park* zu tun. Stan wollte Steven nur zeigen, daß wir auf der Höhe der Zeit waren, was das angebliche Aussehen der Dinosaurier anging.« Ausgehend von Anatomiestudien, die er in wissenschaftlichen Aufsätzen von so angesehenen Paläontologen wie Robert Bakker und Gregory Paul fand, arbeitete McCreery jeweils zwei bis vier Wochen an einer Zeichnung, er entwarf und änderte Formen und Bewegungen, bis er mit dem Ergebnis vollkommen zufrieden war.

Seine Zeichnungen hatten sowohl bei Amblin wie bei Universal genau die Wirkung, die Winston sich erhofft hatte. »Alle waren sie ganz begeistert von dem T-Rex«, erinnert sich Winston, »und deshalb sagten wir: ›Okay, dann laßt uns mal den nächsten Dino angehen.‹ Also fing »Crash« an, den Velociraptor zu skizzieren. Und während wir *Terminator 2* drehten, ließ ich Mike Trcic einen Mini-T-Rex modellieren. Diese Vorgehensweise war vollkommen neu für mich. Wir hatten keinen Vertrag, keinen offiziellen Auftrag – allerdings fing Universal nach einer Weile an, mir die Zeit zu bezahlen, die meine Künstler in die Sache investierten. Es gab beständig Gerüchte, daß *Jurassic Park* nicht gedreht werden würde oder daß Steven beschlossen hatte, doch nicht selbst Regie zu führen. Aber wir machten unverdrossen weiter, weil wir sowohl für uns wie auch für das Studio hofften, daß der Film realisiert werden würde.«

Schon nach wenigen Monaten zeigte sich, daß für *Jurassic Park* wesentlich umfangreichere Vorbereitungen nötig waren als für gewöhnliche Produktionen. Vieles davon mußte fertiggestellt sein und sich als praktikabel erwiesen haben, bevor das Studio überhaupt darüber nachdenken konnte, ob es dem Projekt grünes Licht gab. Wichtige Entscheidungsträger waren skeptisch, ob lebens-

Nach Monaten der Arbeit am Zeichentisch begann man in Winstons Firma mit dem Bau einer Reihe von animatronischen Dinosauriern, darunter auch einem lebensgroßen Tyrannosaurus Rex. Als Vorlage für die Bildhauer beim Modellieren des riesigen Fleischfressers stellte Mike Trcic eine Kleinversion im Maßstab eins zu fünf her.

Eine Darstellung des T-Rex in Originalgröße.

große mechanische Dinosaurier sich überzeugend bewegen würden. Noch war der über eine Million Dollar teure und fast acht Meter große, mechanische Affe nicht vergessen, auf dem Dino de Laurentiis für sein Remake von *King Kong* bestanden hatte, der sich dann aber so hölzern bewegt hatte, daß er im fertiggestellten Film gerade zehn Sekunden lang zu sehen war. Kong war ein eindeutiger Fehlschlag gewesen, aber noch immer übte der Gedanke an lebensgroße Kreaturen einen starken Reiz auf viele Filmemacher aus. »Jeder Regisseur will soviel wie möglich von seinem Film live auf dem Set drehen«, sagt Winston. »Und das ist auch sehr verständlich. Er arbeitet doch lieber mit seinen Schauspielern, wenn die Szene vollständig so gedreht werden kann, wie sie später sein soll, anstatt darauf warten zu müssen, daß ihm jemand irgendwann bei der Postproduction eine Spezialeffekt-Szene in die Hand drückt. Und deshalb wollte Steven bei *Jurassic Park* natürlich soviel wie möglich in Originalgröße haben.«

Winston hatte insofern einen Pluspunkt, als er bereits für *Alien* erfolgreich eine fünf Meter große Alien-Queen gebaut hatte, die hervorragend funktioniert hatte. Man nahm deshalb an, daß er durchaus in der Lage war, auch einen sieben Meter großen Dinosaurier mit ähnlich guten Eigenschaften zu konstruieren. Winston widersprach dem nicht, obwohl er sich durchaus bewußt war, daß er für einen massigen, aufrecht gehenden Dinosaurier eine ganz andere

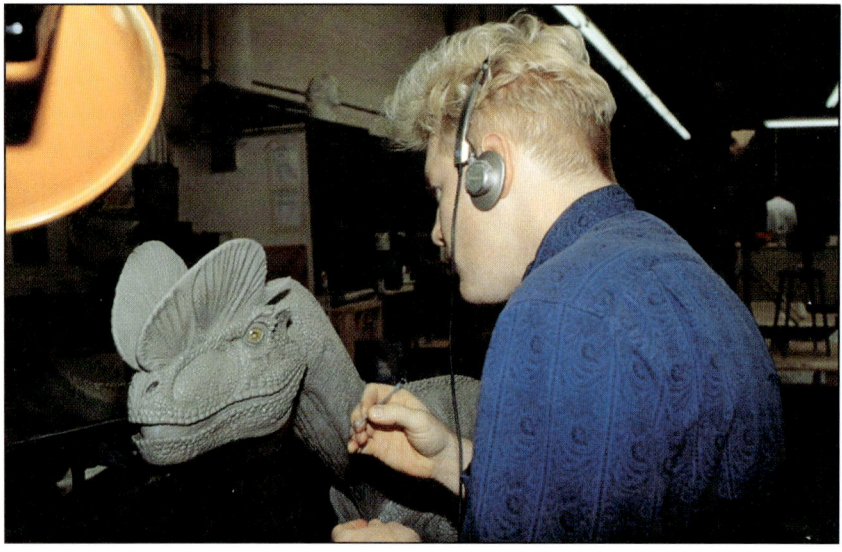

Shane Mahan, Koordinator des Art Department im Stan Winston Studio, legt letzte Hand an die Dilophosaurier-Skulptur. Der wissenschaftlich nicht ganz exakte Dilophosaurier des Films, der den Spitznamen »der Spucker« erhielt, war ein kleiner, giftspuckender Saurier mit einer aufstellbaren Halskrause, die beim angriffsbereiten Tier heftig vibrierte.

Technik benötigen würde als für die ziemlich dürre Alien-Queen. Allen Schätzungen nach würde der Tyrannosaurier ein elektromechanischer Roboter von etwa fünftausend Pfund Gewicht werden, der sich aber dennoch absolut geschmeidig bewegen mußte.

Nach Monaten inoffizieller Entwicklungsarbeit schloß Universal schließlich mit dem Stan Winston Studio einen Vertrag über die Konstruktion der Dinosaurier für *Jurassic Park* ab, jedoch noch ohne der Gesamtproduktion ein bedingungsloses Okay zu geben. Spielberg begriff, daß sein Dinosaurierfilm noch einen langen Weg vor sich hatte. Und nachdem er alle Produktionsvorbereitungen auf Kurs gebracht hatte, strich er einstweilen seine Segel und begann mit der Arbeit an *Hook*, seiner ehrgeizigen Nacherzählung des Märchens von Peter Pan, mit Robin Williams und Dustin Hoffman in den Hauptrollen. Obwohl ihn dieser Film fast ein Jahr lang in Anspruch nahm, überwachte er weiterhin die Entwicklung des Drehbuchs für *Jurassic Park* und die voranschreitende Arbeit seiner Spezialeffekte- und Zeichner-Teams. Und während Stan Winston und seine Firma weiterhin über der Entwicklung ihrer elektromechanischen Dinosaurier schwitzten, machte schließlich sogar das Art Department eine fast achtmonatige Pause, um das Set für *Der Tod steht ihr gut*, einer schwarzen Komödie von Robert Zemeckis, zu entwerfen und zu bauen.

Innerhalb des Stan Winston Studios teilten sich zwei getrennte, aber eng zusammenarbeitende Abteilungen die Verantwortung für die Dinosaurier. Das Art Department unter der Leitung von Shane Mahan und John Rosengrant hatte die Aufgabe, die äußere Gestalt jedes Dinosauriers zu entwerfen, während das Mechanical Department unter der Leitung von Richard Landon und Craig Caton mit der Entwicklung der inneren Mechanik beschäftigt war, die

die Tiere zum Leben erwecken würde. Winston sah sehr bald, daß dieses Projekt alles überstieg, was sein Studio bisher in Angriff genommen hatte, und richtete deshalb weitere Unterabteilungen ein, die, bestehend aus Leuten sowohl vom Art Department wie auch vom Mechanical Department, jede einzelne Figur vom Entwurf bis zur Fertigstellung begleiten sollten.

Das imposanteste Projekt war unbestreitbar der Tyrannosaurus Rex. Von dem Modell im Maßstab eins zu fünf aus der Anfangsphase der Entwicklung wurde eine Gußform gemacht. Damit wurde ein Hartschaummodell gegossen, das dann präzise in Querschnitte zersägt wurde. »Es war, als würde man Brot in Scheiben schneiden«, erinnert sich Mahan. »Dann wurde jede Scheibe numeriert, auf ein Episkop gelegt und in fünffacher Vergrößerung auf eine Sperrholzplatte projiziert. Die Umrisse wurden ausgesägt – wobei wir sie für die Tonform um fünf Zentimeter verkleinerten – und übereinander in einen Rahmen gehängt. Bereits jetzt waren die Proportionen recht gut zu erkennen. Wir verspannten die Form mit grobem Tuch und Glasfiber, und darauf kam der Ton. Es war eine riesige Konstruktion – fast sieben Meter hoch. Wir hatten acht oder zehn Leute, die jeden Tag daran modellierten, und trotzdem brauchten wir ungefähr sechzehn Wochen zur Fertigstellung.« Etwa dreitausend Pfund Ton waren für diese Figur nötig.

So aufwendig die Herstellung der äußeren Form des Tyrannosauriers auch war, ging sie doch relativ problemlos und mit traditionellen Methoden vonstatten. Die Mechanik, die zu seiner Aktivierung nötig war, stellten die Leute vor ganz andere Probleme. Die meisten künstlichen Figuren werden mittels einer Kombination von Techniken bewegt. Bei Ganzkörperbewegungen werden häufig – sofern es die Gestalt erlaubt –, ein oder mehrere menschliche Darsteller in die Puppen gesteckt. Ist das nicht möglich, sind Puppenspieler, die die

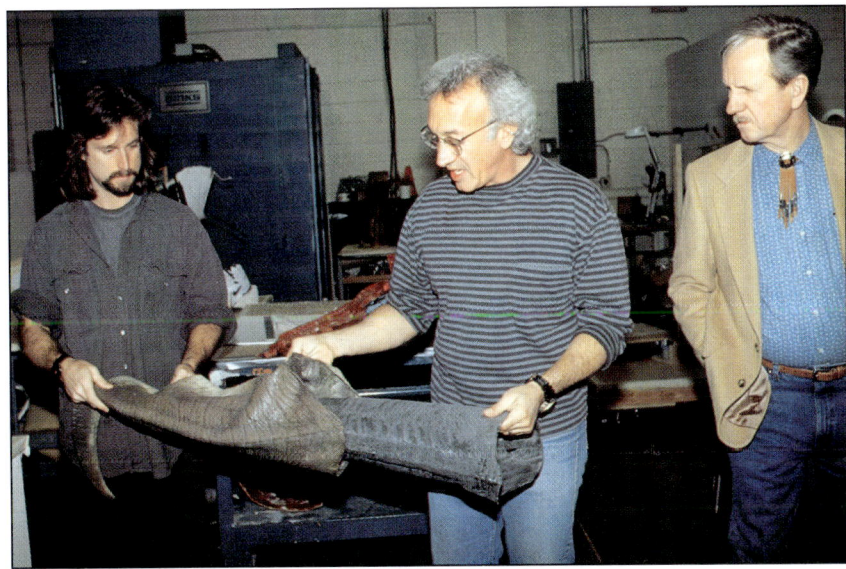

Shane Mahans Kollege John Rosengrant und Stan Winston zeigen dem Produzenten Gerald Molen Haut- und Kernproben für den kleinen T-Rex.

38 Jurassic Park

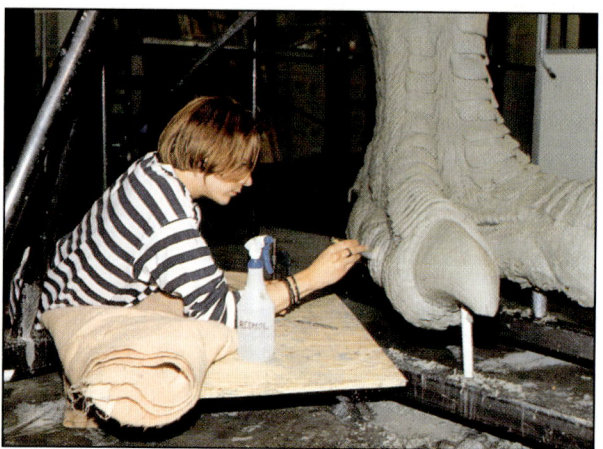

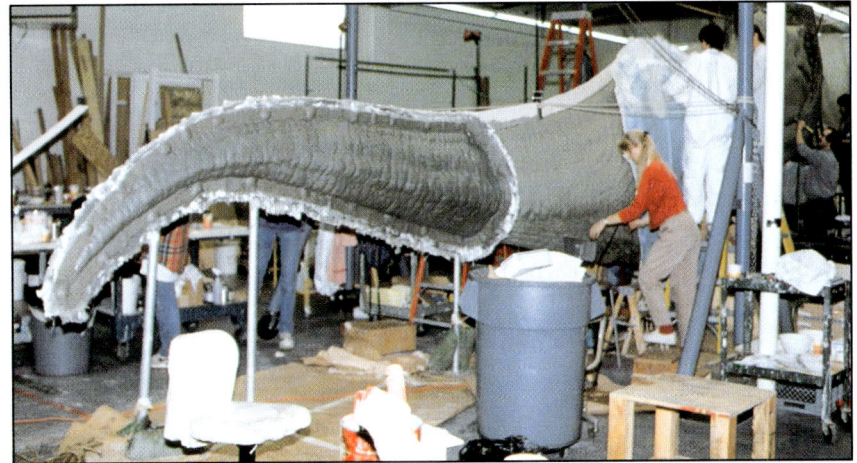

Gegenüber, im Uhrzeigersinn: Eine Skizze des Tyrannosaurus Rex von »Crash« McCreery. • Die Bildhauer Mike Trcic, Joey Orosco, Mark Jurinko, Bill Basso, Robert Henderstien und Greg Flegel bei der Arbeit am lebensgroßen Tier. • Len Burge bei der Detailarbeit an einer Pranke. • Christopher Swift kümmert sich um einen Oberschenkel. • Das Modell im Maßstab eins zu fünf und sein lebensgroßes Gegenstück. *Diese Seite, im Uhrzeigersinn:* Marilyn Chaney, Mark Jurinko, Mike Trcic, Christopher Swift und Ian Stevenson bereiten die fertige Skulptur für den Guß vor. • Hals und Kopf während der Fertigstellung. • Armando Gonzales beim Verschweißen des Stützgerüsts für den T-Rex. • Trcic kümmert sich um die Details des Kopfes.

40 Jurassic Park

Im Uhrzeigersinn: Während das Art Department sich mit der äußeren Gestalt und der Haut befaßte, war Winstons Mechanical Department für die elektronischen und hydraulischen Systeme verantwortlich. Um grobe Körperbewegungen zu erzeugen, wurde das Tier auf eine Bewegungsplattform montiert. • Der Schlüssel zum Funktionieren des T-Rex war ein Modell, das über Computer mit der lebensgroßen Apparatur verbunden war. • Die Bewegungsplattform wurde von McFadden Systems speziell für den T-Rex angefertigt.

Figuren mit Drähten und Stangen wie bei Marionetten von außen bewegen, die übliche Alternative. Bei besonders großen Figuren liefert manchmal eine Hydraulik die erforderliche Muskelkraft.

Daß für den gigantischen Tyrannosaurier eine Hydraulik nötig sein würde, stand außer Frage. Das Problem bestand nun darin, die damit produzierten mechanischen Bewegungen in überzeugende Simulationen von Muskelbewegungen zu verwandeln – und das ganz nebenbei so, daß die in den einzelnen Szenen verlangten Bewegungen vor der Kamera schnell und einfach ausgeführt werden konnten. »Auf das System, das wir schließlich anwendeten, kam ich nach einem Besuch bei einer Firma, die Roboter herstellt und viel für Disneyland und Disney World arbeitet«, sagt Winston. »Wir waren dort, um mit den Leuten über ihre hydraulischen Zylinder und Antriebsmotoren zu sprechen. Während des Besuchs zog ich einen ihrer telemetrischen Anzüge an.« Ein telemetrischer Anzug ist ein Gerät, das einen menschlichen Kontrolleur elektronisch mit einem Roboter verbindet, so daß jede Bewegung, die der Kontrolleur in diesem Anzug macht, fast simultan von dem Roboter reproduziert wird. »Mitten in der Nacht wachte ich auf und hatte plötzlich die Idee, ein kleines T-Rex-Modell zu bauen und dieses elektronisch so mit unserem lebensgroßen Dino zu verbinden, daß alle Bewegungsachsen abgedeckt werden konnten – insgesamt ungefähr vierzig. Mit vier Puppenspielern könnten wir dieses kleine Modell manuell bewegen, und jede seiner Bewegungen würde auf die Hydraulik übertragen und von dem großen Dinosaurier nachgemacht werden.«

Als feststand, daß Stan Winstons Tyrannosaurier für Nahaufnahmen eingesetzt würde, beschloß man, ihn zweizuteilen. Der obere Teil, bestehend aus Kopf, Rumpf und Schwanz, sollte auf eine extra für diesen Zweck umgebaute Flugsimulatorplattform montiert werden. »Craig Caton hatte diese Idee«, erinnert sich Winston. »Schließlich sind Flugsimulatoren ein bewährtes Hilfsmittel. Mit ihnen kann man große, schwere Objekte geschmeidig, aber mit Kraft und Schnelligkeit bewegen. Der Vorschlag wurde von allen mit Begeisterung aufgenommen. Ich ging sofort zu Steven und erzählte ihm von der großartigen Idee. Wir wußten zwar, daß es teuer werden würde, aber alle waren übereinstimmend der Meinung, daß es der richtige Ansatz war.« Die Grundkonstruktion wurde bei McFadden Systems in Auftrag gegeben, einer Firma, die Flugsimulatoren für die Luftfahrtindustrie herstellt. »Der Mechanismus basierte auf einem Flugsimulator, aber es ist kein Flugsimulator, es ist ein ›Dino-

Oben: Die Hydrauliktechniker Lloyd Ball und Eric Ostroff justieren die Mechanik der laufenden T-Rex-Beine, eine separate Konstruktion, die den auf den Simulator montierten oberen Teil des Dinosauriers ergänzen sollte. *Unten:* Alan Scott und Tony McCray vom Mechanical Department bei der Arbeit am mechanisch-elektronischen Innenleben des Kopf-Torso-Ensembles.

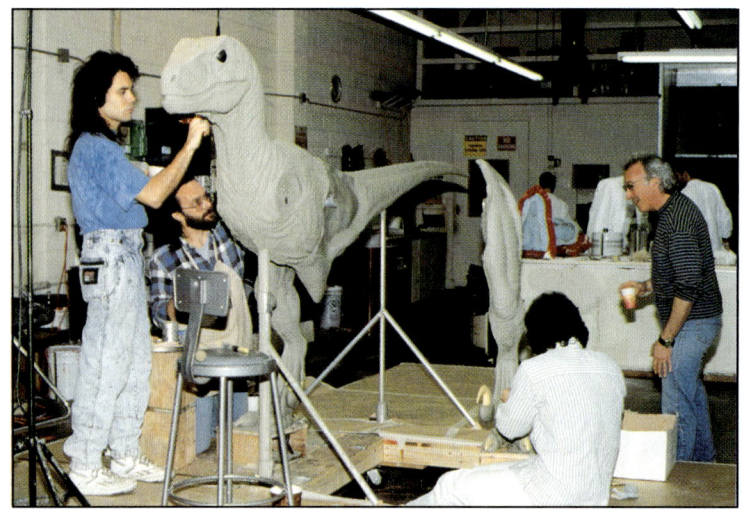

Simulator‹. Er wurde speziell für uns, entsprechend der Größe unseres T-Rex, angefertigt. Aber das Prinzip ist das gleiche. Wir haben dann die gesamte hydraulische Technik in den Simulator eingebaut, in den Körper und bis hinauf in den Kopf und in die Schwanzspitze.«

»Genaugenommen sind es zwei Plattformen«, ergänzt Richard Landon. »Die eine ist am Boden befestigt – in unserem Fall in einer Grube in der Bühne –, und die andere trägt den Flugsimulator oder den Dino oder wie immer man das nennen will. Unsere Version hatte sechs Bewegungsachsen. Sie konnte sich auf und ab, vor und zurück, nach links und nach rechts bewegen, nach links und nach rechts kippen, vor und zurück schwingen. Also volle Bewegungsfreiheit. Sowohl die Plattform wie auch der T-Rex wurden hydraulisch bewegt – sogar die Gesichtsmuskulatur –, und alles lief über eine Computer-Kontrollkonsole. Nur die Augen wurden über Funk gesteuert.« Parallel zur riesigen hydraulischen Anlage wurde ein kleines Modell im Maßstab eins zu fünf gebaut, so daß dessen Bewegungsachsen über Computer mit denen des großen T-Rex gleichgeschaltet werden konnten. Der lebensgroße Tyrannosaurier konnte nun bewegt werden, indem man das kleine Modell manuell in die gewünschten Positionen brachte. »Es war fast so, als würde man statt Ton Bewegung modellieren. Wir konnten den T-Rex tun lassen, was wir wollten, einfach indem wir die Miniaturplattform und das kleine Modell per Hand bewegten.« Die Bewegungen wurden zwar manuell erzeugt, doch der Computer, der die große und die kleine Figur miteinander verband, konnte die Bewegungen speichern und, war der perfekte Ablauf erst einmal gefunden, ihn präzise wiedergeben.

Während der Dino-Simulator für alle Einstellungen mit nach oben gerichteter Kameraperspektive gedacht war, verlangten andere Aufnahmen, daß man sah, wie die Beine den Boden berührten. Für diesen Zweck wurde eine verschiebbare Plattform konstruiert, auf der die hydraulischen Beine samt Schwanz und Unterleib befestigt waren. Außerdem wurde ein separater, detailgenauer Tyrannosaurierkopf mit zusätzlicher Mechanik für Großaufnahmen konstruiert.

Während der ganzen Entwicklungsphase arbeiteten Winston und sein Team eng mit Michael Lantieri zusammen, da sich ihre Arbeit häufig mit den Bauten des Teams für mechanische Effekte überschnitt. »Das war der erste Film, den ich machte, bei dem es keine strikte Trennung der einzelnen Spezialeffekte-Teams gab«, berichtet Lantieri. »Wir wußten, daß Stan einer der besten, wenn nicht sogar *der* beste Figurenbauer war, und wir zweifelten deshalb nicht daran, daß er die Dinosaurier bauen und die Bewegungen der Gesichtsmuskulatur und alle Gebärden erzeugen konnte. Das Problem bei diesem Film war allerdings, daß wir etwas Großes, Schweres hatten, das schnell und geschmeidig zu bewegen sein mußte. Daran arbeiteten wir alle zusammen. Stan und seine Leute bauten die Haut und die Mechanik darunter und wir die Schwenk-

Das Stan Winston Studio entwarf und baute auch eine Reihe animatronischer Raptoren. Dazu gehörten lebensgroße, über Seilzüge gesteuerte Puppen, ein mit Gegengewichten ausbalancierter, voll beweglicher Raptorenkopf, separate Beine und zwei Raptoren-Anzüge, in die menschliche Darsteller schlüpften. *Gegenüber, im Uhrzeigersinn von links oben:* Stan Winston sieht zu, wie Christopher Swift, Joe Reader und Mark Jurinko den lebensgroßen Raptor modellieren. • Nicht bewegliche, aber in verschiedenen Positionen aufstellbare Raptor-Puppen, die beim Drehen vorwiegend für statische Körperstudien verwendet wurden. • Der voll bewegliche Raptorkopf für Nahaufnahmen. • Eine Seitenansicht einer nicht beweglichen Raptor-Puppe.

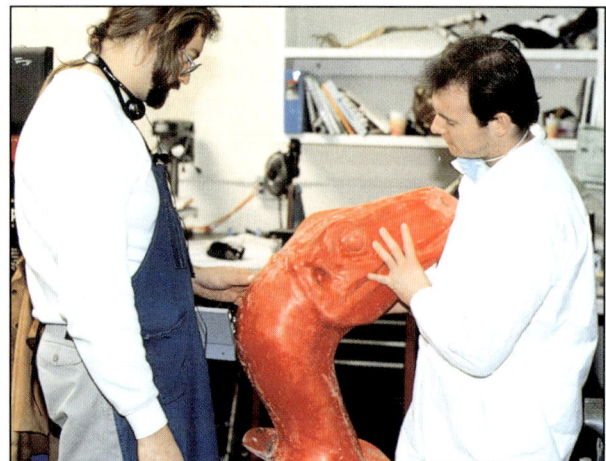

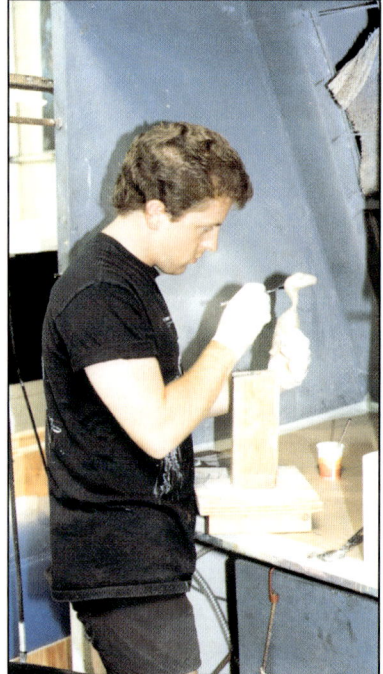

Im Uhrzeigersinn von oben links: Craig Caton und Ian Stevenson, Supervisor des Mechanical Department, bei der Arbeit am separaten Raptorkopf. • Michiko Tagawa prüft die Schaumlatexhaut für den Kopf. • Stan Winston, John Rosengrant und Christopher Swift untersuchen den voll mechanisierten Raptor. • Dave Grasso bereitet den Formkern für ein Raptor-Baby vor, das in der Brutstation aus einem Ei schlüpfen soll.

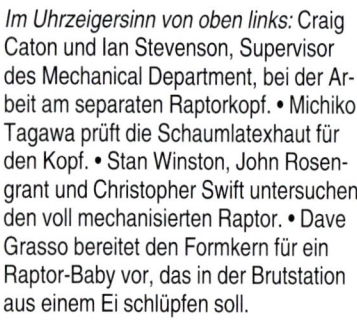

arme und die schwere Hydraulik, die das Ganze hielten und bewegten.« Sogar der Simulator saß schließlich auf einer Druckluftplattform, die das Team für mechanische Effekte konstruiert hatte, um die Positionierung auf der Bühne zu erleichtern.

Obwohl der Tyrannosaurier für Stan Winstons Team die größte Herausforderung darstellte, war er keineswegs das einzige prähistorische Tier auf dem Wunschzettel. Mindestens so wichtig wie der T-Rex war, im Roman wie im Drehbuch, der Velociraptor, ein etwa menschengroßes, höchst aggressives Raubtier. Im Buch wird der Raptor als intelligentes und gerissenes Tier dargestellt, das sehr erfolgreich im Rudel jagt. »Der Raptor war einer der Hauptfiguren der Geschichte«, erläutert John Rosengrant, »und weil er sehr lebendig war, erforderte er die meisten Bewegungsmöglichkeiten für den Puppenspieler. Wir hatten sowohl eine High-Tech- wie eine Low-Tech-Lösung parat. Low-Tech hieß in diesem Fall, daß wir einen Anzug konstruierten, in den ein Mensch – in den meisten Fällen ich selbst – hineinschlüpfen konnte. Wegen der Bewegungsfreiheit, die ein Mensch in einem solchen Anzug hat, sind solche Figuren immer recht nützlich. Doch sogar unser Low-Tech-Anzug war vollgepackt mit raffinierter Fernsteuerungstechnik für die Augen; und die winzigen Arme wurden halb mit Seilzügen bewegt und halb über Funk gesteuert.« Da der Raptor, wie der Hund, ein Zehengänger war, also das Bein drei Gelenke hatte, wollte man den Anzug nur für Einstellungen benutzen, bei denen das Tier von den Knien aufwärts zu sehen war. Der zum Balancieren benutzte Schwanz sollte von außen durch verdeckte Stangen und Seile bewegt werden.

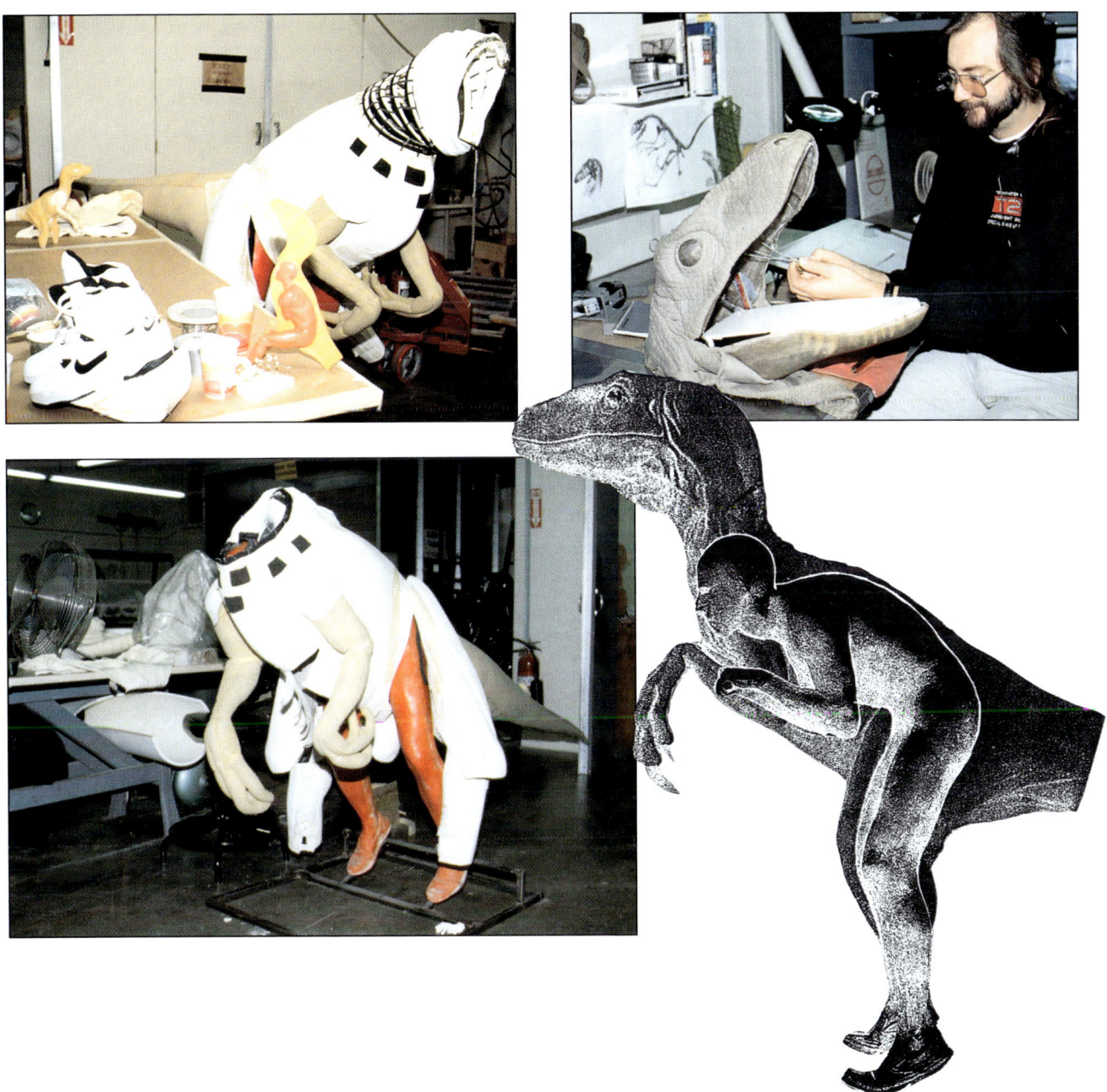

Im Uhrzeigersinn von links oben: Einer der beiden Raptoren-Anzüge, die für diesen Film »geschneidert« wurden. • Craig Caton tüftelt an den Seilzügen des separaten Raptorkopfes. • Ein weiterer Blick auf die Fertigstellung des Raptor-Anzuges. • Eine frühe Skizze, die die Position des menschlichen Darstellers in dem Anzug illustriert.

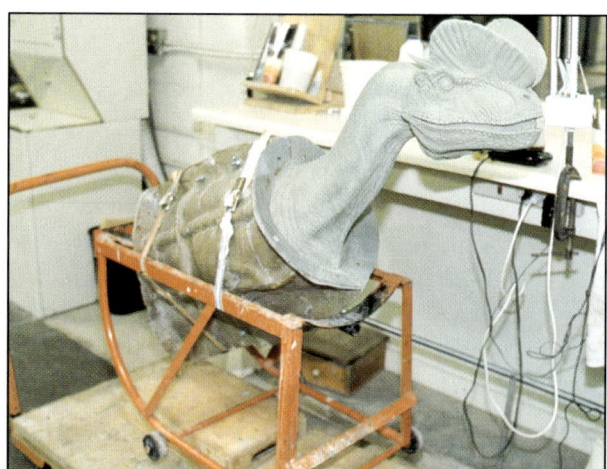

Für den Giftspucker wurde ein lebensgroßer Puppenkörper konstruiert, der in Verbindung mit drei verschiedenen, für unterschiedliche Funktionen ausgelegten Köpfen eingesetzt wurde. *Links oben:* Dave Grasso modelliert einen Prototyp im Maßstab eins zu fünf. *Oben rechts:* Eine fertige Gußform für den lebensgroßen Giftspucker. *Unten:* Rick Galinson, der die Mechanik für den Giftspucker konstruierte, justiert das Steuerungssystem für die Seilzüge der Puppe.

Außerdem wurde ein mechanisches Ganzkörpermodell konstruiert, das, auf einen doppelten Boden montiert, von dem sich darunter befindlichen Bedienungspersonal über eine ganze Reihe von Vorrichtungen gesteuert werden konnte. »Das Ganzkörpermodell ermöglichte die stärksten und dynamischsten Bewegungen«, fährt Rosengrant fort. »Der Anzug war gut für alles, was mit Körpersprache zu tun hatte, und er lieferte auch einige recht schöne Kopfbewegungen, aber das Modell, mit Seilzügen und einer sehr fein abgestimmten Mechanik im Inneren, konnte wirklich den Kopf herumreißen und einige komplexe, sehr organisch wirkende Bewegungen nachahmen. Das war seine Stärke.«

Für spezielle Anforderungen wurden weitere Variationen entwickelt. »Als die ersten Storyboards vorlagen, erkannten wir, daß es Szenen gab, in denen auch der untere Teil des Tiers zu sehen sein mußte, etwa, wenn sich der Raptor an Leute heranschleicht. Also konstruierten wir ein Gehgestell, das aus drei Vierteln des Tiers bestand – etwa vom Hals abwärts –, und ich stieg in dieses Ding hinein. An den Beinen waren Pfoten, und ich hing in einem Haltegeschirr, so daß ich gerade so viel Gewicht auf den Boden brachte, um zu spüren, wohin ich ging. Die Arme des Tieres waren funkgesteuert, und die Zehen wurden mit Seilzügen bewegt. Ich sorgte für die Beinbewegungen, aber die Vorwärtsbewegung kam von Leuten, die das Gestell schoben, und die Zehen wurden von Puppenspielern bewegt.«

Zu den am häufigsten benutzten Raptor-Konstruktionen gehörte eine Vorrichtung, die flüssige Bewegungsabläufe eines für extreme Großaufnahmen verwendeten, sehr detailgenauen Kopf- und Halsensembles ermöglichte. Der Mechanismus war eigentlich ein Nebenprodukt der Arbeit an einem anderen prähistorischen Tier, dem einen Meter zwanzig großen Dilophosaurier, der, zumindest in Michael Crichtons Phantasie, die Fähigkeit hatte, seinen Opfern Gift in die Augen zu spucken. »Die Idee wurde zuerst für den Raptor vorgeschlagen«, sagt Winston, »aber keiner glaubte so recht, daß das bei etwas so Großem funktionieren würde. Wir beschlossen deshalb, es bei dem Giftspukker auszuprobieren.« Vorbild für dieses Konzept war das Steadycam-System, eine Kamerahaltevorrichtung mit Gegengewichten, die ein erschütterungsfreies Bewegen großer Filmkameras und somit eine sehr ruhige und kontinuierliche Kameraführung ermöglicht. »Die Technologie wurde schon vor Jahren entwickelt, aber bei unserer Arbeit war sie noch nie verwendet worden. Rick Galinson wandte das Konzept auf den Giftspucker an, und die Ergebnisse waren verblüffend. Die Bewegungen waren unglaublich geschmeidig und organisch – so wie ich es bei mechanischen Figuren noch nie gesehen hatte. An

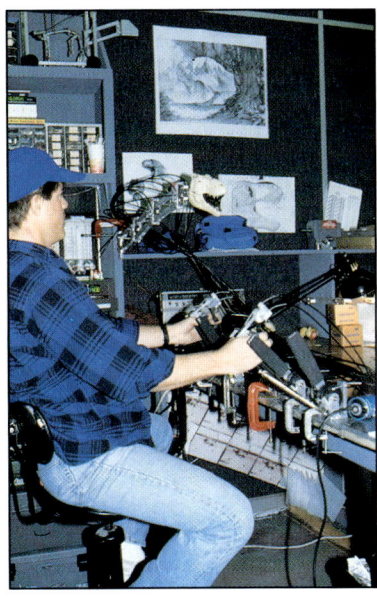

Oben: Rick Galinson an den Steuerhebeln für den Giftspucker. *Unten:* Die Koproduzentin Lata Ryan, der Schauspieler Richard Attenborough und Stan Winston inspizieren die Arbeit am lebensgroßen Giftspucker. Ryan, die im September 1990 zum *Jurassic-Park*-Projekt stieß, um die ersten Entwürfe zu überwachen, gehörte zu den frühesten Mitgliedern des Produktionsteams.

diesem Punkt gab ich das Verfahren, das wir bis dahin bei dem Raptor angewendet hatten, auf und versuchte es mit dieser Technik. Zum Glück funktionierte es bei dem größeren Tier ebensogut.«

Der Dilophosaurier stellte die einzige schwerwiegende Abweichung von der wissenschaftlichen Wahrheit dar. In Wirklichkeit war das Tier ungefähr drei Meter groß gewesen, doch aus filmtechnischen Gründen und um Verwechslungen mit den Velociraptoren zu vermeiden, wurde beschlossen, es nur einen Meter zwanzig groß zu machen. Daß das Tier Gift spucken konnte, war eine Erfindung Crichtons, aber der V-förmige Knochenkamm entsprach der Wirklichkeit. Das Art Department fügte noch ein interessantes Detail hinzu. Kurz bevor der Dilophosaurier spuckte, stellte sich um seinen Kopf herum eine sonst zusammengefaltet am Hals anliegende, fächerförmige Krause auf, etwa so wie bei der australischen Kragenechse. Das Dilophosaurier-Team unter der Leitung von Shane Mahan verkürzte das übliche Verfahren, nach dem zuerst ein Miniaturmodell hergestellt und dieses dann vergrößert wird. »Ich war mir ziemlich sicher, daß wir keine Maquette brauchten«, erzählt Mahan, »und ich wollte gleich mit der richtigen Figur anfangen. Wir arbeiteten zu viert daran.

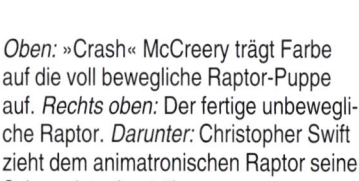

Oben: »Crash« McCreery trägt Farbe auf die voll bewegliche Raptor-Puppe auf. *Rechts oben:* Der fertige unbewegliche Raptor. *Darunter:* Christopher Swift zieht dem animatronischen Raptor seine Schaumlatexhaut über.

Links: Shane Mahan entwarf das Farbschema für den Giftspucker und übertrug es auf »Crash« McCreerys Bleistiftzeichnung. *Unten:* Der fertige Prototyp im Maßstab eins zu fünf.

Ich machte die Rohentwürfe und skizzierte die Details, und die anderen kümmerten sich um die Feinarbeit.« Drei verschiedene Köpfe waren nötig für all die Effekte, die das Drehbuch verlangte.

Obwohl Spielberg hoffte, so viele der Dinosaurierszenen wie irgend möglich »live« zu drehen, sah er doch ein, daß gewisse Einstellungen – wie zum Beispiel die laufenden Tyrannosaurier in der Totale – nur in einer Art von Modellfotografie zu schaffen waren. In der Frühzeit des Stummfilms hatte Willis O'Brien eine Methode entwickelt, Dinosaurierpuppen mit Hilfe der Einzelbildanimation zu filmen. Trotz einiger Verbesserungen in den folgenden Jahren – vor allem durch Ray Harryhausen, dem Schützling und Nachfolger O'Briens – war die Technik im wesentlichen die gleiche geblieben, bis vor etwa einem Jahrzehnt Industrial Light and Magic ein Verfahren, mit dem bereits bei *Das Imperium schlägt zurück* experimentiert worden war, für die Produktion von *Drachentöter* perfektionierte. Unter Verwendung der Motion-Control-Technologie, die seit *Krieg der Sterne* in keinem Spezialeffekt-Studio mehr fehlte, entwickelten die Techniker bei ILM Figuren mit Stäben an den Gliedmaßen, die mit computergesteuerten Schrittmotoren verbunden werden konnten. So konnten die wichtigsten Bewegungen der Figuren, die jahrzehntelang von Einzelbildanimatoren gewissenhaft produziert worden waren, im Computer gespeichert und wiederholt werden – wenn nötig, sogar mit Veränderungen. Und wichtiger noch, die Benutzung der Motion-Control-Technik erzeugt Bewegungsunschärfe, wodurch das für die Einzelbildanimation charakteristische und von einigen als störend empfundene Zerhacken der Bewegung vermieden wird. Obwohl Traditionalisten dieses High-Tech-Verfahren als lästig und unnötig empfanden, gewann doch diese Go-Motion-Animation, wie sie von ihren Verfechtern genannt wird, immer mehr Anerkennung als Mittel zur Produktion flüssigerer und damit überzeugenderer Puppenbewegungen.

Phil Tippett, Oscar-Preisträger für *Die Rückkehr der Jedi-Ritter*, war bei *Drachentöter* Chefanimator gewesen. In den folgenden Jahren hatte er, bei ILM und später in seinem eigenen Tippett-Studio, die Go-Motion-Technik perfektioniert. Da Tippett als herausragender Künstler und als Dinosaurierfan bekannt war, nahm Amblin schon zu einem sehr frühen Zeitpunkt Kontakt mit ihm auf, doch er scheute die Mitarbeit an *Jurassic Park*, als er erfuhr, daß Spielberg Dino-Roboter einsetzen wollte. Doch als dann später Stan Winston zu dem Projekt stieß und auch ILM auf Abruf bereitstand, erwachte sein Interesse neu. Nachdem man ihm gut zugeredet hatte, war er bereit, ein Team zusammenzustellen, das die etwa fünfzig Go-Motion-Szenen, die voraussichtlich als Ergänzung zu Stan Winstons Material nötig sein würden, produzieren sollte.

Als anerkannte Autorität auf dem Gebiet von Tierverhalten und Tierbewegung erhielt Tippett zunächst den Auftrag, einige Testszenen zu produzieren, die dem Winston-Team als Anregung und Vorlage für die Bewegungen, die ihre lebensgroßen Dinosaurier würden ausführen müssen, dienen konnten. Anhand von Modellen, die Winston lieferte, bauten Tippett und sein Team bewegliche Figuren, die dann mit der traditionellen Einzelbildanimation zum Leben erweckt wurden. »Für die Raptoren wurden Modelle im Maßstab eins

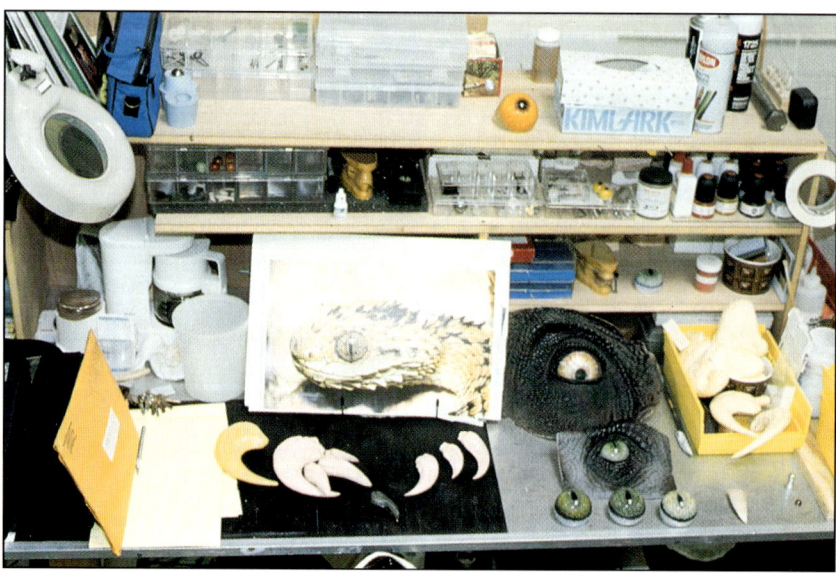

Puppenzubehör wie zum Beispiel Augäpfel, Zähne und Klauen wurde von Robert Henderstien hergestellt.

Arbeiten nach der Natur: Henderstien malt zarte Äderchen auf einen Dinosaurieraugapfel.

zu fünf benutzt, für den T-Rex im Maßstab eins zu sechzehn«, erläutert Tippett. »Ich entwarf ein Szenario für ein paar Bewegungstests und führte dann ein paar Abläufe durch, um zu zeigen, wie Gehen oder wie Laufen aussehen würde, und ein paar verhaltenstypische Sachen – Szenen von zehn oder zwölf Sekunden, die zeigen sollten, was die Figuren tun konnten.« Der Animator Randy Dutra, ein Spezialist für Tierbewegungen, der schon lange mit Tippett zusammenarbeitete, erhielt den Auftrag, realistische Verhaltensmuster für die prähistorischen Darsteller zu entwickeln. Aus dem daraus entstehenden Filmmaterial wurde eine »Dinosaurierbibel« zusammengestellt, die später bei den Dreharbeiten den Puppenspielern als Vorlage dienen sollte. »Während in vielen Filmen die meisten Szenen Action-Charakter haben – also Schnitte von vier oder fünf Sekunden –, wollten wir lange Einstellungen drehen, damit man wirklich sehen konnte, was die Tiere taten.« Nachdem Spielberg das Testmaterial gutgeheißen hatte, ging es an Stan Winston, damit seine Puppenspieler anhand dieser Szenen die Bewegungsabläufe ihrer Figuren einstudieren konnten.

Als Michael Crichton die Überarbeitung seines Drehbuchs abgeschlossen hatte, steckte Spielberg mitten in den Dreharbeiten zu *Hook*. Zu seinen Mitarbeitern bei diesem Projekt gehörte auch die Drehbuchautorin Malia Scotch Marmo aus New Jersey, die auf Dustin Hoffmans ausdrücklichen Wunsch hinzugezogen worden war, um seiner zu dünn geratenen Rolle etwas mehr Fleisch zu geben. Sie und Spielberg verstanden sich sehr gut miteinander, und bald war es soweit, daß sie das ursprünglich von Jim V. Hart stammende Skript komplett umschrieb.
Eines Tages saß sie am Drehort und las *Jurassic Park*, als Kathy Kennedy da-

zukam und erwähnte, daß Amblin den Roman verfilmen wolle. »›Und wer schreibt das Drehbuch‹, fragte ich, und sie sagte: ›Warum, willst du es machen?‹ Und ich sagte: ›Ja, sehr gern.‹ Das war alles. Ein beiläufiger Wortwechsel.« Ob nun beiläufig oder nicht, die Einladung war unmißverständlich, und so wandte Scotch Marmo sich immer mehr von *Hook* ab und *Jurassic Park* zu. »Während der Dreharbeiten zu *Hook* hatten Steven und ich viel und kreativen Kontakt. Ich war entweder am Drehort, oder ich telefonierte mit ihm, wenn er zum Drehen fuhr oder das Set wieder verließ. Und ich faxte ihm fast täglich meine Änderungen im Skript. Wir redeten also viel miteinander. Aber im Lauf der Zeit ging es in unseren Gesprächen immer weniger um *Hook* und immer mehr um *Jurassic Park*.« Kaum war ihre Arbeit an *Hook* abgeschlossen, konzentrierte sie sich voll auf *Jurassic Park*.

Sie beschloß, nicht einfach nur Michael Crichtons Drehbuch umzuschreiben, sondern, mit dem Roman als Ausgangspunkt, ganz von vorn zu beginnen. »Ich brauchte ungefähr eine Woche, um alles zu lesen. Ich las die erste Drehbuchfassung und dann immer und immer wieder den Roman. Ich sah mir die Storyboards und all das andere Material an, das zu diesem Zeitpunkt schon sehr umfangreich war. Steven denkt sehr viel über ein Projekt nach und hat immer Storyboard-Zeichner bei der Hand. Sie zeichnen, was er denkt. Ein paar von diesen Zeichnungen werden dann wirklich für den Film verwendet, aber die meisten sind nur dazu da, damit man sie sich ansieht, damit Steven darüber nachdenken und sich überlegen kann, ob er sie will oder nicht.« Auch mit Crichton stand Scotch Marmo in dieser Zeit in Kontakt. Und auf ihre Bitte hin gab Spielberg ihr ein Exemplar des Buchs, in dem er seine Lieblingsstellen angestrichen und den Text mit Anmerkungen versehen hatte.

»Ich glaube, die Struktur von Michaels Skript kam dem fertigen Film ziemlich nahe. Schließlich war es die Struktur des Romans. Die einzigen Unterschiede lagen in den Straffungen, die je nach Autor unterschiedlich ausfallen. Hervorragend war es Michael gelungen, die Gentechnologie darzustellen und Fragen nach ihrer Harmlosigkeit sowie der ganzen Problematik der Profitorientierung der Wissenschaft aufzuwerfen. Er hat uns dazu gebracht, an die Dinosaurier zu glauben, indem er uns zuerst dazu brachte, die zugrundeliegenden wissenschaftlichen Theorien zu glauben. Ich wußte also, daß eine Menge davon im Drehbuch enthalten sein mußte. Und darüber hinaus sah ich es als meine Aufgabe an, die Charaktere auszubauen, ihnen mehr Leben, mehr Wirkung zu geben.«

Obwohl die Figurencharakterisierung sowohl im Roman wie im ursprünglichen Drehbuch ziemlich dürftig war, beharrte Crichton weiterhin darauf, daß zu viel zwischenmenschliche Dramatik vom Kern, der im Grunde genommen phantastischen Geschichte, ablenken würde. »Ein Großteil meiner Arbeit hat mit dem Begriff der Wahrscheinlichkeit zu tun, damit, wie ich die Leser dazu bringen kann, etwas zu glauben, was nicht stimmt. Wenn man als Autor diese

Im spannenden Finale durchstöbern Raptoren die Rotunde des Besucherzentrums nach menschlicher Beute. Die Zeichnung von Craig Mullins zeigt tigerähnliche Streifen auf den Räubern, ein frühes Konzept, das später aufgegeben wurde.

Absicht hat, ist es sehr schwer, über Dinosaurier in der heutigen Welt zu schreiben, weil das an sich nicht glaubhaft ist. In jedem Satz, den man schreibt, muß man gegen diesen Unglauben ankämpfen. Es erfordert einen immensen psychologischen Aufwand, ein Buch zu schreiben, das einen ansonsten vernünftig denkenden Erwachsenen dazu bringt, wenigstens in den paar Stunden, die er braucht, es zu lesen, mir meine Behauptungen abzunehmen. Niemand glaubt wirklich, daß es die Dinosaurier gibt, es kann sich also nur um ein Vergnügen bereitendes, zeitweiliges Außerkraftsetzen des Unglaubens handeln. Wenn sich das nicht einstellt, ist es gleichgültig, wie deine Botschaft lautet oder wie deine Figuren charakterisiert sind – es ist gleichgültig, weil niemand die Geschichte glaubt. Als erstes mußte ich also überzeugende Dinosaurier erschaffen, und das hatte viel damit zu tun, wie sie entstanden waren und wie sie sich verhielten, wie sie in die Geschichte eingeführt wurden und wie die Figuren über sie redeten. Das war mein Hauptproblem.«

Ab Oktober 1991 saß Scotch Marmo fünf Monate lang über ihrer Drehbuchversion, und zwar, was ungewöhnlich war, in sehr enger Zusammenarbeit mit Spielberg. »Normalerweise erhält ein Autor einen Auftrag, geht dann heim, schreibt das Skript und liefert es fertig ab. Aber wir haben nicht so gearbeitet. Die ganze Zeit über bekam ich von Steven Feedback. Es lief so ab, daß ich ihm die ersten fünfzehn Seiten schickte und er darauf reagierte. Dann schrieb ich sie seinen Wünschen entsprechend um und schickte sie ihm zusammen mit den zweiten fünfzehn noch einmal, so daß er dann dreißig hatte. Und so lief es während der ganzen fünf Monate.«

Eine der wichtigsten Änderungen Scotch Marmos war die Streichung der Figur des Ian Malcolm. »Ich versuchte, eine Menge von Malcolm in Grant einzubauen, der mir zu wenig entwickelt schien. Grant sollte ein absoluter Gegner der Kommerzialisierung der Wissenschaft sein – was ja bei der Gentechnologie ein großes Problem ist. Und außerdem hatte ich das Gefühl, daß wir für Ellie und Grant und die Kinder noch etwas Einleuchtendes brauchten, eine Erfahrung oder ein Erlebnis, das dafür sorgt, daß sie am Ende dieser unglaublichen Reise anders sind als am Anfang.« Darüber hinaus versuchte sie, filmische Mittel zu entwickeln, die Crichtons Hauptanliegen untermalten. »Ich wollte zeigen, was für ein fataler Fehler es ist, zu glauben, man könne die Natur beherrschen. Und ich tat das, indem ich den Dschungel und den sterilen Kontrollraum gegeneinanderstellte – so ließ ich zum Beispiel Laubwerk und Lianen durch eine noch unfertige Wand ins Besucherzentrum eindringen. Und andere Kleinigkeiten, daß zum Beispiel ein Fenster geöffnet wird und sofort die Vegetation hereindrückt, oder kleine Eidechsen, die über Wege huschen. Ich wollte zeigen, daß die Natur immer im Weg ist, daß sie sich mit aller Kraft gegen die Eindringlinge wehrt.«

Erst als die Dreharbeiten zu *Hook* und *Der Tod steht ihr gut* im wesentlichen abgeschlossen waren, konnte die eigentliche Arbeit an *Jurassic Park* begonnen werden. »Die Rohentwürfe für viele Bühnenbauten waren bereits fast fertig«, berichtet Rick Carter, »aber erst im Januar 1992 fingen wir an, uns konkret darum zu kümmern und die Sets wirklich zu bauen. Es war eine ungewöhnlich lange Vorbereitungszeit, aber sie war auch sehr nützlich. Wenn wir versucht hätten, diesen Film auf ganz normale Art und in einem normalen Zeitrahmen zu drehen, wäre uns die ganze Sache über den Kopf gewachsen. Es gab zwar schon eine Menge Storyboards und Szenenentwürfe, aber die wurden beständig verändert. Wir zeigten Steven unsere Entwürfe, und Steven fing dann an, Skizzen zu zeichnen. Er macht großartige kleine Skizzen, sehr einfach, aber sie zeigen sehr gut, was er durch das Kameraobjektiv sehen will. Wir arbeiteten sie aus und gaben sie dann den Leuten, die sie sehen mußten. Wir hatten also

Diese frühe Skizze von Tom Cranham zeigt die Brutstation, in der die gentechnisch erschaffenen Dinosaurier zur Welt kommen. Dieser Entwurf wurde nie benutzt.

Während sich bei der Arbeit am Skript allmählich die endgültige Handlung herausentwickelte und der Drehbeginn immer näher rückte, wurden viele der ursprünglich geplanten Ausstattungselemente – wie zum Beispiel das Parkhotel in dieser Skizze von Jim Teegarden – weggelassen.

nicht von Anfang an ein hundertprozentiges Konzept – es gab eine Menge Feinabstimmung. Da tauchte zum Beispiel eine Idee auf, man setzte verschiedene Autoren, Storyboard-Zeichner und Dinosaurier-Designer darauf an, und dann wurde sie wieder verworfen. Dann kam einer mit einer anderen Idee, und wir schauten, ob die eher zu realisieren war als die erste. Wir arbeiteten nach dem Motto: Die stärkste Idee wird überleben.«

Obwohl ein Großteil des Geschehens im Freien stattfinden sollte, erkannte man sehr bald, daß Szenenaufbauten in einem Studio größere Flexibilität bieten würden, wenn es um die Arbeit mit den lebensgroßen Dino-Robotern ging, die Spielberg sich als Hauptfiguren seines Films wünschte. »Bei großen Robotern«, bemerkt Carter, »gibt es viel Mechanik, die versteckt werden muß, und das geht am einfachsten unter einem Studioboden. Natürlich ist das auch in der freien Natur möglich, indem man Löcher gräbt, aber in einem Studio ist es einfacher, weil man Sets auf einem Podest aufbauen kann. Außerdem hat man im Studio die totale Kontrolle über das Licht, und man braucht sich über das Wetter keine Sorgen zu machen. Das Problem ist, daß es ziemlich schwierig ist, Natur – einen Dschungel zum Beispiel – so nachzubauen, daß es absolut überzeugend wirkt.« Zum Glück spielten die meisten wichtigen Sequenzen bei Nacht oder bei Wolkenbrüchen oder beidem, was den Nachbau der Natur etwas erleichterte.

Letztendlich waren für sämtliche Außenszenen nur zwei Studios nötig. In Halle 27 bei der Universal entstand dichte Dschungelvegetation mit einem riesigen Baum als Mittelpunkt, in dessen Krone das Fahrzeug mit Grant und den Kindern nach dem Angriff des Tyrannosauriers hängen sollte. Der Szenenaufbau wurde so konzipiert, daß durch wenige Umbauten in diesem Studio auch andere Außenschauplätze dargestellt werden konnten, darunter auch die bei-

56 JURASSIC PARK

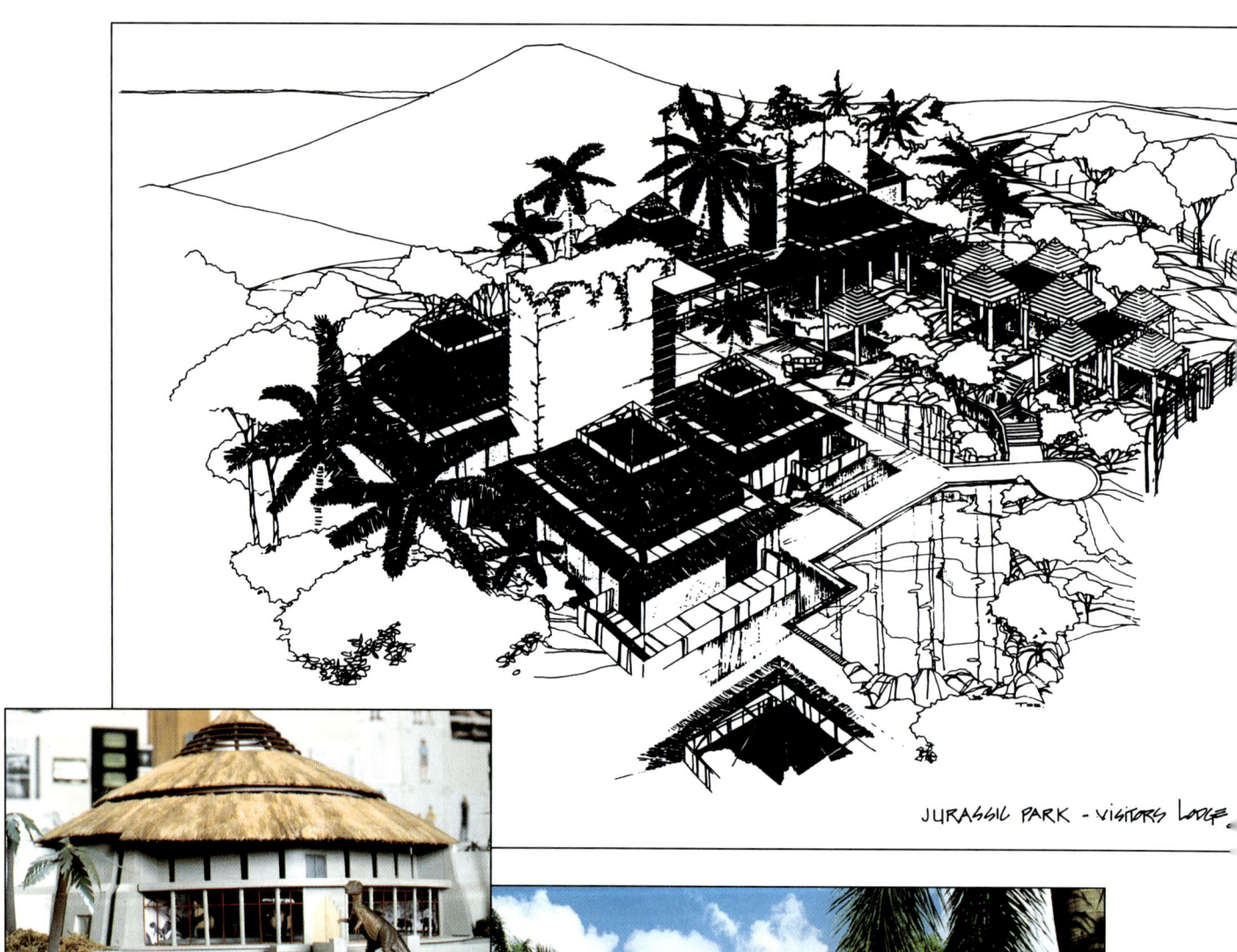

JURASSIC PARK - VISITORS LODGE

Im Uhrzeigersinn von oben: Eine weitere Skizze von Jim Teegarden, die die Gebäude des Besucherzentrums zeigt. • Die Außenansicht des Zentrums wurde in Hawaii als Fassade aufgebaut, die Innenräume in Studios in Hollywood. • Ein kleinformatiges Modell von einem der früheren Entwürfe des Zentrums.

den Stellen im Park, wo der Sicherheitschef Robert Muldoon und der Computerspezialist Dennis Nedry auf grausame Weise umkommen. Die zweite Naturszenerie erforderte mehr Platz, als Universal zu bieten hatte, und wurde deshalb in die riesige Halle 16 von Warner Brothers gleich nebenan verlegt. Dort sollte auf einer künstlichen Lehmpiste zwischen hohen Elektrozäunen der Tyrannosaurus Rex während eines sintflutartigen Wolkenbruchs über zwei liegengebliebene Fahrzeuge herfallen. In fünf weiteren Studios bei Universal entstanden schließlich die Innenansichten des Besucherzentrums, des Kontrollraums und anderer Schauplätze.

»Der Park ist nicht so detailliert fertiggestellt wie im Buch«, erläutert Carter. »Die Handlung des Films spielt etwa neun Monate oder ein Jahr früher als im Roman. Wir wollten damit ausdrücken, daß es sich bei dem Ganzen um einen Prozeß handelt. Die Dinosaurier sind noch nicht ganz perfekt, der Park ist noch nicht ganz perfekt, das Sicherheitssystem ist noch nicht ganz perfekt. Es ist unmöglich, alles perfekt zu machen – vor allem, wenn man es mit der Natur zu tun hat. Das Beste, was wir machen können, ist eigentlich nicht gut genug, weil wir nicht Gott sind – das ist eines der Hauptthemen dieses Films und eines, das direkt mit der Gentechnologie zu tun hat. Nur weil man etwas tun *kann*, heißt das bereits, daß man es auch tun *soll*?

Von der Dramaturgie her sind die Dinosaurier die Stars von *Jurassic Park*. Das heißt nicht, daß die Schauspieler unwichtig sind, das sind sie nämlich ganz und gar nicht. Aber vom Visuellen her sind die Dinos die Stars. Und meiner Ansicht nach ist auch die Insel als Schauplatz sehr wichtig. Deshalb wollte ich den Park auch nicht als rein kommerzielle Anlage, die in ihrer übertrieben grellen Dynamik zu primitiv wirken würde. Obwohl der Park, würde er je eröffnet, sich vermutlich zu so etwas entwickeln würde, dachte ich mir, daß es im Film primitiv wirken würde. Es geht ja hier nicht um Disneyland. In den Jurassic Park würden die Leute gehen, um die Dinosaurier in ihrer natürlichen Lebensumgebung zu sehen, und nicht irgendwelches von Menschen produziertes Zeug. Zumindest die ersten zehn Jahre lang würde die Sache sehr ernst genommen werden – bis dann jemand anfängt, die Dinosaurier zu Attraktionen einer Freakshow zu machen. Für mich war es deshalb ein großer Vorteil, daß wir den Park unfertig zeigen wollten. So war ich nicht gezwungen, ihn mir vollendet vorzustellen, in dem Sinne, was aus ihm werden könnte, wenn er wirklich eröffnet würde. Wenn er eröffnet würde, würde die Entwicklung wohl dahingehen, daß man versucht, den Leuten immer mehr zu bieten, daß also die Funktion des Parks als Fenster zu dieser neuen Welt, in der die Saurier leben, in den Hintergrund tritt. Ich wollte dem Park einen seriösen Anstrich geben, zum Beispiel dadurch, daß das Besucherzentrum wie ein Tempel der Dinosaurier wirkt. Die Versteinerungen, die man überall sieht, sind wie Hieroglyphen der Erde, Skulpturen aus der Erde, die eine Geschichte erzählen. Im Kontrollraum und in den Laborräumen passieren einige sehr komplizierte

Dinge, aber meiner Ansicht nach sollten die optisch nicht zu sehr in den Vordergrund treten, damit der stärkste Eindruck der des Dschungels und der Dinosaurier bleibt.«

Um die Landschaftsperspektiven zu bekommen, die den Innenaufnahmen Glaubwürdigkeit verleihen sollten, war eine dreiwöchige Drehzeit in einem tropischen Landstrich geplant, der Crichtons Insel vor der Küste von Costa Rica entsprach. Zuerst wurde Costa Rica selbst in Betracht gezogen, dann aber wieder verworfen, weil zum geplanten Zeitpunkt dort Regenzeit war. Auch Puerto Rico war ein aussichtsreicher Bewerber. Doch schließlich entschied man sich für die Hawaii-Insel Kauai. Spielberg gab offen zu, warum er gerade dieses Inselparadies gewählt hatte. »Ich glaube, es war mein Alter. Wäre ich sechsundzwanzig gewesen und nicht fünfundvierzig, wäre ich nach Yucatan oder auf die Philippinen oder nach Costa Rica gegangen – irgendwohin, wo's wirklich wild ist. Aber die Vorstellung, in einem schönen hawaiianischen Hotel mit Zimmerservice und Swimmingpool fürs Wochenende zu wohnen, hatte schon etwas sehr Anziehendes. Zum Glück fanden wir in Hawaii wun-

Um seine Einstellungen besser planen zu können, ließ Spielberg den Animator Phil Tippett eine Reihe von Animatics fertigen – das sind mit Modellen gestellte und auf Video aufgenommene Vorläufer von Schlüsselszenen. Tippett und sein Team benutzten dazu Stop-Motion-Techniken. *Links oben:* Tony St. Amand bereitet den Angriff des T-Rex auf das Tourfahrzeug zur Aufnahme vor. *Rechts oben:* Kim Blanchette arbeitet an der Sequenz, in der die Raptoren Tim und Lex in die Küche des Besucherzentrums verfolgen. *Darunter:* Randy Dutra bringt eine Raptor-Puppe in Position.

derbare üppige Tropenregionen, die genausogut, wenn nicht sogar besser waren als mögliche Alternativen in Südamerika oder Mexiko.«

Während das Drehbuch sich entwickelte und veränderte und Spielberg an den Schlüsselszenen feilte, lieferte das Art Department die jeweils aktuellsten Storyboards. Obwohl lange Zeit als wesentliche Hilfsmittel für die Produktion von Spezialeffekten betrachtet, können diese Storyboards nur einen statischen Eindruck der zu drehenden Szene liefern. Deshalb verwenden viele Filmemacher inzwischen sogenannte Animatics oder Videomatics – schnell produzierte Effekt- oder Actionszenen auf Film oder Video, an denen man das Zusammenwirken der einzelnen Einstellungen und die Dynamik der gesamten Sequenz kontrollieren kann. Spielberg war der Ansicht, daß Animatics für *Jurassic Park* sehr nützlich sein würden, und bat deshalb Phil Tippett, ihm welche zu liefern. »Wir suchten uns zwei der wichtigsten Sequenzen des Films heraus«, erzählt Tippett, »eine mit dem T-Rex und eine mit den Raptoren, und simulierten die Szenen mit miniaturisierten Dinosaurier- und Menschenpuppen im Stop-Motion-Verfahren. Randy Dutra nahm sich zusammen mit dem Animator Tom St. Amand zuerst den T-Rex vor, und anschließend konzentrierten sich die beiden auf die kompliziertere Raptoren-Sequenz.« Obwohl der Hintergrund nur grob skizziert war und die Puppen nicht sehr detailgenau waren, bemühten sich vier Teams über einen Zeitraum von vier Monaten um eine höchst gewissenhafte Animation. Jede Sequenz wurde vollständig abgefilmt, ohne Rücksicht darauf, ob die Szenen später live im Studio oder als Miniatur gedreht werden würden. »Wir skizzierten die von Rick Carter entworfenen Szenen und schossen vierzig oder fünfzig Einstellungen pro Sequenz. Damit wollten wir Steven Ablaufstudien an die Hand geben, die ihm bei den eigentlichen Dreharbeiten helfen würden, und Stan eine Art Richtschnur für die Beschleunigungen und Verzögerungen. Wenn man das alles im voraus choreographieren kann, ist das ein großer Vorteil.«
Als Hilfsmittel entwickelte Stefen Dechant vom Art Department mit einem Amiga PC und einem Video Toaster Effects System eine dreidimensionale Darstellung eines Tyrannosauriers, animierte sie und überspielte die Sequenz auf Video. Das Material war zwar nicht sehr detailgenau, aber schnell zu produzieren und sehr nützlich zur Bestimmung von Bewegung und Tempo. Alles, was eine genauere Figurencharakterisierung erforderte, wurde Tippetts Team überlassen. Im Lauf der Zeit wurde dann dieses behelfsmäßige Videomaterial von Einzelbildanimationen ersetzt.
Bei Industrial Light and Magic wurde unterdessen ein viel ehrgeizigeres Computergrafikprojekt in Angriff genommen. Über ein Jahr war seit Dennis Murens ersten Gesprächen mit Spielberg und Kennedy über *Jurassic Park* vergangen. In dieser Zeit war die Firma mit *Terminator 2* beschäftigt gewesen und hatte für diesen Film eine Reihe erstaunlicher visueller Effekte hergestellt,

EIN NERVÖSER T-REX

Grobe Animatics lieferte auch Stefen Dechant, der mit Hilfe eines Amiga PC und eines Video Toaster Effects Systems skizzenhafte Darstellungen des T-Rex erzeugte und animierte. Diese Animatics waren ein Hilfsmittel, um ein Gespür für Tempo und Rhythmus einer Szene zu bekommen.

die alle Vorstellungen, die man sich in Hollywood über den Einsatz von Computergrafik in Filmen gemacht hatte, über den Haufen warf. Unabhängig von Stan Winston arbeitend, aber in enger Abstimmung mit ihm, hatte ILM von Computern erzeugte Bilder und modernste Morph-Techniken (das sind softwaregesteuerte Verwandlungstechniken, Anm. d. Übers.) benutzt, um den Schauspieler Robert Patrick in eine Reihe entweder vollständig digitaler Wesen oder Modellfiguren zu verwandeln, die für seine Rolle als formverändernder Flüssigmetall-Terminator in James Camerons Erfolgsfilm nötig waren. Plötzlich waren digitale Bilder das neue Goldene Kalb der Produzenten – und *Terminator 2* brachte Muren seinen siebten und Winston seinen zweiten und dritten Oscar ein. Es dauerte nicht lange, und die an *Jurassic Park* Beteiligten überlegten, ob sie die beiden wieder zusammenbringen sollten.

Es begann mit einer kleinen Bitte. »Schon vor *T 2*«, erinnert sich Muren, »hatte Steven erwähnt, daß er in *Jurassic Park* eine Massenflucht ganzer Herden von Tieren wolle, aber nicht wisse, wie er es angehen solle. Nachdem unsere Arbeit an *T 2* beendet war, nahm ich mir diese Idee vor, weil ich hoffte, so unsere Beteiligung an *Jurassic Park* ausweiten zu können. Zu diesem Zeitpunkt war geplant, daß Phil Tippett und sein Team die Go-Motion übernehmen und wir seine Aufnahmen montieren, die Führungsstangen verschwinden lassen und einige digitale Szenen einfügen sollten. Da es ziemlich schwierig sein würde, ganze Herden von Tieren mit Puppen darzustellen, dachte ich mir, daß wir da vielleicht etwas mit Computergrafik machen könnten.«

Andere im Computergrafikteam von ILM glaubten sogar, daß sie noch mehr tun konnten. Tatsächlich hatten sich Mark Dippe und Steve Williams, zwei alte Profis der Animation, insgeheim bereits an die Arbeit gemacht. »Wir alle wollten einen Versuch mit dem T-Rex wagen«, sagt Williams, »vermuteten aber, daß man uns nicht lassen würde, weil ja Stan bereits damit beschäftigt war, und Phil ebenfalls. Aber ich war von der Sache so fasziniert, daß ich heimlich anfing, im Computer einige T-Rex-Knochen zu konstruieren. Ich habe einen Schwager in Calgary, wo es einen der weltgrößten Bestände an Saurierknochen gibt, und der schickte mir einen Stapel Broschüren und Fotos. Außerdem haben wir uns auch auf Bücher und Zeitschriften mit Schemazeichnungen und ähnlichem gestützt. Das ganze Material wurde mit einem Flachbett-Scanner in den Computer eingelesen und daraus ein Skelett gebaut. Dann programmierte ich einen Gehbewegungs-Zyklus für den Rex – das heißt, nur für das Skelett.«

»Niemand war von computererzeugten Tieren besonders begeistert gewesen«, ergänzt Dippe, »zumindest nicht, als wir das erste Mal darüber sprachen. Wahrscheinlich deshalb, weil es einfach noch keine wirklich gut gemachten gab. Es hatte Versuche gegeben, die für einen kurzen Augenblick funktioniert hatten, aber hinter denen steckte ein gigantischer Aufwand, da müßte einer ein Jahr seines Lebens opfern, nur um vier ordentliche Sekunden ›gehendes Tier‹ zu bekommen. Aber Steve und ich glaubten, daß wir es schaffen konnten. Und ich lag Dennis schon seit Monaten damit in den Ohren. ›Komm schon‹, sagte ich zu ihm, ›sag ihnen, daß wir die ganze Geschichte machen können. Riskieren wir es einfach. Wir können es schaffen. Aber Dennis, der alte Profi und unsere Stimme der Vernunft, sagte nur immer wieder: ›Vielleicht schaffen wir's, vielleicht auch nicht. Mal sehen, was passiert.‹ Aber als wir ihm dann den T-Rex zeigten, war er auf einmal sehr interessiert.« Interessiert zeigte man sich auch bei Amblin. Als Kathy Kennedy und Frank Marshall bei einem Besuch in den ILM-Studios die T-Rex-Szenen vorgeführt bekamen, reagierten sie begeistert. Und als Folge davon erhielt Muren grünes Licht für seinen Versuch der Computergrafikrealisation der Herdenszenen.

Einer der Dinosaurier, die von Stan Winstons Team zwar entworfen, aber nicht gebaut wurden, war der Gallimimus, ein geschnäbelter Räuber, der ein bißchen aussah wie ein federloser Strauß mit einem langen Schwanz. Ausgehend von Winstons Zeichnungen und anderem Material, entwickelte der Computergrafikexperte Eric Armstrong im Rechner ein Gallimimusskelett und programmierte dann dafür einen Laufzyklus. »Nachdem das Skelett fertig war«, erzählt Muren, »ließen wir in einer Animation zehn von ihnen in einer Herde laufen. Für den Hintergrund nahmen wir ein paar Fotos aus einem Buch über Afrika und scannten sie in den Computer. Ich weiß, welche Art von Aufnahmen gut aussehen, und ich weiß auch, welche Steven gern hat, und deshalb drehten wir zwei verschiedene Einstellungen. Die eine von oben auf eine Prärielandschaft, über die diese Tiere laufen, und die andere knapp über dem Boden, auf die vorbeilaufende Herde. Wir benutzten in beiden Fällen dieselbe Animation – wir bekamen also zwei Aufnahmen zum Preis von einer. Wir mußten dem Rechner nur den veränderten Blickwinkel eingeben.« Die

62 Jurassic Park

Rechts: Die wichtigsten Mitglieder des Produktionsteams: Produktionsleiter Paul Deason, Art Director Jim Teegarden, Supervisor für Spezialeffekte Michael Lantieri, Produzentin Kathy Kennedy, Koproduzentin Lata Ryan, Produktionsdesigner Rick Carter, Koproduzent Colin Wilson und stellvertretender Art Director Marty Kline. *Gegenüber:* Zusätzlich zu den animatronischen Dinosauriern hat *Jurassic Park* auch computererzeugte Tiere zu bieten, die zu den ausgereiftesten digitalen Geschöpfen in der Geschichte der Computergrafik zählen. Das Stan Winston Studio versorgte das Computerteam bei Industrial Light and Magic mit Modellen im Maßstab eins zu fünf, die als Vorbilder für die digitale Umsetzung dienten. Der von Paul Mejias modellierte Winston-Gallimimus.

Aufnahmen wurden auf Video überspielt und dem Produktionsteam bei Amblin vorgeführt. »Alle waren total überrascht. So etwas hatte bisher noch keiner gesehen. Obwohl die Gallis nur Skelette waren, lagen soviel Dynamik und Harmonie in den Bewegungen, daß man sich den Rest gut vorstellen konnte. Eric hatte bei der Animation hervorragende Arbeit geleistet, ebenso Stefen Fangmeier bei Montage und Berechnung, und es machte sich einfach großartig.«

Begeistert, wie Spielberg von den Testergebnissen war, gab er sofort die Massenfluchtsequenz, die er sich vorgestellt hatte, in Auftrag – etwa ein halbes Dutzend Einstellungen – und beschloß darüber hinaus, auch noch einige Totalen auf grasende Herden in den Film mit aufzunehmen. Auch das laufende Tyrannosaurierskelett legte weitere Tests nahe. Das Stan Winston Studio lieferte einen Abguß seines Modells im Maßstab eins zu fünf, das ILM anschließend im Cyberware Laboratory scannen ließ. Der Cyberware Scanner, den ILM bereits für frühere Projekte benutzt hatte, tastet mit einem rotierenden Laserstrahl Objekte oder Personen ab und gibt die so erhaltenen topographischen Daten an den Computer weiter. Ursprünglich zur Herstellung von Styroporformen auf einer computerisierten Drehbank entwickelt, hatte das System sich insofern für ILM als sehr nützlich erwiesen, als die Daten direkt in Computer des Studios eingegeben und dort in exakte dreidimensionale Modelle im digitalen Raum umgewandelt werden können. Da im Scanner kein Platz war für die ganze, einen Meter achtzig große Gußform, wurde der T-Rex in Einzelteile zerschnitten, die dann in den ILM-Computern wieder zusammengesetzt wurden.

Viel Arbeit war noch nötig, um die Daten zu präzisieren und das bereits existierende Skelett mit einem Körper zu überziehen. Diverse Software wurde verwendet, um die einzelnen Teile miteinander zu verbinden und mit einer Haut der entsprechenden Färbung und Schattierung zu überspannen. Andere

Programme wurden für die Animation der fertigen Figur benützt. »Für den Hintergrund unserer Testbilder«, erzählt Muren, »verwendeten wir ein Foto von einer Hügellandschaft nicht weit von der Firma. Wir wollten das Tier dort hineinmontieren, in vollem Tageslicht, nur um zu sehen, was alles möglich war. Das taten wir dann auch und überspielten die Szene auf Film. Die bisherigen Testaufnahmen waren auf Video, aber wir mußten sehen, wie es auf Film wirkte. Am Anfang der Szene war der Saurier ungefähr dreißig Meter entfernt und nahm etwa zwei Drittel des Bildausschnitts ein. Dann ging er einfach auf die Kamera zu, Schritt für Schritt, und wir schwenkten hoch zum Kopf, als er vorbeiging. Wir waren alle unheimlich aufgeregt. So etwas hatte es noch nicht gegeben.«

Bei der Präsentation anwesend waren Steven Spielberg und seine Produzenten, Dennis Muren und seine ILM-Truppe sowie Phil Tippett. »Ich hatte vorgehabt, so viel wie möglich mit lebensgroßen Dinosauriern zu machen«, sagt Spielberg, »aber ich wußte, daß ich bei Tele- oder Weitwinkeleinstellungen mit Stop-Motion oder Go-Motion würde arbeiten müssen, so wie Willis O'Brien oder Ray Harryhausen es getan hatten. Keiner von uns hatte erwartet, daß ILM den nächsten Quantensprung in der Computergrafik machen würde – zumindest nicht rechtzeitig für diesen Film. Wir hatten die Gallimimus-Tests gesehen – und die waren wirklich aufregend –, aber das waren nur Skelette und auf

Video. Der T-Rex aber war vollständig und auf Film, er bewegte sich in vollem Tageslicht, und seine Füße berührten wirklich den Erdboden. Es war ein lebendiger, atmender Dinosaurier, realistischer als alles, was Harryhausen oder Phil Tippett je gemacht hatten. Bei der Vorführung stöhnte Phil und meinte, seine Zeit sei wohl vorüber.«

Überzeugt, daß es mit der Computergrafik möglich war, die Wirklichkeitsnähe zu produzieren, die er sich für seine Dinosaurier erhofft hatte, beschloß Spielberg ohne langes Zögern, auf die Go-Motion ganz zu verzichten und das Geld lieber in ILMs digitale Versuche zu investieren. Schon bald darauf präsentierten die Computergrafiker eindrucksvolle neue Testaufnahmen – von einem Tyrannosaurus, der eine Herde vollentwickelter Gallimimusse über eine grasbewachsene Lichtung jagt –, und diese Bilder zerstreuten auch noch den letzten Zweifel, ob es ratsam war, sich völlig auf diese Technik zu verlassen.

Tippett, der bereits ein Team von dreißig Leuten zusammengestellt hatte und letzte Vorbereitungen für seinen massiven Go-Motion-Einsatz traf, war verständlicherweise entsetzt über diese Entwicklung. »Wir hatten nie die Absicht, Phil hinauszudrängen«, beteuert Muren. »Unser Material sah großartig aus, aber wir hätten uns nie vorgestellt, daß eine so große Sache daraus werden würde. Wir waren davon ausgegangen, daß Stan die lebensgroßen Dinosaurier machen würde und Phil die Go-Motion-Animation mit den Puppen, und daß wir uns um die Herden-Szenen und vielleicht um ein paar T-Rex-Einstellungen kümmern würden. Wir hätten dann all diese verschiedenen Spezialeffekttechniken in einem Film. Aber Steven hatte erkannt, daß hier etwas ganz Außerordentliches passierte, und beschloß unerwartet, alles außer den Liveszenen mit Computergrafik zu machen.«

Tippett war bereit, sich mit Anstand zurückzuziehen, aber weder Muren noch Spielberg wollten auf die Sachkenntnis verzichten, die der Animationsveteran sich in fast dreißig Jahren Puppenspielen vor Stop-Motion-Kameras erworben hatte. »Phil und seine Jungs bringen unglaublich viel Wissen und Erfahrung mit«, sagt Muren, »und ich fand es wichtig, daß Phil an dem Projekt beteiligt blieb, als Mentor und Berater für unsere Animatoren, von denen viele gar nicht so recht begriffen, was man von ihnen verlangte. Man darf nicht vergessen, daß dies die erste Generation von Computeranimatoren ist, und sie müssen sich mit Hardware- und Softwarebeschränkungen herumschlagen, was die Arbeit mühsam und langsam macht. Einige von ihnen hatten Erfahrung in computerisierter Charakteranimation, aber für *Jurassic Park* brauchten wir fotorealistische Animation, und dafür gibt es kaum jemanden, der so erfahren ist wie Phil. Wir mußten ihm gut zureden, weil er sich mit Computern nicht auskannte, aber schließlich konnte ich ihn doch davon überzeugen, daß seine Fähigkeiten unverzichtbar seien.«

Während Tippett sich mühsam die Grundbegriffe der digitalen Bilderzeugung aneignete, richtete er für die Computeranimatoren Übungskurse ein, in denen sie Dinge lernten, die weit entfernt waren von allem, was sie bis dahin getan hatten. »Eine meiner Lehrmethoden ist die Pantomime«, erklärt Tippett, »denn die hilft den Animatoren, eine Menge nutzloser Arbeit zu vermeiden, indem sie die Bewegungsabläufe zuerst mit ihren eigenen Körpern durchexerzieren. Etwa einen Monat lang hatten wir jeden Tag Unterricht. Ich lud einen Mann namens Leonard Pitt dazu ein, der Pantomime und balinesischen Tanz studiert hat und mit Stan Laurel befreundet war. Er kannte sich mit den Bewegungsabläufen des menschlichen Körpers wirklich gut aus. Die Stunden mit ihm hatten den Zweck, Hemmschwellen bei den Leuten abzubauen, die ihren Körper nicht benutzen wollen, sondern lieber nur über die Szenen reden und die Sache rein intellektuell bewältigen wollen. Aber mir war es sehr wichtig, daß wir auf direktem Weg miteinander kommunizieren konnten. Parallel dazu setzte ich mich mit den Animatoren zusammen, um ihre Arbeit an den gerade entstehenden Figuren – zu der Zeit der T-Rex und der Gallimimus – zu besprechen. Wir brauchten ungefähr einen Monat, bis wir gelernt hatten, miteinander zu kommunizieren, aber dann lieferten sie einige wirklich sehr gute Ergebnisse.«

Als schließlich alle Aufträge vergeben waren, hatte ILM fünfzig Computergrafikszenen herzustellen, darunter auch einige mit dem gigantischen Brachiosaurus und sogar ein paar Raptor-Szenen.

Es war März, als Malia Scotch Marmo nach mehrmaligem Umschreiben die endgültige Fassung ihres Drehbuchs beendet hatte. Sie gab es Spielberg und wartete gespannt auf seine Reaktion. »Steven ist ein Gentleman und ein Freund, und wir sind immer ehrlich zueinander. Nachdem er das Skript analysiert hatte, sagte er nur: ›Ich habe es zweimal gelesen, und ich glaube, das ging daneben.‹ Für einen Autor ist so etwas natürlich schrecklich. Am liebsten würde man dann sagen: ›Gib mir noch eine Woche. Ich kann es hinbiegen.

"WELCHER HAT IHREN GATTEN GEFRESSEN, MA'AM?"

Ich weiß, daß ich es kann.‹ Aber es ist eben so, daß man manchmal ins Schwarze trifft und manchmal nicht. Dumm ist nur, daß man so lange braucht, bis man es merkt. Also schluckte ich nur und sagte etwas wie: ›Das ist wirklich sehr schade, Steven. Aber es ist dein Projekt, und du mußt vorankommen. Glaub mir, in einem Tag hab' ich das überwunden.‹ Und das hatte ich wirklich.«

Da die Zeit drängte, machte Spielberg sich sofort auf die Suche nach einem Autor, der ihm kurzfristig ein geeignetes Drehbuch liefern konnte. Er fand einen in David Koepp. Koepp hatte eben erst die Arbeit an dem Film *Der Tod steht ihr gut* beendet – in letzter Minute hatte er noch den Schluß umschreiben müssen –, und er war vollkommen unvorbereitet auf die Einladung, seinen Namen der immer länger werdenden Liste der Autoren für *Jurassic Park* hinzuzufügen. Er hatte nicht einmal das Buch gelesen. Doch er besorgte sich sofort ein Exemplar und las es mit Begeisterung. »Bei einer Adaption, einer Neufassung oder ähnlichem weiß ich sofort, ich kann es schaffen, wenn mir, kaum daß ich die Idee gehört oder das Buch gelesen habe, die verschiedensten Möglichkeiten durch den Kopf schießen. Wenn nichts passiert, hat es wenig Sinn, den Auftrag anzunehmen. Aber zum Glück fing bei dem Buch meine Phantasie sofort an zu arbeiten.« Ein Treffen mit Spielberg folgte. »Unser erstes Gespräch war noch ziemlich allgemein. Es ging vorwiegend um das Buch. Er fragte mich Dinge wie: ›Was hältst du von Dinosauriern? Was in dem Buch hat dich wirklich begeistert?‹ Wir redeten über Ideen, die uns gefallen, Ideen, die stimmig sind, über Charaktere, die funktionieren, und solche, die das nicht tun, und über Dinge, die unserem Gefühl nach unbedingt in den Film hineingehörten. Steven hatte einige großartige Ideen für Actionszenen. Das ganze Treffen war sehr anregend.«

Hatte Koepp anfangs noch gewisse Zweifel, konnte sie Spielberg beheben. »Normalerweise schreibe ich nicht gern fremde Texte um. Mir fällt es sehr schwer, mich in einen anderen hineinzuversetzen und nachzuvollziehen, was derjenige vorgehabt hatte. Aber in diesem Fall sagte man mir, ich könne noch einmal von vorn anfangen – was nicht als Kommentar zur Leistung der anderen Autoren gedacht war, sondern nur als Versuch, es mir einfacher zu machen. Wenn man die ganze Welt als Leinwand hat, kann man seine Ideen frei schweifen lassen.« Koepp beschloß, Crichtons und Scotch Marmos Skripte erst dann zu lesen, wenn er seinen ersten Entwurf abgeschlossen hatte, und vertiefte sich zunächst einmal in den Roman, las ihn ein zweites, ein drittes und ein viertes Mal, bevor er sich an den Schreibtisch setzte. »Das Schwierigste an einer Adaption ist die Herausarbeitung der Struktur. Man kann an den einzelnen Szenen feilen, kann sie umschreiben und die Dialoge verbessern, aber das Rückgrat einer Geschichte zu finden, ist wirklich schwer. Wie in jedem Buch passiert auch in *Jurassic Park* vieles in den Köpfen der Leute, und viele der Handlungsstränge sind sehr kompliziert und verwickelt. Aber zum Glück war

RAPTOR RAFFZAHNIENSIS

Im Stan Winston Studio: Marilyn Chaney und Karen Mason bei der Detailarbeit an den Raptor-Anzügen. Die Anzüge kamen vorwiegend in der Küchenszene zum Einsatz und im Finale, in dem die Raptoren die wenigen menschlichen Überlebenden durch die Lüftungsschächte des Besucherzentrums jagen.

es mehr oder weniger wie eine Filmvorlage geschrieben, und es war deshalb nicht so einschüchternd wie einige der Bücher, die ich bereits adaptiert habe. Trotzdem war es noch eine Herausforderung, weil der Autor des Buches vierhundert Seiten mit einfachem Zeilenabstand zur Verfügung hat, der Drehbuchautor aber nur hundertzwanzig mit doppeltem. Das sind zwei ziemlich verschiedene Welten.«

Zwei der wichtigsten Actionsequenzen standen bereits fest: der Angriff des Tyrannosauriers auf die Fahrzeuge und die Szene mit Tim und Lex und den beiden Velociraptoren in der Küche des Besucherzentrums. Abgesehen von diesen beiden, ließ man ihm bei der Auswahl der Szenen ziemlich freie Hand. Bei der Kürzung des Buchs auf seinen filmischen Kern wich Koepp teilweise beträchtlich von den früheren Versionen ab. Sowohl im Roman wie auch in den beiden fertigen Drehbüchern folgt auf den Tyrannosaurier-Angriff eine Schlüsselszene. Bei ihrer Flucht zu Fuß durch den Dschungel kommen Grant und die Kinder an den Fluß, der die Insel in zwei Hälften teilt, und entdecken in einem Werkzeugschuppen ein Floß. In der Hoffnung, sich damit in Sicherheit bringen zu können, paddeln die drei flußabwärts. Als der Saurier sie vom Ufer aus entdeckt, springt er ins Wasser und schwimmt ihnen nach. Nachdem sie dem riesigen Räuber nur knapp entkommen sind, stürzen sie samt Floß einen Wasserfall hinunter. »Ich wollte diese Floßsequenz von Anfang an nicht. Meiner Ansicht nach war das eine der Passagen im Buch, die nur dazu da sind, den Leser an sämtlichen Dinosauriern, die der Park zu bieten hat, vorbeizuführen. Ich hatte das Gefühl, daß gleich nach dem Versagen des Sicherheitssystems im Park das totale Chaos ausbrechen sollte. Die Floßfahrt hielt ich für ziemlich überflüssig. Ich hatte deshalb keine Probleme damit, sie wegzulassen, vor allem, weil sie wahnsinnig teuer geworden wäre.« Bei anderen Passagen –

etwa der Szene, in der Muldoon den Tyrannosaurier verfolgt und betäubt – war das nicht so einfach.

Das Hauptproblem der Adaption war die Präsentation von Theorie und Technik der Extraktion von Dinosaurier-DNS und des Klonens von Wesen, die seit Millionen von Jahren von der Erde verschwunden sind. »Das war verdammt schwierig«, gibt Koepp zu. »Das Wunderbare an Crichtons Buch ist ja, daß dieses exotische Thema so gut recherchiert und überzeugend dargestellt wird, daß man wirklich glaubt, so etwas könnte passieren. Es gibt im Buch lange erklärende Kapitel, die einfach großartig sind. Aber wie soll man das in einem Film darstellen? Wir hätten natürlich eine Laborszene einbauen können, bei der Besucher von einem Raum in den anderen laufen und sich von Wissenschaftlern erklären lassen, was dort jeweils passiert – aber das wäre langweilig gewesen.«

Schließlich wurde die Idee eines Lehrfilms geboren, den sich die Hauptfiguren während ihrer Tour durch den Park auf den Monitoren der Fahrzeuge ansehen können. »Ich würde ja gern sagen, daß die von mir stammte, aber ich glaube, es war Stevens Idee. Sie war brillant. Wir konnten ab und zu ein paar Sekunden einblenden, ein paar wesentliche Informationen vermitteln und dann wieder ausblenden. Wir brauchten keinen Anfang, keinen Mittelteil, keinen Schluß. So konnten wir tolles Zeug machen, bei dem das Zuschauen Spaß macht – und es war auch einleuchtend, weil Lehrfilme wie dieser typisch sind für Freizeitparks. Diese Idee löste alle unsere Probleme, und wir schafften auf drei Seiten, wofür ich fünfzehn Seiten angesetzt hatte. Irgendwann lachte Steven und sagte: ›Wir nennen den Sprecher Mr. DNS oder so ähnlich.‹ Er hatte das im Spaß gemeint, aber ich sagte: ›Genau so nennen wir ihn! Das ist perfekt.‹ Weil die Leute ihn nämlich so genannt hätten. Es war komisch, aber ich bewegte mich auf ziemlich sonderbarem Terrain. Da saß ich also und schrieb über diese geldgierigen Leute, die einen phantastischen Freizeitpark schaffen, nur um all diese Dinosaurier ausbeuten und lächerliche kleine Filme machen und blöde Plastikplaketten verkaufen zu können. Und ich schreibe es für eine Firma, die es später in ihre Freizeitparks stecken und lächerliche kleine Filme und blöde Plastikplaketten verkaufen wird. Ich kam mir wirklich vor wie eine Katze, die ihrem eigenen Schwanz nachjagt, als ich versuchte herauszufinden, wer in dem ganzen Szenario der Gute ist – und ich hab's dann auch aufgegeben.«

Wie vor ihm bereits Scotch Marmo, so hielt auch Koepp es für notwendig, die Figurencharakterisierung auszubauen. Einige der Nebenfiguren wurden ganz weggelassen oder mit anderen verschmolzen, und Ian Malcolm kehrte – weniger aufgeblasen, dafür mit mehr Humor – in die Geschichte zurück. Die meiste Arbeit machten jedoch die Hauptfiguren. »Wir hatten alle das Gefühl, daß Ellie und Grant als Personen nicht interessant genug waren und daß wir uns überlegen sollten, wie dieses Erlebnis sie als Menschen, nicht nur als Wissenschaftler, beeinflussen könnte.« Die persönliche Beziehung zwischen den Figuren wurde stärker herausgearbeitet und erhielt eine zusätzliche Differenzierung durch den verbalen Schlagabtausch, den die beiden sich wegen der Kinder liefern – Ellie mag und will sie, Grant nicht. Vor allem dieser Aspekt paßte hervorragend zur Lösung eines anderen Problems, daß nämlich die Kinder im Buch für die Handlung ziemlich überflüssig erschienen und daß Lex, die jüngere der beiden und eine entsetzliche Heulsuse, Grant mehr als genug Grund für seine negative Haltung gab.

»Die Kinder waren eine Herausforderung, weil wir nicht den Eindruck erwecken wollten, daß sie nur da sind, damit wir Kinder im Film haben. Vor allem Steven ist sehr anfällig für Kritik dieser Art, weil er sehr gerne mit Kindern arbeitet. Er macht das auch hervorragend, es ist deshalb nicht ganz gerecht, aber so ein Eindruck entsteht eben leicht. Wir mußten also herausfinden, warum die Kinder für den Film wesentlich sind. Dazu kehrten wir zu unserer Hauptaussage zurück, nämlich daß das Leben immer einen Weg findet. Mit Grant als Hauptfigur und seiner Unfähigkeit, mit Kindern umzugehen, konnten wir die Kinder dazu benutzen, ihn über sein eigenes Leben aufzuklären und ihm den wahren Wert von Kindern und ihres zukunftsbezogenen Optimismus zu zeigen.« Gekrönt wurde diese Idee mit Spielbergs Vorschlag, das Alter der Kinder umzudrehen. Mit Lex als der Älteren konnte Koepp eine amüsante Nebenhandlung einbauen, die sich um ihr pubertäres Verliebtsein in den dafür alles andere als empfänglichen Grant dreht.

Der für August geplante Drehbeginn rückte immer näher, und in allen Abteilungen nahm die Hektik zu. Drehorte wurden aufgebaut, sowohl in Hollywood wie auch in Hawaii, Gestelle für die mechanischen Effekte wurden entwickelt und konstruiert, Computergrafiktechniken wurden getestet und

Beim Bau des T-Rex-Schwanzes aus Graphitfaser. In dem Gerüst, das noch mit einer Haut aus Schaumlatex überzogen wurde, sollte später die gesamte Mechanik Platz finden, die für flüssige Bewegungsabläufe nötig war.

70 Jurassic Park

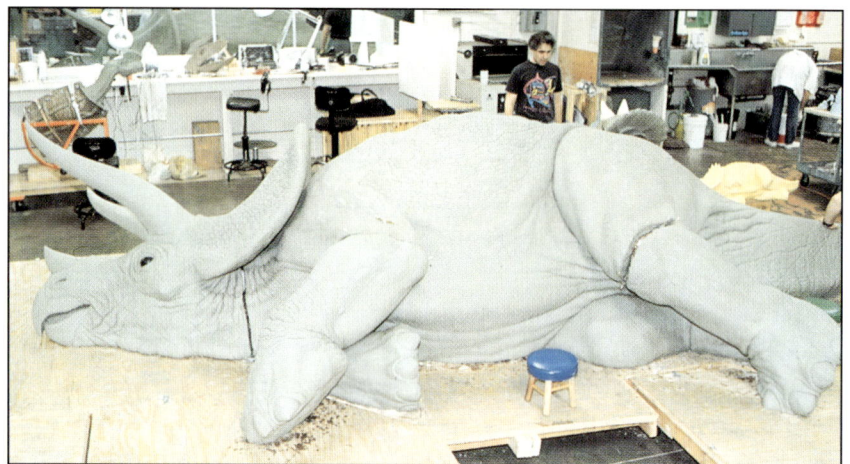

Für eine frühe Szene, in der ein kranker Triceratops vom Tierarzt des Parks behandelt wird, war ein weiteres Winston-Geschöpf nötig. *Ganz oben:* Die Skulptur des kranken Triceratops in Originalgröße. *Oben rechts:* »Crash« McCreery bei der Arbeit an einem Teil des Schwanzes. *Oben links:* Wie schon der T-Rex wurde auch der Triceratops zuerst in fünffacher Verkleinerung gebaut, in Querschnitte zerteilt und in Originalgröße auf Sperrholzplatten projiziert, aus denen dann ein Modelliergerüst angefertigt wurde. *Rechts:* Rob Ramsdel, Al Sousa, Paul Mejias und Stan Winston sehen zu, wie Jon Dawe den Augenmechanismus des Triceratops justiert.

perfektioniert. Der Chefkameramann Dean Cundey – ein Favorit von John Carpenter und Robert Zemeckis, der mit Spielberg zum ersten Mal bei *Hook* zusammengearbeitet hatte – gehörte zur Crew, ebenso wie der Cutter Michael Kahn, der für *Jäger des verlorenen Schatzes* einen Oscar gewonnen hatte und der seit dem Film *Unheimliche Begegnung der 3. Art* fast ununterbrochen mit Spielberg zusammenarbeitete. Auf Abruf bereit stand auch der Oscar-gekrönte Komponist John Williams, der seit *The Sugarland Express* jeden Film Spielbergs, außer einem, mit genialischer Hand musikalisch untermalt hatte.

Im Stan Winston Studio war der modellierte Tyrannosaurier längst in Einzelteile zerlegt, von denen man Gußformen für die Herstellung von Schaumgummihäuten angefertigt hatte. Seinen Platz nahm nun ein furchteinflößendes Gerüst aus verschweißten Stahlrohren und hydraulischen Vorrichtungen ein, die sowohl Skelett wie Muskeln des gigantischen Tieres bilden sollten. In anderen Winkeln der Werkstatt näherten sich die Raptoren- und Giftspucker-Modelle ihrer Vollendung, wie auch die Raptor-Anzüge und der detailgenaue Tyrannosaurierkopf, der später auf einen Schwenkarm montiert würde. Die beinahe drei Meter große Kopf- und Halspartie eines Brachiosauriers sollte mit einem Kran bewegt werden. Das vollständige Tier würde es nur als Computergrafik geben.

Der kranke Triceratops im Maßstab eins zu fünf, modelliert von Joey Orosco.

Auf dem Boden ausgestreckt lag ein über acht Meter großer Triceratops, speziell angefertigt für die Szene, in der Grant und Ellie einem Tierarzt zusehen, der das auf einer Wiese liegende, kranke Tier behandelt. Er war das einzige von Winstons Geschöpfen, das die Reise nach Hawaii mitmachen würde. »Da der Triceratops nur auf der Seite liegend zu sehen sein sollte«, erzählt Richard Landon, »wurde er auch dementsprechend modelliert. Die Fettwülste zum Beispiel hätten nicht richtig gehangen, wenn man das Tier aufgestellt hätte, und der Schwanz war an der Unterseite abgeflacht, um großes Gewicht vorzutäuschen. Für Steven war es am wichtigsten, daß man das Tier atmen sah. Also versahen wir den Brustkorb mit Scharnieren und benutzten ein Längslager und einen Riemenantrieb mit Kurbel, um ihn sich heben und senken zu lassen. Der Kopf mußte nicht sehr beweglich sein, aber das Maul konnte sich öffnen und schließen, und die Zunge konnte sich bewegen. Die Augen waren sehr hübsch – sie ließen sich weit aufreißen und hatten dann den Blick eines erschrockenen Elefanten. Die Beine konnten ein paar Bewegungen ausführen, um das Tier insgesamt lebendiger wirken zu lassen, und der Schwanz konnte sich hin und her bewegen.«

Eines der letzten Probleme, die noch gelöst werden mußten, war die Besetzung der Rollen. Hier waren finanzielle Überlegungen ganz wichtig. »Eigentlich«, sagt Spielberg, »wollte ich gute, solide Schauspieler, die keine unverschämten Honorare verlangen. Ich wollte für diesen Film keine fünf Millionen Dollar pro Schauspieler ausgeben. Stan Winston, Dennis Muren und Phil Tippett kosteten mich schon genug Geld, aber da war es wenigstens sinnvoll angelegt. Ich

Die Besetzungsliste stand erst kurz vor Drehbeginn endgültig fest. *Diese Seite, von links nach rechts:* Für die Rolle des Tim Murphy fiel die Entscheidung auf den neunjährigen Joseph Mazello. Sam Neill wurde für den Part des Paläontologen Alan Grant engagiert. Der berühmte britische Regisseur Richard Attenborough kehrte nach einer Pause von fünfzehn Jahren vor die Kamera zurück, um den Unternehmer John Hammond zu spielen. Jeff Goldblum in der Rolle des Mathematikers Ian Malcolm. *Gegenüberliegende Seite, von links nach rechts:* Bob Peck als Parkaufseher Robert Muldoon. Laura Dern übernahm die Darstellung der Paläobotanikerin Ellie Sattler. Martin Ferrero als der Firmenanwalt Donald Gennaro. Ariana Richards erhielt die Rolle der Alexis Murphy. *Darüber:* Wayne Knight spielte Dennis Nedry, den Architekten des hochmodernen Computersystems des Parks.

hatte eben einen Film mit Starbesetzung, nämlich mit Dustin Hoffman, Robin Williams und Julia Roberts, abgedreht, und es hatte mir viel Spaß gemacht, aber bei *Jurassic Park* wollte ich einen anderen Weg einschlagen. Ich wollte es machen wie bei meinen früheren Filmen, für die ich Leute engagiert hatte wie Richard Dreyfuss und Harrison Ford, die damals noch relativ unbekannt waren, und keine Weltstars, die im Publikum die Erinnerung an ihre zehn letzten Hits wecken.«

Zu Spielbergs Favoriten für die Rolle des John Hammond zählte ein sehr angesehener Schauspieler und Regisseur, der seit fünfzehn Jahren nicht mehr vor der Kamera gestanden hatte. »Ohne langes Nachdenken fiel mir sofort Richard Attenborough ein. Ich hatte schon versucht, ihn für die Rolle des Tootles in *Hook* zu bekommen, aber er führte zu der Zeit bei *Chaplin* Regie und konnte deshalb nicht. Also ging ich später noch einmal zu ihm und fragte ihn: ›Willst du den Hammond spielen?‹ Meiner Meinung nach hatte Michael ihm diese Rolle auf den Leib geschrieben, auch wenn er das vielleicht nicht wahrhaben wollte. Zu meiner großen Freude sagte er ja. Für Ian Malcolm wollte ich von Anfang an Jeff Goldblum. Ich ging zu ihm, und auch er sagte zu. Es lief also alles gut.«

Die Besetzung der Hauptrollen, also Alan Grant und Ellie Sattler, war nicht ganz so einfach. »Für Grant und Ellie gab es eine große Auswahl. Ursprünglich hatte ich an Sam Neill gedacht, aber der machte gerade in Kanada einen Film, der sich mit unserem Drehbeginn überschnitt, und ich hatte das Gefühl,

daß ich nicht auf ihn warten konnte. Natürlich hätte ich sehr gerne Richard Dreyfuss gehabt, aber ich wußte, den konnte ich mir für diesen Film nicht leisten. Bei Kurt Russell war es das gleiche. Ich bot die Rolle Bill Hurt an, aber der lehnte ab, ohne das Buch oder das Skript gelesen zu haben. Das klinge nicht nach einem Film, den er in diesem Abschnitt seines Lebens machen wolle, meinte er – und ich respektiere das. Nachdem ich mich ein paar Monate lang vergeblich umgesehen hatte, kehrte ich schließlich wieder zu Sam Neill zurück und verlegte sogar den Drehbeginn um einen guten Monat, damit er in seinen Zeitplan paßte.« Daß Spielbergs Wahl für die Rolle der Ellie auf Laura Dern fiel, war nicht von vornherein einleuchtend. »Das war eine schwere Entscheidung. An Laura hatte ich im Zusammenhang mit *Jurassic Park* überhaupt nicht gedacht, weil ich sie als zerbrechlichen Charakter sah, der immer unter den Umständen und unter Männern zu leiden hat. Als zähes Mädchen, wie etwa Linda Hamilton oder Sigourney Weaver, konnte ich sie mir nicht vorstellen. Dabei brauchte sie das gar nicht zu sein. Ellie ist eher der intellektuelle Typ – eine Paläobotanikerin, die Tiere und Pflanzen liebt und sehr erdverbunden ist. Und als ich dann Laura näher kennenlernte und einige Zeit mit ihr verbrachte, merkte ich, daß sie genau so war. Also war auch dieses Problem gelöst.«

Nach weniger als zehn Wochen Arbeit lieferte David Koepp Steven Spielberg die erste Fassung seines Drehbuchs. Als Steven merkte, daß das Drehbuch nun

endlich auf dem richtigen Weg war, schickte er es Malia Scotch Marmo und bat um ihren Kommentar. Sie reagierte mit zwölf Seiten Anmerkungen, die dann an Koepp weitergeleitet wurden. »Malia hat mir sehr geholfen«, gesteht Koepp. »Sie hat mir eine Menge spezifischer Hinweise gegeben, die fast ausnahmslos sehr nützlich waren. Und ich fand sie sehr nett. Ich weiß nicht, wie ich reagiert hätte, wenn es andersherum gewesen wäre. Im allgemeinen hassen es Autoren, umgeschrieben zu werden, und ich hätte wahrscheinlich abfälliger und bissiger reagiert. Daß sie das nicht getan hat, muß man ihr hoch anrechnen.« In enger Zusammenarbeit mit Spielberg und unter Mitwirkung von Scotch Marmo feilte Koepp bis kurz vor der Abreise der Crew nach Hawaii an seinem Skript.

Einige der Änderungen in letzter Minute betrafen Arbeiten, die anderswo schon seit Monaten im Gange waren, vor allem die Streichung einer Szene, in der Lex auf einem Triceratops-Jungen reiten sollte. Im Stan Winston Studio waren verschiedene Versionen des prähistorischen Babys entwickelt worden, und das eigentliche Reittier, eine voll mechanisierte Figur, stand kurz vor der Fertigstellung. »Ursprünglich wollten wir ein komplettes Triceratops-Baby machen, das laufen konnte«, erinnert sich der Projektleiter Shannon Shea. »Vor Jahren hatte Stan den Auftrag bekommen, für einen Film einen Eber zu bauen. Die Sequenz wurde dann zwar nicht gedreht, aber wir saßen nun auf einem riesigen mechanischen Eber mit Kettenantrieb, der galoppieren konnte. Wir hatten vor, bei dem kleinen Triceratops nach der gleichen Methode vorzugehen. Aber wir kamen damit nicht weit, weil man uns sagte, daß die Produzenten mit den Computergrafiktests sehr zufrieden seien und glaubten, daß die Laufaction mit dem Computer und einem mechanisierten Dinohinterteil, das Michael Lantieri baute, zu schaffen sei. Von uns wollten sie nun nur noch eine aufrecht stehende Figur, die zwar voll beweglich sein sollte, aber nicht gehen oder laufen können mußte.«

Auf einem Bild von David Negron reitet Alexis auf einem Triceratops-Baby. Obwohl Winstons Team monatelang an der Konstruktion eines mechanisierten Triceratops-Babys gearbeitet hatte, wurde die Szene kurz vor Drehbeginn gestrichen.

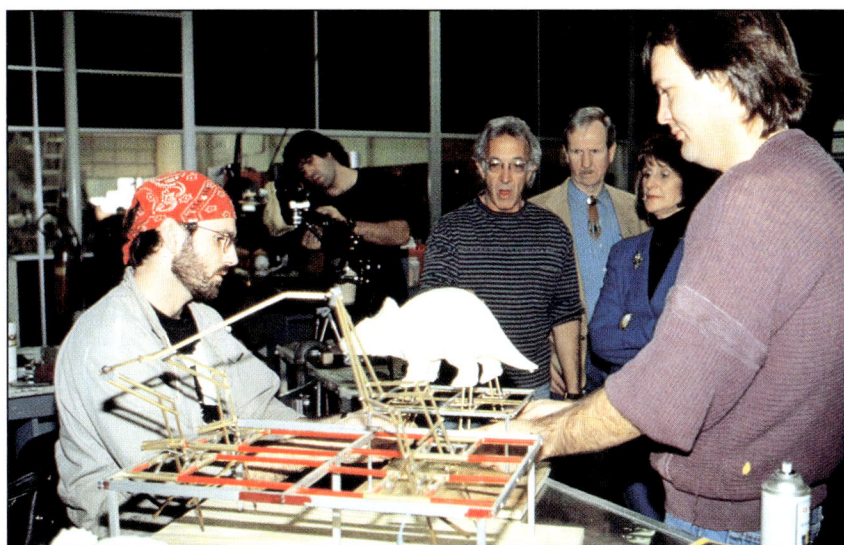

Oben: Mit Stangen, die aus den Pfoten des Tiers herausragten, konnte das Tier von unten bedient werden. So ließen sich die erforderlichen Bewegungen erzeugen. Anhand eines kleinformatigen Modells demonstrieren Alan Scott und Richard Landon Stan Winston, Gerald Molen und Donna Smith diese Art der Bewegungstechnik. *Links:* Der Projektleiter Shannon Shea überwachte die Konstruktion des einen Meter fünfzig langen Babys. *Unten:* Stan Winston sieht Shea und Paul Mejias bei der Arbeit an dem Triceratops-Baby zu.

Während Shea die Arbeit von sieben Bildhauern an dem einsfünfzig langen Tonmodell des Triceratops-Babys überwachte, entwarf der Techniker Alan Scott einen Plan der Gelenke des Tieres, um dem Wesen Leben einzuhauchen. »Es war zwar am Boden befestigt«, sagt Shea, »aber es hatte Stangen an den Füßen, mit denen Puppenspieler unter dem Bühnenboden das Gewicht des Babys von einem Fuß auf den anderen verlagern konnten. Alan hatte Großartiges geleistet. Wir waren alle der Meinung, daß es, mit ein bißchen Übung, durchaus einen Schritt vorwärts hätte machen können – was eine größere Leistung ist, als es zu sein scheint. Alle anderen Bewegungen wurden entweder über Seilzüge – die ebenfalls durch die Füße nach oben führten – oder über Funk gesteuert. Die Beine waren voll beweglich, der Schwanz ebenso, Kopf

Eine Entwurfsskizze der Rotunde des Besucherzentrums von David Negron.

und Hals ließen sich drehen, und für das Mienenspiel waren Augen, Lefzen, Zunge und Nüstern beweglich. Das Modell wurde fertiggebaut, Abgüsse wurden davon gemacht und die Haut wurde hergestellt, die ganze Mechanik wurde zusammengeschraubt. Mehr als ein Jahr hatten wir daran gearbeitet und waren nur noch zwei Wochen von der Vollendung entfernt, als die gesamte Szene gestrichen wurde.«

Die Herausnahme des Triceratops-Babys hatte ihre Gründe sowohl in der Logik wie in der Länge des Films. »In der Endphase des Schreibens«, meint Koepp, »war Steven viel daran gelegen, das Skript zu straffen und es auf zwei Stunden zu komprimieren. Wir suchten überall nach Möglichkeiten für Streichungen. Und in dieser Hinsicht war der Triceratops-Ritt anfällig. Wir wußten auch nicht so recht, wo wir ihn einbauen sollten. Wenn wir ihn vor den Angriff des T-Rex plazierten, schadete das dem Tempo des Films, und wenn wir ihn danach brachten, stellte sich die Frage, ob dieses Kind, das eben von einer solchen Riesenechse angegriffen worden war, wirklich auf einer ähnlichen reiten würde. Schließlich strichen wir die Szene. Ursprünglich war sie aufgenommen worden, nicht weil wir etwas Niedliches haben wollten, sondern weil wir nicht irgendeinen x-beliebigen Killerstreifen machen wollten, in dem der Killer zufällig ein Dinosaurier ist. Wir wollten, daß die Tiere unschuldig wirken. Sogar die Fleischfresser tun nichts anderes, als Fleisch zu fressen – und damit hat sich's. Wir wollten aus ihnen keine Bösewichter machen. Uns war es deshalb wichtig, daß die Leute im Kino mit Ehrfurcht und Staunen auf das reagieren, was sie sehen und erfahren. Ein bißchen was von dem, was wir mit dem Triceratops-Baby vorgehabt hatten, kommt noch in der Szene rüber, in der die Kinder den Brachiosaurier vom Baum aus füttern – und auch in dieser Nachtszene, in der alle Dinosaurier die Köpfe in die Luft recken und sich gegenseitig anblöken. Wir wollten so viel wie möglich von diesen Dingen im Film haben.

Ich hoffe nur, daß das genauso poetisch rüberkommt, wie es im Drehbuch angelegt war.«

Am Ende waren alle zufrieden mit dem endgültigen Drehbuch – sogar Michael Crichton. »Das Skript wurde nach meiner ersten Fassung noch stark verändert und weiterentwickelt – auf eine Art, das sollte ich hinzufügen, die ich sehr gut finde. Als Schriftsteller glaube ich, daß es zwei Arten von Änderungen gibt, die andere machen können. Da sind zum einen die Änderungen, die ich mir nur anzusehen brauche und sofort merke, daß ich die womöglich auch gemacht hätte – mit denen habe ich also keine Probleme. Dann gibt es andere, oft nur kleine Änderungen, die eigentlich gar nicht so wichtig erscheinen, die aber absolut nicht zu meiner Art zu arbeiten passen. Solche bringen mich total aus der Fassung. Aber bei *Jurassic Park* habe ich das Gefühl, daß das Drehbuch sich sehr gut mit meiner Denkweise verträgt – es paßt in meinen Kopf. Und deshalb habe ich mir beim Durchlesen bestimmt eingebildet, daß viel mehr von mir stammt, als es tatsächlich tut.«

»Als Michael und ich mit diesem Projekt anfingen«, erinnert sich Spielberg, »habe ich zu ihm gesagt: ›Erwarte nur nicht, daß ich das in acht Monaten abdrehe. Dafür brauchen wir mindestens zwei Jahre Vorbereitungszeit. Die mechanischen und visuellen Spezialeffekte werden uns vor einige Probleme stellen.‹ Ehrlich gesagt, damals habe ich geglaubt, ich würde ein wenig übertreiben, was die Vorbereitungszeit betrifft. Ich wollte einfach ein bißchen Spielraum haben. Aber wie sich zeigte, hatte ich recht behalten mit meiner Vermutung. Vom offiziellen Beginn der Vorproduktion bis zum ersten Drehtag dauerte es genau zwei Jahre und einen Monat.«

TEIL II

PRODUKTION

Am Montag, dem 24. August 1992, trafen Crew und Schauspieler des *Jurassic-Park*-Projekts im Olekele Canyon auf der Insel Kauai ein, um mit der ersten, dreiwöchigen Etappe der auf zweiundachtzig Tage angesetzten Drehzeit zu beginnen. Der Canyon, etwa in der Gegend gelegen, die als die feuchteste der ganzen Vereinigten Staaten gilt, begrüßte die Neuankömmlinge mit Regenschauern. Obwohl eher lästig als hinderlich, zeigte der Regen sehr schön, daß die Natur auch noch die bestdurchdachten Pläne der Menschen durchkreuzen kann – und das war ja das zentrale Thema des Films, der hier gedreht werden sollte. Eindrucksvollere, ja furchterregendere Demonstrationen der Naturgewalten sollten noch folgen.

Es war ein ausgezeichnetes und sehr engagiertes Team, das sich unter der Führung von Steven Spielberg hier auf Kauai versammelt hatte. Einige, wie etwa die Produzentin Kathleen Kennedy, hatten diesen Tag mehr als zwei Jahre lang in harter Arbeit vorbereitet. Während dieser Zeit war die Zusammenarbeit zwischen ihr und Spielberg sehr eng gewesen, so wie die beiden es sich im Verlauf ihrer langen und erfolgreichen Verbindung angewöhnt hatten. »Als die ersten Kameras liefen, hatten Steven und ich bereits jedes Detail der Dreharbeiten besprochen«, bemerkt Kennedy, »was produktionstechnisch ein großer Vorteil war. Als die Dreharbeiten für *Jurassic Park* begannen, wußten wir genau, was wir wollten. Wir wußten genau, was dieser Film kosten würde. Diese zwei Jahre Vorbereitung waren wirklich ein Segen.«

Gerald R. Molen war Kennedys Koproduzent. »Kathy kümmerte sich um die kreative Seite«, berichtet Molen, »und ich mehr um die organisatorische, wobei ich eng mit dem Produktionsleiter, den Agenten und Anwälten zusammenarbeitete. Diese Arbeitsaufteilung erwies sich als sehr nützlich für die Produktion. Kathy war immer vor Ort bei Steven, was ein Vorteil für sie war, weil sie so mehr von den eigentlichen Dreharbeiten mitbekam. Es war aber auch ein Vorteil für das Filmteam, weil alle Beteiligten von ihren oft sehr hilfreichen Anregungen profitieren konnten.«

Gegenüber: Der nach dem Versagen des Sicherheitssystems aus seinem Gehege ausgebrochene Tyrannosaurus Rex greift das liegengebliebene Tourfahrzeug mit John Hammonds Enkeln an. *Unten:* Regisseur Steven Spielberg am Drehort in Hawaii.

Der Chefkameramann Dean Cundey arbeitete eng mit Kennedy und Spielberg zusammen. In Anbetracht der langen Vorbereitungszeit war er erst relativ spät zu dem Projekt gestoßen, hatte sich jedoch durch seine privaten Kontakte zum Produktionsdesigner Rick Carter über die Fortschritte auf dem laufenden gehalten. »Über *Jurassic Park*«, erinnert sich Cundey, »habe ich mit Rick mehr aus Neugier als aus anderen Gründen geredet. Es klang nach einem sehr aufregenden Projekt, und ich schaute immer mal wieder in Ricks Büro vorbei, um mir die Zeichnungen und die Modelle der Kulissen anzusehen.« Aus dem beiläufigen Beobachter wurde ein wichtiger Mitarbeiter, denn gegen Ende der Vorbereitungszeit wurde Cundey offiziell als Kameramann engagiert.

Lange bevor Cundey mit seinem Kamerateam und der Ausrüstung in Hawaii eintraf, hatte er in langen Sitzungen mit Spielberg den Stil des Films festgelegt. In einigen dieser Sitzungen brüteten Regisseur und Kameramann über Konzeptskizzen aus dem Art Department, in anderen analysierten sie verschiedene Filme, die Spielberg vom Visuellen her ansprechend fand. »Steven wollte, daß *Jurassic Park* sehr realistisch wirkte, damit das Publikum, soweit das möglich war, das Gefühl bekam, wirklich in diesem Park zu sein. Ich neige auch zu einem realistischen, klaren, farbintensiven Stil, und wir paßten deshalb gut zusammen.«

Da ein Großteil der Handlung in Studios in Los Angeles gedreht werden sollte, ging es Cundey in Kauai vor allem darum, die wunderbare, weite Landschaft der Insel einzufangen, denn diese Bilder sollten dem Film mehr optische Breite geben. »Die meisten Storyboards für diesen Film illustrierten Szenen mit sehr beschränkten Aussichten«, bemerkte Cundey. »Im Dschungel sieht man ein paar Bäume weit und dann nichts mehr. Wir waren nicht zuletzt deshalb in Kauai, weil wir die Insel zeigen wollten, auf der die Geschichte spielt. Für Teile der Handlung – vor allem, wenn sie tagsüber spielte – wollten

Unten: Chefkameramann Dean Cundey. *Darunter links:* Die Produzentin Kathleen Kennedy unterhält sich am Drehort mit Spielberg. *Rechts:* Der Produzent Gerald A. Molen im Kostüm für seine Nebenrolle als Tierarzt Gerry Harding.

Eine Landschaftsaufnahme von Kauai. Nachdem man mehrere Inseln in Betracht gezogen hatte, entschied sich das Produktionsteam schließlich für Kauai als »Hauptdarstellerin« der vor Costa Rica gelegenen Isla Nublar, dem fiktiven Standort des Jurassic Park.

wir mehr Hintergrund, und Kauai hatte da Großartiges zu bieten.« Trotz der spektakulären Szenerie war der tropische Schauplatz nicht ohne Probleme »Hawaii ist berüchtigt für sein ständig wechselndes Licht – die Wolken kommen und gehen. Das hieß, daß wir in einem Augenblick noch in hellem Sonnenlicht arbeiteten und im nächsten schon in diffusem, wolkenverhangenen Licht, das überhaupt nicht dazu paßte. Wir lösten dieses Problem, indem wir immer Scheinwerfer bei der Hand hatten, mit denen wir uns unser eigenes Sonnenlicht schaffen konnten, zumindest annähernd. Hundertprozentig kopieren konnten wir es nie, aber es gibt da ein paar Tricks mit der Beleuchtung und den Belichtungszeiten, mit denen man die Szenen einander angleichen kann.«

Mit dabei auf Hawaii waren von der First Unit [3] auch die Schauspieler Sam Neill, Richard Attenborough, Laura Dern und Jeff Goldblum. Wie bereits erwähnt, waren die Rollen erst sehr spät besetzt worden, und die Schauspieler hatten deshalb vor Drehbeginn nur wenige Wochen Zeit zur Vorbereitung gehabt.

---

[3] Das erste Aufnahmeteam: die Hauptdarsteller, der Regisseur, der Chefkameramann und alle, die an der Produktion der wichtigen Szenen mitwirken, Anm. d. Übers.

Oben: Die Schauspieler Jeff Goldblum, Richard Attenborough, Laura Dern, Martin Ferraro und Sam Neill bei einer Leseprobe zur Vorbereitung der dreiwöchigen Außenaufnahmen auf Kauai. *Unten:* Richard Attenborough als John Hammond, der Initiator des Jurassic Park.

Richard Attenboroughs Situation war besonders schwierig, denn der berühmte englische Regisseur steckte am Anfang der Dreharbeiten zu *Jurassic Park* noch mitten in der Postproduction für seinen Film *Chaplin.* In seiner ein halbes Jahrhundert umspannenden Karriere hatte er in mehr als fünfzig Filmen mitgespielt, darunter in Klassikern wie *Gesprengte Ketten* und *Kanonenboot am Yangtse-kiang.* Sein Debüt als Regisseur hatte er 1969 mit *Oh! What a Lovely War* gegeben. Seitdem war unter seiner Regie eine Reihe von Filmepen entstanden, darunter *Die Brücke von Arnheim, Der Schrei nach Freiheit* und *Ghandi,* der ihm einen Oscar für die beste Regie eingebracht hatte. Nach einer fünfzehnjährigen Pause als Schauspieler hatte Attenborough die Rolle des Hammond vorwiegend deshalb angenommen, weil Spielberg bereit war, auf seine Postproductiontermine Rücksicht zu nehmen. »Steven sagte zu mir, er wisse, daß ich mit *Chaplin* gerade in der Endphase stecke«, erzählt Attenborough, »und daß ich dort noch Verpflichtungen habe, aber er werde sich bei seiner Terminplanung nach ihnen richten. Worauf ich erwiderte, daß ich unter diesen Umständen meinen rechten Arm dafür hergeben würde, *Jurassic Park* zu machen. In den letzten paar Jahren waren mir eine ganze Reihe von Rollen angeboten worden, aber kein Mensch hat je zu mir gesagt: ›Wir richten uns nach deinen Verpflichtungen.‹«

Doch Attenborough hatte sich nicht nur von der flexiblen Terminplanung verführen lassen, sondern auch von der schillernden Rolle selbst. Im Skript wird John Hammond dargestellt als komplexer Charakter mit einem liebenswürdigen, kindlichen Enthusiasmus, der allerdings von der gefährlichen Neigung, Gott spielen zu wollen, überschattet wird. »Ich fand die Rolle faszinierend, und ganz anders als die Figur des Hammond im Roman«, sagt Attenborough. »Im Buch ist Hammond ein ziemlicher Mistkerl – und bis zu einem gewissen Grad sogar ein richtiger Schurke. Das Drehbuch zeigt ihn als einen Mann mit einer gewissen Skrupellosigkeit und Entschlossenheit, aber auch einem beträchtlichen Maß an Charme, als einen, der diesen Charme und dieses Flair eines Impresarios dazu benutzt, die Leute zu überzeugen.«

Trotz der Vielschichtigkeit der Rolle und seiner vielen anderweitigen Verpflichtungen sollte dem siebzigjährigen Attenborough die Verwandlung vom Regisseur zum Schauspieler relativ schmerzlos gelingen. »Irgendwie sind Schauspieler wie Zirkuspferde – kaum haben wir den Geruch von Sägemehl in der Nase, scharren wir schon mit den Hufen, und los geht's. Aber ich muß sagen, die sture Arbeit des Textlernens war etwas, das ich nicht mehr so recht gewöhnt war. In gewisser Weise ist Schauspielen viel schwerer als Regieführen. Man muß nicht nur den Text auswendig können, man muß auch äußerst konzentriert sein und alles genau im richtigen Augenblick auf den Punkt bringen. Es war ein Erlebnis, das mir viel Freude bereitet hat – die Arbeit mit Steven und den bezaubernden Kollegen, die mich als eine Art alternden, gütigen Onkel behandelt haben –, aber trotzdem bleibt die Regie meine eigentliche Liebe.«

Wie Attenborough mußte auch Sam Neill sehr schnell von einem Projekt zum anderen wechseln. An dem einen Montag aus Toronto zurückgekehrt, wo er mit Anjelica Huston *Family Pictures* abgedreht hatte, war er am Montag darauf bereits in Hawaii, um mit der Arbeit an *Jurassic Park* zu beginnen. Doch in den letzten Jahren war er sehr gefragt gewesen und war es deshalb gewöhnt, von einem Projekt ins andere zu springen. In Neuseeland aufgewachsen, hatte Neill sich zuerst mit australischen Filmen wie etwa *Meine brillante Karriere* einen Namen gemacht und war dann mit *Barbaras Baby*, dem letzten Teil der *Omen*-Trilogie, auf der amerikanischen Szene erschienen. Zu nachfolgenden Projekten gehörten *Schrei in der Nacht*, *Todesstille* und *Jagd auf Roter Oktober*.

In den seltenen Pausen, die ihm ein hektischer Terminplan ließ, bereitete Neill sich auf seine Rolle als Alan Grant vor, dem bekannten Wissenschaftler, dessen Lebenstraum, einmal zwischen wirklichen, lebendigen Dinosauriern umherzuspazieren, im Jurassic Park zu einem Alptraum wird. »Ich las das Buch«, berichtet Neill, »und ich unterhielt mich mit dem Paläontologen Jack Horner. Und ich versuchte auch, mir eine Biographie Grants zusammenzubasteln – nur als Richtschnur für mich persönlich, ohne Rücksicht darauf, ob sie zu dem Bild paßte, das die anderen von der Figur hatten. Steven hatte beschlossen, daß Grant nicht unbedingt Amerikaner sein mußte, daß er vielleicht aus Australien stammte und schon lange in Amerika lebte. Ich sah ihn als jemanden, der an einer amerikanischen Universität studiert und sein gesamtes Berufsleben in Amerika verbracht hatte. Und da er unorthodox, radikal und ein bahnbrechender Paläontologe war, wurde aus ihm eine Art Star mit einer begeisterten Gefolgschaft.«

Neills erste Tage in Hawaii standen ganz im Zeichen der Szenen mit Hammonds Enkeln Tim und Alexis, die von Joseph Mazello und Ariana Richards

84 Jurassic Park

Sam Neill bespricht mit Spielberg eine bevorstehende Szene. Für die Drehzeit vor Ort in Kauai waren vor allem Außenaufnahmen bei Tageslicht geplant, darunter die Ankunft der Wissenschaftler auf der Insel und die erste Begegnung der verblüfften Besucher mit der prähistorischen Fauna des Parks.

gespielt wurden. Es gehört zu dem ironischen Humor des Films, daß gerade Grant, dessen Abneigung gegen Kinder schon sehr früh deutlich wird, zum Beschützer und beinahe ständigen Begleiter der beiden wird. Das Desinteresse des Wissenschaftlers an Kindern, einer der größten Streitpunkte in seiner Beziehung zu Ellie, wird arg strapaziert durch Tims beständige Fragerei und Lex' pubertäres Schmachten. »Dabei ist es nicht so, daß Grant absolut keine Kinder mag«, bemerkt Neill, »er ist einfach nur zu sehr mit seiner Arbeit beschäftigt, um Zeit oder Energie für sie aufbringen zu können. Sie sind für ihn eine fremde Spezies, und sie machen ihm deshalb angst.« Da viele Szenen das Zusammenspiel von Mazello und Richards verlangten, war es nur gut, daß Neill, selbst dreifacher Vater, Grants Abneigung gegen Kinder nicht teilte. »Ich sah sie eigentlich gar nicht als Kinder, ich sah sie als Schauspieler. Beide sind außerordentlich talentiert, und wir kamen gut miteinander aus. Und da ich Kinder sehr gerne mag, war es für mich kein Problem.«

Zu den, was die Figurencharakterisierung angeht, wirkungsvollsten Veränderungen im Drehbuch gehörte die Umkehrung des Alters der Kinder. In Crichtons Roman ist Lex die Jüngere, ein Wildfang mit einer irritierenden Neigung zum Jammern. Tim dagegen ist der ältere Bruder, der beständig die Nase in Büchern hat. Für den Film beschloß Spielberg, Tim zum Jüngeren zu machen und aus Lex eine langsam erblühende Zwölfjährige – eine Entscheidung, die stark von den Problemen der Besetzung beeinflußt war. »Ich hatte Joe Mazello kennengelernt, als ich die Rollen für *Hook* besetzte und einen Jungen suchte, der Robin Williams Sohn spielen konnte. Für die Rolle in *Hook* war er noch ein bißchen jung, aber ich fand ihn sehr talentiert. Und als ich dann *Jurassic Park* las, erkannte ich sofort, daß er die perfekte Besetzung für Tim wäre.« Mit seinen neun Jahren war Mazello schon fast ein alter Hase in Filmgeschäft.

Ebenfalls auf Kauai sollten die Szenen gedreht werden, in denen Grant, Tim und Alexis nach dem Angriff des T-Rex versuchen, sich zum Besucherzentrum durchzuschlagen. Während einer Ruhepause untersuchen die drei einen von Grants paläontologischen Funden.

Seine erste Hauptrolle hatte er mit fünf Jahren in dem amerikanischen Fernsehfilm *Unspeakable Acts* gespielt, hatte danach in *Aus Mangel an Beweisen* mitgewirkt und in *Radio Flyer* von R. Donner eine der Hauptrollen gehabt.
Trotz seines Talents und seiner Erfahrung stellte Mazellos Engagement den Regisseur vor ein Dilemma. »Er sieht jünger aus, als er ist«, sagt Spielberg, »und ich erkannte, wenn ich Lex jünger als Tim besetze, müßte sie aussehen wie eine Fünfjährige – und damit wäre sie zu jung, um sie dieser Gefährdung durch die Dinosaurier auszusetzen. Wir hätten uns die Sympathien des Publikums verscherzt. Ich hielt es deshalb für das beste, die Rolle der Lex mit einer älteren Schauspielerin zu besetzen, was sich als Glücksgriff erwies, weil wir so das Motiv ihrer pubertären Verliebtheit in Grant einführen konnten.«
Entdeckt hatte Spielberg Ariana Richards, als er eines Abends vor dem Fernseher saß. Das junge Mädchen hatte in dem amerikanischen Fernsehfilm von 1991, *Switched at Birth*, eine vielbeachtete Vorstellung geliefert und war anschließend in Kinofilmen wie *Im Land der Raketenwürmer* und *Jessica und das Rentier* aufgetreten. »Sie sah für mich einfach wie Lex aus. Ich bestellte sie zum Vorsprechen, aber ich war weniger an ihrer Vortragskunst interessiert, sondern mehr an ihrer Fähigkeit, Angst zu zeigen. Ich bat die Leiterin unseres Besetzungsbüros, Janet Hirshenson, sie in ein Studio zu stellen, sie drei Minuten lang schreien zu lassen und mir dann das Band zu zeigen. Am nächsten Tag bekam ich das Band, und ein solches Schreien hatte ich nicht mehr gehört, seit Fay Wray von King Kong auf dem Opferaltar ausgezogen wurde. Ich ließ Ariana gleich am nächsten Tag zu mir kommen – ironischerweise zur gleichen Zeit, als ich das erste Mal mit Laura Dern sprach – und engagierte sie ohne langes Zögern direkt vor Lauras Augen. Laura lachte leicht pikiert und fragte: ›Und was ist mit mir?‹«

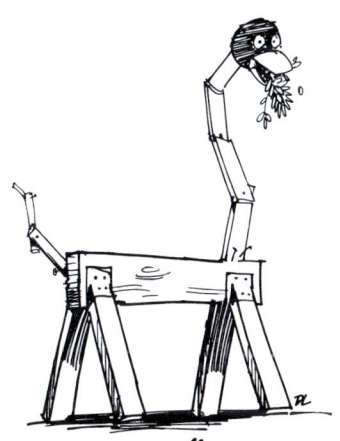

BRONTO-SÄGEBOCK

Da Laura Dern kurz darauf für die Rolle der Ellie Sattler engagiert wurde, war ihre Sorge unbegründet. 1991 für ihren Auftritt in *Rambling Rose* für einen Oscar nominiert, hatte sich die Schauspielerin bereits mit fünfundzwanzig Jahren einen Ruf als sensible Charakterdarstellerin in anspruchsvollen, stark von der Persönlichkeit der Figuren abhängigen Filmen wie David Lynchs *Blue Velvet* und *Wild at Heart* erworben. *Jurassic Park* sollte für sie zu einem Wendepunkt ihrer Karriere werden. »Es war ganz anders als alles, was ich bis dahin gemacht hatte«, erzählt Dern. »Zum einen war es ein Genrefilm, und so wichtig die Figuren auch waren, im Vergleich zu den Dinosauriern waren sie zweitrangig. Die Rolle war etwas völlig Neues für mich. In der Vergangenheit wurde ich immer als Kind-Frau besetzt. Aber Ellie ist eine starke, reife Frau in einer reifen Beziehung zu einem Mann und außerdem eine anerkannte Paläontologin.«

Wie ihre Schauspielerkollegen war auch Dern erst relativ spät zum *Jurassic-Park*-Projekt gestoßen. »Ich hatte vor Drehbeginn wirklich nur ein paar Wochen Zeit, um mich vorzubereiten. Ich arbeitete mit einigen Paläontologen, die so freundlich waren, mir alles beizubringen, was ich in so kurzer Zeit lernen konnte. Ich unterhielt mich mit Jack Horner und las sein Buch. Außerdem ging ich in das Natural History Museum in Los Angeles und ließ mir von den Spezialisten dort zeigen, wie man ein Fossil präpariert. Das alles half mir, wenigstens einen Teil dessen zu verstehen, worüber ich in dem Film rede.«

Die kurze Vorbereitungszeit ermöglichte es Dern allerdings, direkt mit Spielberg an der Gestaltung ihrer Rolle zu arbeiten. »*Jurassic Park* ist die Art Film, die verlangt, daß man den Figuren und ihren Beziehungen über die Handlung Wirklichkeit verleiht«, sagt Dern. »Also suchten Steven und ich nach Stellen, wo wir das tun konnten, ohne aus dem Film etwas zu machen, was er nicht

Links: Laura Dern als Ellie Sattler, eine der Paläontologen, die auf die Insel eingeladen wurden, um den Jurassic Park zu inspizieren. *Rechts:* Jeff Goldblum als Ian Malcolm, der Mathematiker, der mit Hilfe der Chaostheorie den Fehlschlag des Jurassic-Park-Experiments voraussagt.

Angeführt von Hammond und begleitet vom Anwalt Donald Gennaro brechen die eingeladenen Wissenschaftler zu ihrer Besichtigungstour durch den Jurassic Park auf. Für die Außenaufnahmen vor dem Besucherzentrum wurde auf Kauai eine massive Fassade errichtet.

sein soll. Es mußten also mehr Vorüberlegungen zu den Figuren und zu dem, was unbedingt gesagt werden mußte, angestellt werden als in einer Charakterstudie, bei der der ganze Film nur davon handelt. Wir mußten uns überlegen, wo wir es am besten einfügten, weil so wenig davon vorhanden war.« Eines der Probleme, die Dern mit Spielberg in Angriff nahm, war die Frage, wie man Ellie zum integralen Bestandteil der Geschichte machen konnte, so daß sie nicht nur wirkte wie der obligatorische Schuß Sex-Appeal. »Zum Glück war Ellie im Drehbuch als starker Charakter beschrieben – im Film rettet sie mehr als einmal die Lage –, und ich habe wirklich versucht, ihre Stärke herauszustellen.«

Von allen Besetzungsentscheidungen, die Spielberg treffen mußte, war keine einfacher als die für Jeff Goldblum. Von Anfang an war Goldblum Spielbergs Favorit für die Rolle des Ian Malcolm, des brillanten Mathematikers, dessen beharrlich vorgetragene Skepsis gegenüber dem Jurassic-Park-Experiment sich am Ende als zutreffend erweist. Goldblum hatte seine Karriere begründet mit intelligenten, oft ausgefallenen Charakterdarstellungen in so unterschiedlichen Filmen wie *Die Fliege, Der große Frust* und *Buckaroo Banzai*. »Alles an diesem Projekt interessierte mich – die Dinosaurier, die Leute, die sie machten, die Schauspieler«, berichtet Goldblum. »Ich wußte, daß es großartig werden würde. Und die Rolle gefiel mir sehr gut. Malcolm ist irgendwie geheimnisvoll und verführerisch und sensibel. Außerdem ist er skeptisch und zynisch – aber das durchaus mit Grund. Wie sich zeigt, hat er absolut recht.«

Schauspieler und Crew waren aufs höchste motiviert und bereit, als in den abgelegenen Canyons von Kauai die Dreharbeiten der First Unit begannen. Auf dem Drehplan standen Außenaufnahmen bei Tageslicht von der Ankunft der Wissenschaftler im Park sowie vom Raptoren-Gehege und von der Generatorenhalle, in der Ellie später im Film versuchen sollte, die Energieversorgung des Parks wiederherzustellen. Auch die Szenen, in denen die Besucher beim Anblick der Dinosaurier – eines fast siebzehn Meter großen Brachiosauriers, der Blätter vom Wipfel eines Baumes frißt, und einer Gallimimus-Herde, die in der Entfernung über eine Ebene galoppiert – vor Ehrfurcht erstarren, sollten hier vor Ort gedreht werden, wie auch die ergreifende Szene mit dem kranken Triceratops. Mit all der Aufregung und dem Lampenfieber, das typisch ist für den ersten Drehtag, brach die hundertvierzigköpfige Truppe auf in ihr Abenteuer im Jurassic Park.

Wochen vor der Ankunft des Drehteams auf Kauai waren Leute des Art Department und Konstrukteure und Handwerker auf die Insel gekommen, um die nötigen Aufbauten zu errichten. Am wichtigsten waren die Außenansicht des Besucherzentrums – eine zwanzig Meter hohe, beinahe siebzig Meter lange Gebäudefassade – , die Außenansicht der Generatorenhalle und Strecken eines gigantischen Elektrozauns, der in der Geschichte dazu diente, die gefährlicheren Parkbewohner in ihren Revieren zu halten. Rick Carter hatte, zusammen mit den Ausstattern Jim Teegarden und John Bell, in der Vorbereitungsphase die Planung dieser Aufbauten überwacht. »In den meisten Fällen habe ich die Skizzen gemacht«, erläutert Bell, »während Jim, der von der Architektur kommt, sich um die Details kümmerte und die Entwürfe zu Blaupausen ausarbeitete.«

Unter der Aufsicht des Filmarchitekten John Villarino hatten die Bauarbeiten bereits Anfang Juni begonnen, fast drei Monate vor Beginn der Dreharbeiten. Da man sich Kauais höchst abwechslungsreiche Landschaft zunutze machen wollte, wurden die Kulissen an den verschiedensten Stellen der Insel errichtet – einige davon waren so wild und so abgelegen, daß man sie nur mit vierradgetriebenen Geländewagen erreichen konnte. »Wir waren über die ganze Insel verteilt«, erzählt Villarino, »und unser größtes Problem war die Bewältigung der Logistik. Wir mußten in Hawaii eine Menge Straßen bauen, nur um die Crew vor Ort zu schaffen – Straßen im Wert von hunderttausend Dollar, wenn man's genau nimmt. Als wir dann wieder abreisten, bedankten sich die Inselbewohner sogar dafür.«

Obwohl diese unterschiedlichen Schauplätze logistisch eine große Herausforderung darstellten, gaben sie den einzelnen Szenen ein landschaftlich malerisches Ambiente. »Bei einigen Filmen bekommt man das Gefühl, wirklich an fremden Orten gewesen zu sein«, bemerkt Rick Carter, »und *Jurassic Park* ist so einer, vorwiegend wegen Kauai und der eindrucksvollen Vielfalt dieser Landschaft. Die Insel hat etwas sehr Romantisches, doch sie ist alles andere als lieblich. Es gibt Gegenden mit saftigen Weiden, wie man sie woanders kaum findet, andere dagegen sind gebirgig und schroff. Für *Jurassic Park* haben wir alles genommen, was Kauai zu bieten hat, und es auf unsere kleine Insel gepackt.«

Oben: Auch das stark befestigte Raptoren-Gehege gehörte zu den Sets, die in den abgelegenen Canyons von Kauai aufgebaut wurden. *Mitte:* Die Fassade des Besucherzentrums während des Aufbaus. *Unten:* Die fertige Fassade.

Die Wissenschaftler, die Hammond im Film auf die Insel eingeladen hat damit sie den Park inspizieren – und so die nervösen Investoren beruhigen –, treffen im Hubschrauber auf der Isla Nublar ein und werden dann zum Besucherzentrum gebracht. Die Außenaufnahmen ihrer Ankunft im Zentrum wurden vor der riesigen Fassade in Hawaii gedreht, während die Szenen, die im Inneren des Gebäudes spielen, später in einem Studio bei Universal gedreht werden sollten. Da das Besucherzentrum – sowohl das Innere wie auch das Äußere – der visuelle Mittelpunkt des Parks ist, wurde mit seiner Planung und Gestaltung schon sehr früh begonnen.

Den Anfang machte John Bell mit einer gründlichen Analyse des Charakters von John Hammond. »Ich überlegte mir, was für ein Mensch dieser John Hammond eigentlich ist«, erläutert Bell. »Was für ein Name ist Hammond? Na, wahrscheinlich ein englischer. Also dachte ich mir, daß er vielleicht eine sehr strenge Erziehung genossen hat, möglicherweise eine religiöse. Ich dachte mir, daß diese ganze Dinosauriergeschichte für ihn vielleicht etwas mit Wiedergeburt zu tun hat, so als wollte er den Dinosauriern eine zweite Chance geben. Ich dachte also über Wiedergeburt nach und kam dann auf diese Eiform, die überall im Film präsent ist. Auf der Eingangstür zum Besucherzentrum sieht man ein großes Bernsteinei in einem Strahlenkranz. Der Grundriß des Gebäudes orientiert sich an dem eines Tempels in Jerusalem, der Rick beeinflußt hat; die religiöse Komponente war also ebenfalls da. Der Kreis war ein weiteres wichtiges Gestaltungselement – Rick gefiel er als Symbol des Unendlichen.«

Obwohl vom Entwurf her einfacher, gehörten die riesigen Elektrozäune – die vorwiegend in den Szenen zu sehen sind, in denen die Ausflugsfahrzeuge am Tyrannosaurier-Gehege vorbeifahren – zu den schwierigsten Konstruktionen der Handwerker. »Der Zaun im Gelände war wirklich ein verblüffender Anblick«, berichtet Carter. »Er war acht Meter hoch – höher als irgendein Zaun,

Links: Tim Murphy klettert auf den abgeschalteten Elektrozaun, der das Tyrannosaurier-Gehege umgibt. *Rechts:* Lange Abschnitte des acht Meter hohen Zauns wurden vor Ort in Kauai errichtet, eine schwierige Aufgabe, die Michael Lantieri und seinem Spezialeffekteteam übertragen wurde.

den man in der wirklichen Welt je zu sehen bekommt, weil wir einfach keinen Grund haben, so hohe Zäune zu bauen. Was will man denn mit einem Zaun, der höher als vier Meter ist, aussperren? Allein schon die Größe macht aus dem Zaun etwas Furchteinflößendes, weil man weiß, daß da etwas wirklich Großes dahinter sein muß.«

Nach John Bells Entwurf sollte die gigantische Konstruktion aus im Abstand von dreizehn Metern errichteten dicken Betontürmen mit herausragenden, stählernen I-Trägern und dazwischen verspannten dicken Kabeln bestehen. Da es sich als problematisch erwies, solche Kabellängen zu sichern, wurde der Abstand auf zehn Meter verkürzt und alle fünf Meter eine zusätzliche Stütze eingefügt. Dramatisch nach hinten geneigt und mit kalt-blauen Scheinwerfern an den Spitzen, sollte der Zaun Bedrohung signalisieren.

Es war die Aufgabe des Teams für mechanische Effekte, diese riesigen Zäune in Kauai zu errichten, was angesichts der unberührten Wildheit des Geländes eine ziemliche Herausforderung darstellte. »Einer unserer Drehorte in Hawaii war ein Canyon, der nur in einer fünfundvierzigminütigen Fahrt in Geländewagen zu erreichen war«, erläutert Michael Lantieri. »Wir mußten also den ganzen Stahl dorthin schaffen, Löcher bohren wie für Telefonmasten, Beton hineingießen und dann diese Kabel spannen – Dreiviertel-Zoll-Stahlkabel mit Aluminiummantel. Wir haben gut zehn Kilometer von diesem Kabel verbraucht – damit hätte man eine Stromleitung vom Hoover Damm nach Los Angeles legen können.«

Um längere Einstellungen der Fahrt der Geländewagen entlang der Barriere machen zu können, mußten große Abschnitte des Zauns errichtet werden. »Unser längstes Stück bestand aus acht dieser großen Türme«, sagt Lantieri, »mit jeweils zehn Meter Kabel dazwischen. Das Spannen der Kabel bereitete uns ziemliches Kopfzerbrechen, aber Steven sagte immer wieder, er wolle auf keinen Fall, daß die Kabel durchhängen – straff sollten sie sein. Wir fanden dann vor Ort eine Firma, die Erfahrung im Verlegen von Stromkabeln durch die Berge von Kauai hatte, und von der liehen wir uns zwei Männer und einen Lastwagen aus. Es war ein ungeheurer Aufwand, und für uns eine sehr undankbare Aufgabe. Die Leute werden sich den Film ansehen und sagen: ›Aha, da ist ein Zaun‹, ohne sich zu überlegen, was für eine Arbeit es war, den dort hinzustellen. Für meine Männer war das ziemlich schwer. Ungefähr nach der dritten Woche fingen sie an zu murren und meinten: ›Also, weißt du, wir haben uns alle sehr gefreut, nach Hawaii zu kommen – wann sehen wir endlich den Strand? Bis jetzt haben wir nur Regen, Moskitos und Dschungel gesehen.‹«

Die Errichtung der Zäune war eine Herausforderung gewesen, allerdings eine, die mit relativ normalen bautechnischen Mitteln gemeistert werden konnte. Darüber hinaus war Michael Lantieri noch für eine Reihe von mechanischen Effekten verantwortlich, die am Drehort durchgeführt werden sollten. Insbe-

Zur Vorbereitung einer Aufnahme klettern Sam Neill, Joseph Mazello und Ariana Richards auf den Zaun.

sondere einige Szenen mit den Ausflugsfahrzeugen auf ihrem Weg durch den Park verlangten Lantieris spezielle Fähigkeiten. Entsprechend den Entwürfen von John Bell handelte es sich bei den Fahrzeugen um umgebaute Ford Explorer mit großen, kugelförmigen Dächern aus Plexiglas und einer farbenfrohen Lackierung mit dem Logo des Parks. Um die in solchen Vergnügungsparks übliche Fortbewegung auf Schienen simulieren zu können, hatte Lantieri – zu rein kosmetischen Zwecken – einige Meter Schienen verlegt und außerdem ein »Blindfahrt«-System entwickelt. »Wir bauten das Auto so um, daß Lenkung, Beschleunigung und Bremsen ferngesteuert werden konnten. Bei den Fahrten legte sich jemand mit der Fernbedienung in den Kofferraum des Fahrzeugs und steuerte es über einen versteckten Monitor.«

Lantieri bereitete auch sogenannte »interaktive Effekte« vor, das heißt, er koordinierte bei Szenen, in denen sowohl Computeranimationen wie Livetakes vorkamen, das Zusammenspiel dieser beiden Bildebenen. Dabei arbeitete er eng mit einem Team von Industrial Light and Magic zusammen, das in Hawaii war, um das Filmen der Landschaftselemente zu überwachen, die als Hintergrund für ihre Computeranimationen dienen würde. Zu den computererzeugten Dinosauriern, die bei ILM entstehen sollten, gehörten ein fast siebzehn Meter hoher Brachiosaurier und eine ganze Gallimimus-Herde. Als John Hammond seine Gäste kurz nach ihrer Ankunft im Park herumführt, freut er sich über ihre überraschten Reaktionen beim Anblick eines Brachiosauriers, der die Blätter eines Baumwipfels abweidet. In einer späteren Szene entdecken die Besucher eine Gallimimus-Herde, die über die Ebene rennt, und gehen gleich darauf in Deckung, weil die Herde die Richtung ändert und über den Hügel auf sie zugelaufen kommt.

Da die Herde komplett im Computer animiert und erst viel später in den Film eingefügt werden sollte, zeigten die Aufnahmen, die in Hawaii von der Ebene gemacht wurden, nicht die geringsten Spuren der Tiere. Mit Techniken, wie sie ähnlich auch schon bei *Falsches Spiel mit Roger Rabbit* benutzt worden waren, machten Lantieri und sein Team sich daran, die Interaktion der Herde auf der leeren Ebene zu gestalten. »Bei einigen Computergrafik-Sequenzen war am Anfang auf dem Film nur der Hintergrund und sonst nichts zu sehen«, erläutert Lantieri. »Also ließen wir etwas geschehen, und die Leute von ILM inszenierten dann ihre computererzeugten Dinosaurier so, daß es aussah, als hätten die Tiere es getan. Für die Gallimimus-Sequenz waren Aufnahmen geplant, bei denen man sieht, wie die Tiere im Laufen über herumliegende Baumstämme springen. Dafür entwickelten wir einen Stamm, den man ein wenig federn lassen konnte und von dem Borkenstücke absprangen, als hätten die Hufe eines Tiers ihn gestreift.«

Auch die Hintergründe für die Brachiosaurier-Sequenz mußten so abgefilmt werden, daß die vom Computer erzeugten Bilder hineinpaßten. Für das Drehen dieser Szenen waren siebzehn Meter hohe »Story Poles« nötig – Meßlatten, die dem Kameraassistenten als Orientierungshilfe für die Wahl des Bildausschnitts dienten. Für diese Story Poles war das Art Department zuständig. »Unser größtes Problem während der Dreharbeiten«, erinnert sich Marty Kline, »war die Größe dieser Tiere. Sie waren riesig, und das bedeutete, daß auch das ganze Zubehör riesig sein mußte. Ein Story Pole ist an sich etwas Einfaches – nur ein Stück Holz mit Maßangaben darauf –, aber weil der Brachiosaurier über siebzehn Meter hoch sein sollte, war es bereits eine enorme Arbeit, nur einen Story Pole für ihn zu machen. Wir mußten ihn auf einen Lastwagen montieren und mit einem sieben Meter hohen Stahlgerüst abstützen, nur um ungefähr bis Schulterhöhe des Tieres zu kommen. Dann kamen noch mal zehn Meter Stange und oben drauf eine Querlatte, die den Kopf darstellen sollte. Das war wirklich ein Riesending.«

Nicht in allen Dinosaurierszenen, die in Hawaii gedreht wurden, kamen Computerwesen vor. Schon bald nach Beginn ihrer Rundfahrt verlassen die Besucher, die sich vor Aufregung nicht mehr zurückhalten können, ihre Fahrzeuge und gehen auf eine kleine Baumgruppe zu, wo der Tierarzt Gerry Harding ei-

Links oben: Eines der Tourfahrzeuge vor dem Tyrannosaurier-Gehege.
Rechts oben: Spielberg im Gespräch mit Michael Lantieri, dessen Spezialeffekteteam die Aufgabe hatte, die Fahrzeuge mit einem Blindfahrtsystem auszurüsten, mit dem man eine in solchen Freizeitparks übliche vollautomatische Fortbewegung simulieren konnte. *Unten:* Um die Illusion noch zu verstärken, verlegte Lantieris Team vor Ort einige Kilometer Schienen.

nen kranken Triceratops behandelt. Da das Tier betäubt auf dem Boden liegt, haben die Wissenschaftler Gelegenheit, es aus nächster Nähe zu untersuchen. Stan Winston war mit den wichtigsten Leuten seines Teams nach Hawaii geflogen, um an den Dreharbeiten für diese Szene mitzuwirken, denn in ihr kam ihr lebensgroßer, mechanischer Triceratops zum Einsatz. Ursprünglich waren die mechanischen Dinosaurier nur für eine Verwendung im Studio gedacht. Doch bei dem Triceratops war Spielberg der Ansicht, daß er in der realen Regenwaldumgebung Kauais wirkungsvoller eingesetzt werden könnte. »Alle Dinosaurierszenen, die im Studio gedreht wurden, spielten nachts und im Regen oder in der Morgen- oder Abenddämmerung«, erklärt Spielberg. »Aber die Szene mit dem kranken Triceratops spielte mitten am Tag, und ich glaubte nicht, daß wir das im Studio lebensecht nachstellen könnten. Also beantragte ich zusätzliche Mittel, um den Triceratops nach Hawaii transportieren zu lassen. Und ich glaube, das hat sich wirklich gelohnt – das Tier liegt mitten im richtigen Dschungel und nicht in einer schmalen Ecke in einem Studio.«

Die Entscheidung, die Triceratops-Szenen in Hawaii zu filmen, und zwar gleich zu Beginn der Drehzeit, wurde zu einem Prüfstein für Stan Winston und sein Team. Nicht nur, weil der Triceratops das zweitgrößte Tier war, das von dem Studio gebaut wurde, die Aufnahmen mit ihm waren ursprünglich auch erst für das Ende der Produktion geplant gewesen. Für Winston bedeutete der Transport des Triceratops nach Hawaii, daß er die Figur volle drei Monate früher fertigstellen mußte, als er erwartet hatte. »Es war ein zweischneidiges Schwert«, gibt Winston zu. »Einerseits schien es fast unmöglich, diesen riesigen Dinosaurier so schnell fertig zu bekommen. Andererseits ist es der erste Dinosaurier, den die Zuschauer aus der Nähe zu sehen kriegen, und da dachte

Eine der Schlüsselszenen, die auf Kauai gedreht wurden, war die, in der die Besuchergruppe auf einen kranken Triceratops stößt. Steven Spielberg und Kathleen Kennedy posieren vor dem lebensgroßen animatronischen Dinosaurier, der vom Stan Winston Studio entworfen und gebaut worden war.

ich mir, es wäre großartig, wenn wir dazu die Landschaft von Hawaii als Hintergrund hätten. Daß man dieses Tier nicht vorteilhafter zur Geltung bringen konnte, stand außer Frage. Ich sah ein, daß der Triceratops wirklich in Hawaii sein sollte, gleichgültig wie schwierig das für uns auch werden würde, und ich beschloß deshalb, alles zu tun, was zu tun war, um ihn dorthin zu schaffen. Und wenn alles funktionierte, wäre das auch ein hervorragender Anfang für unsere Zusammenarbeit mit Steven.«

Also wurde mit Hochdruck und vereinten Kräften daran gearbeitet, den Triceratops rechtzeitig zum Beginn der Dreharbeiten in Hawaii fertigzustellen. Im Streß der letzten Tage tröstete sich Winston damit, daß das Tier in der Geschichte krank ist – was als Ausrede dienen konnte, falls irgendwelche Gelenke nicht funktionieren sollten. »Da es krank war, mußte es nur sehr wenig tun. Wenn irgend etwas schiefging, würde das einfach bedeuten, daß der Dinosaurier noch ein wenig kränker war. ›Was, der Fuß funktioniert nicht? Schön, der Dinosaurier ist zu krank, um den Fuß zu bewegen.‹ Uns stand da also ein Hintertürchen offen. Aber wie sich dann zeigte, funktionierte alles hervorragend. Es war wunderschön, dynamisch, lebendig – einfach unglaublich. Und das prägte auch die Stimmung der gesamten Dreharbeiten – wir hatten rechtzeitig geliefert, und alle waren glücklich.«

Laura Dern, die als Ellie Sattler dieses Tier ganz besonders ins Herz schließt, fand es vom schauspielerischen Standpunkt aus sehr hilfreich, daß der Triceratops bereits so früh zur Verfügung stand. »Andere Schauspieler, die bereits in Filmen mit mechanischen Figuren gespielt hatten, sagten mir, daß diese Arbeit für mich alles andere als ein Vergnügen werden würde«, erzählt Dern. »Und auch Steven hat mich davor gewarnt. Aber mit diesen Dinosauriern zu spielen, war einfach wunderbar. Meine Lieblingsszene war die mit dem kranken Triceratops – das Tier war so schön lebendig, und ich war wirklich persön-

Im Uhrzeigersinn von links oben: Spielberg und Dean Cundey bereiten zusammen mit dem Kameraführer Ray Stella und dem Regieassistenten John Kretchmer eine Einstellung mit dem kranken Triceratops vor. • Stan Winston, Spielberg und Shannon Shea, der die Figur bediente, mit dem Triceratops. • Tim sieht zu, wie Ellie und Grant sich um das kranke Tier kümmern. • Der Triceratops vor Ort in Hawaii.

lich gerührt, nicht nur in meiner Rolle, einfach, weil ich bei ihm sein durfte. Das Wesen hat mir sehr geholfen, die Szene zu spielen, ich habe mich richtiggehend verliebt. Es war ein wunderschönes Erlebnis.«

Freitag, der 11. September, sollte laut Terminplan der letzte Tag der Truppe auf Kauai sein. Die Dreharbeiten waren erstaunlich reibungslos gelaufen, nur der Hintergrund für die Massenflucht der Gallimimus-Herde war noch zu filmen. Doch was bis dahin so glücklich ohne jeden Zwischenfall verlaufen war, wurde plötzlich zu einem Abenteuer, denn der Hurrikan Iniki näherte sich. Offensichtlich entschlossen, zum schlimmsten Sturm zu werden, der in diesem Jahrhundert über die Insel hereinbrach, fegte Iniki mit einer Durchschnittsgeschwindigkeit von über 265 Stundenkilometern und Böenspitzen von 289 Stundenkilometern über Kauai hinweg. Die erste Vorwarnung erhielt

Spielberg an diesem Freitagmorgen um vier Uhr dreißig, als er vom Geräusch von Stühlen, die zusammengeklappt und vom Strand des Hotels weggeräumt wurden, geweckt wurde. »Ich ging auf den Balkon hinaus und sah, wie das Personal mit Taschenlampen in den Händen die Stühle vom Strand zum Haus schleppte. Ich wußte, daß etwas nicht stimmte, schaltete deshalb die Nachrichten ein und hörte, daß Iniki direkt auf Oahu und Kauai zusteuerte. Ich ließ meinen Assistenten das ganze Team wecken, damit wir gemeinsam nach Mitteln und Wegen suchen konnten, die Insel zu verlassen, bevor der Hurrikan zuschlug. Doch bei Tagesanbruch war dann klar, daß der Flugplatz geschlossen war und die FAA [4] keine Flüge auf die Insel gestattete. Wir hatten unseren privaten Charterjet bestellt, doch der hatte die Order erhalten, Kauai zu meiden und auf der Hauptinsel zu landen. Nun wußten wir also, daß unsere Sicherheit in den Händen des Amerikanischen Roten Kreuzes, des Hotelpersonals und des Zivilschutzes lag.«

Gegen elf an diesem Morgen hatte sich das gesamte Produktionsteam im Ballsaal des Hotels versammelt, um dort nervös und ängstlich das Ende des Sturms abzuwarten. »Ich mußte immer an den Film ... *dann kam der Orkan* von John Ford denken, in dem die Leute in einer Kirche Zuflucht suchen und Wellen gegen Lehmwände krachen und Polynesier ertrinken, und ich fragte mich, ob das auch mit allen hundertvierzig Mitgliedern unseres Teams passieren würde. Allen gingen die gleichen Gedanken durch den Kopf – wie schlimm würde es werden? Vorausgesagt wurde ein Hurrikan Stärke 5, also noch um eine Stufe schlimmer als der Hurrikan Andrew – und wir hatten ja alle gesehen, was Andrew in Florida angerichtet hatte.« Ab drei Uhr nachmittags gab es im ganzen Hotel keinen Strom mehr. »Die nächsten paar Stunden, bis das Zentrum des Sturms über uns hinweggezogen war, waren die reinste Hölle. Wir verloren das Dach, aber die Decke hielt, auch wenn das Wasser nur so herunterströmte. Es dauerte siebeneinhalb Stunden, bis wir schließlich wieder in unsere Zimmer zurückkehren konnten.« Erst am folgenden Morgen konnte sich Spielberg ansehen, was der Hurrikan angerichtet hatte.

»Iniki war über Kauai hergefallen wie der große, böse Wolf über die Strohhütte. Uns bot sich ein Bild der Verwüstung. Soweit das Auge reichte, waren Dächer weggerissen und Wände eingedrückt, Telefonmasten umgeworfen und Bäume entwurzelt. Es war die schlimmste Verwüstung, die ich je mit eigenen Augen gesehen hatte.«

Die Hauptsorge des Produktionsteams war es nun, einen Weg zu finden, um die ganze Truppe so schnell wie möglich von der Insel wegzuschaffen. Da alle Straßen, die vom Hotel wegführten, für Fahrzeuge unpassierbar waren, lief Kathy Kennedy am Tag nach dem Sturm frühmorgens die acht Kilometer bis zum Flugplatz. »Als ich am Flugplatz ankam, war niemand da«, erinnert sich

---

[4] Die Luftfahrtbehörde, Anm. d. Übers.

Kennedy, »außer zwei Männern, die die Rollbahn entlangfuhren und nach Schäden suchten. Man sah deutlich, daß der Tower zerstört war. Ich wandte mich dann an die Flughafenleitung und erklärte den Leuten, daß wir mit einer Filmcrew im Hotel festsaßen. Aber ich verstand natürlich, daß wir für sie keine Priorität hatten – zu dem Zeitpunkt hatten sie andere Sorgen, als Filmleute von der Insel zu schaffen.«

Anschließend lief Kennedy zum Hotel zurück und informierte ihre Leute. »Unsere Crew hatte inzwischen mitgeholfen, einige der Straßen wieder passierbar zu machen. Außerdem hatten sie die Stromversorgung wiederherstellen können, weil wir unsere eigenen Generatoren dabei hatten. Wir fuhren dann zu viert in einem kleinen Jeep zurück zum Flughafen. Als wir dort ankamen, hatte man bereits einen provisorischen Tower errichtet, und ein paar Militärmaschinen und eine kleine Piper Cub mit Leuten von der Heilsarmee an Bord waren gelandet. Ich überredete den Piloten der Piper Cub, mich auf dem Rückflug nach Honolulu mitzunehmen, damit ich mich dort auf die Suche nach dem Studio-Jet machen konnte, den wir bestellt hatten, bevor der Sturm losbrach. Auf Honolulu fand ich dann den Jet, aber ich hatte immer noch keine Ahnung, wie ich ihn nach Kauai bringen sollte, weil auf dem Flugplatz dort vorerst nur Militärmaschinen landen durften.«

Während Kennedy noch mit Hawaiian Airlines verhandelte, erhielt sie unerwartete Hilfe. »Ein Mann kam zu mir und sagte: ›Wissen Sie, wer ich bin?‹ Und als ich ›Nein‹ sagte, fragte er: ›Sagt Ihnen die Zeile 'Das ist meine Lieblingsschlange Reggie' etwas?‹ Es war der Pilot aus *Jäger des verlorenen Schatzes!* Ich konnte es kaum glauben. Er hatte eine DC-3 mit medizinischem Personal und Gerät nach Kauai geflogen und war eben wieder zurückgekehrt. Wir beide trafen dann mit der Nationalgarde eine Vereinbarung – wir würden mit dem Studio-Jet Ärzte und Sanitäter und mit einer DC-8 der Hawaiian Airlines medizinisches Gerät nach Kauai fliegen und anschließend mit den beiden Maschinen unsere Crew herausholen. Und genauso lief es dann auch. Achtundvierzig Stunden nach dem Sturm hatten alle unsere Leute die Insel verlassen, und wir hatten nur einen Drehtag verloren.« Zwei Wochen später wurde dann eine Filmcrew nach Oahu geschickt, um die letzten Szenen zu drehen. »Kauai war verwüstet, wir mußten uns deshalb nach neuen Drehorten umsehen. Nicht einmal Luftaufnahmen konnte man von Kauai machen, weil ein Großteil der Bäume entweder entwurzelt oder entlaubt war.«

Trotz des unvorhergesehenen Auftauchens des Hurrikans Iniki waren die Dreharbeiten in Hawaii ein voller Erfolg. »Die ersten drei Drehwochen brachten wir ziemlich budget- und termingerecht hinter uns«, bemerkt Spielberg, »bis auf den Tag, den wir wegen Iniki verloren hatten, aber der wurde ja von der Versicherung bezahlt. Es ging also fast alles nach Plan – an einem Sonntag flogen wir von der Insel ab, und am folgenden Dienstag drehten wir bereits auf dem Universal-Gelände.«

Links oben: Kurz vor Ende der Dreharbeiten auf Kauai verwüstete der Hurrikan Iniki die Insel und brachte die Produktion vorübergehend zum Stillstand. *Links unten:* Am Morgen nach dem Orkan helfen Mitglieder der Filmcrew beim Freiräumen der Straßen in der Umgebung ihres Hotels. *Oben rechts:* Das schreckliche Erlebnis mit dem Orkan wurde von David Lowery auf T-Shirts festgehalten, die Filmcrew und Schauspieler als Geschenk erhielten.

Abgesehen von einem kurzen Ausflug in die Mojave-Wüste, sollten die restlichen Dreharbeiten der First Unit in diversen Studios bei Universal und Warner Brothers stattfinden. Im Studio 24 bei Universal hatte man eine Großküche aufgebaut, die als Schauplatz für die wichtige Sequenz dienen sollte, in der Tim und Lex von zwei Raptoren verfolgt werden. In der Geschichte hat Grant die Kinder in das verlassene Besucherzentrum gebracht, weil er sie dort sicher glaubt, doch er weiß nicht, daß die Raptoren, die aggressivsten und intelligentesten Raubtiere des Parks, aus ihrem Gehege ausgebrochen sind und frei im Gelände herumlaufen. Nach Grants Weggang entdecken Tim und Lex die Raptoren im Speisesaal und flüchten in die geräumige Küche des Zentrums, wohin ihnen die gerissenen Tiere jedoch sehr schnell folgen. Ein grauenvolles Katz-und-Maus-Spiel entwickelt sich, und erst nachdem der eine Raptor außer

Gefecht gesetzt und der zweite in einem großen, begehbaren Kühlschrank eingesperrt ist, gelingt den Kindern die Flucht.

Nach Spielbergs Vorstellung sollte diese Sequenz zu einem der Schreckenshöhepunkte des Films werden. »Die Raptoren sind sehr intelligent und gehen beim Angriff geplant und koordiniert vor – allein das ist schon beängstigend. Ich versuchte mir immer wieder vorzustellen, daß ich keinen Dinosaurierfilm drehe, sondern einen Film über vier bengalische Tiger, die einen berühmten Jäger verfolgen. Es machte Spaß, diese Art von Spannung zu erzeugen; es war unter den gegebenen Umständen aber auch sehr schwierig. Wir hatten zwei Kinder und zwei Raptoren, und es wurde viel herumgeschlichen und Verstecken gespielt.« Schwierig wurde es vor allem deshalb, weil einige von Stan Winstons Raptoren innerhalb der Grenzen des Sets gesteuert werden mußten. »Stan und ich mußten uns gut überlegen, wo wir das Bedienungspersonal für

Iniki hatte insgesamt nur einen Drehtag gekostet, und anschließend kehrte die Mannschaft sofort in die Universal Studios zurück, um die Sequenz zu drehen, in der Tim und Lex von zwei Raptoren in die Küche des Besucherzentrums verfolgt werden. *Oben links:* Tim versucht, sich im Kühlschrank vor dem Raptor zu verstecken. *Oben rechts:* Die von John Berger entworfene Großküche. *Unten:* Nachdem Tim und Lex die gerissenen Räuber im Speisesaal entdeckt haben, flüchten sie sich in die Küche.

die Raptoren versteckten – es waren nämlich eine Menge Leute nötig, um zwei Raptoren zu steuern. Beim Drehen ging es dann auch eher lustig als furchterregend zu, weil direkt unter den Kindern drei Leute mit Fernbedienung herumkrochen, sechs unter der Kamera hockten und sich zwölf weitere in den Schränken versteckten. Die Schauspieler mußten buchstäblich über sie hinweg steigen, um zu tun, was das Drehbuch von ihnen verlangte.«

Da der Choreographie der Raptoren zentrale Bedeutung zukam, war die Küche praktisch um das Geschehen, wie Storyboards und Animatics es illustrierten, herumgebaut worden. In Wirklichkeit wäre in einer normalen Großküche kein Platz für die Bewegungen der Raptoren gewesen. »Die Raptoren sind zwei Meter vierzig lang«, bemerkt der Bühnenbildner John Berger. »In einer normal großen Küche wären sie mit zwei Schritten schon an der gegenüberliegenden Wand gewesen. Im Verlauf der Planung wurde die Küche also immer

Oben links: Für die Küchensequenz kam eine ganze Reihe der vom Stan Winston Studio entworfenen lebensgroßen Raptoren zum Einsatz. *Oben rechts:* Einer der Raptoren wird für die Aufnahme vorbereitet. *Unten links:* Tim versteckt sich vor den räuberischen Bestien hinter einer Anrichte.

größer. Außerdem mußte die Kulisse auf ein Podest gestellt werden, damit die Puppenspieler unter dem Set Platz fanden.« Als Orientierungshilfe für die Entwicklung hatte Winston das Art Department mit einem Raptor-Modell im Maßstab eins zu fünf versorgt. »Passend zum Raptor-Modell bauten wir ein Modell des Sets im gleichen Maßstab – was für uns ein sehr großes Modell war –, um sicherzugehen, daß der Raptor auch wirklich um alle Ecken herumkommen und überall dazwischenpassen würde. Das Modell verströmte eine saubere, weiße Sachlichkeit, die Steven sehr gefiel. Er wollte diesen High-Tech-Look mit spiegelnden Oberflächen.«

Polierte Aluminiumplatten vermittelten dieses spiegelnde, sterile Ambiente, aber sie stellten beim Drehen dann auch ein Problem dar. »Während des Aufbaus des Sets«, sagt Dean Cundey, »waren Rick Carter und ich ständig mit der Frage konfrontiert, wo wir die spiegelnden Oberflächen plazieren sollten und wie wir sie soweit mattieren konnten, daß sie nicht zu sehr spiegelten. Einerseits war ich natürlich froh um den zusätzlichen optischen Reiz, den sie der Szene gaben. Aber es war, als würde man in einem Spiegelkabinett arbeiten. Eine Unmenge Zeit verbrachten wir nur damit, die Scheinwerfer und Kameras und das Bedienungspersonal zu verstecken.«

Doch für keinen war diese Sequenz eine größere Herausforderung als für Stan Winston und sein Team. Die actionreiche Szene erforderte nicht nur zwei voll mechanisierte, lebensgroße Puppen, sondern auch zwei Raptoren-Anzüge, in denen John Rosengrant und »Crash« McCreery steckten. Während die Puppen vorwiegend für relativ statistische, aber dennoch ausdrucksstarke Aufnahmen der Raptoren verwendet wurden, kamen die Anzüge bei Szenen mit raumgreifenden, flinken Bewegungen zum Einsatz. Für Schrittsequenzeinstellungen aus der Froschperspektive wurden sie zusätzlich an Teilanzüge montiert, über Kabel gesteuerte Fußerweiterungen benutzt, während Sprünge mit flexiblen Gliederpuppen nachgestellt wurden.

So kurz nach ihrem unbestreitbaren Erfolg mit dem kranken Triceratops in Hawaii standen Stan Winston und sein Team unter großem Erwartungsdruck, als es nun ans Filmen der Raptoren in der Küche ging. »Wir gingen von diesem wunderbaren, liebenswürdigen Triceratops, der nur sehr wenig hatte tun müssen, direkt zum kompliziertesten Dinosaurier und zu der zumindest für uns kompliziertesten Szene des ganzen Film über«, erzählt Winston. »Bis zur letzten Minute wurde mit den Raptoren geprobt, wurden anhand von Phil Tippetts Animatics Bewegungen ausgearbeitet, damit alles perfekt war, wenn Steven mit den Schauspielern und seinem Drehteam kam. Und wenn man sich überlegt, wie kompliziert diese Tiere waren, funktionierte alles wunderbar. Es gab ein paar technische Probleme, aber unser Team war so gut und so schnell, daß die behoben waren, bevor die anderen merkten, daß es Schwierigkeiten gab. Wir haben gearbeitet wie die Teufel.«

Nachdem in der Küche alles erfolgreich abgedreht war, ging das Team gleich

nach nebenan ins Studio 23, wo man die Generatorenhalle nachgebaut hatte. Ellie geht in diese Halle, weil sie versuchen will, die Stromversorgung des Parks wiederherzustellen, und hat dabei eine unerfreuliche Begegnung mit einem Raptor. Die Außenaufnahmen für diese Sequenz waren bereits in Hawaii gedreht worden. Im Studio waren nun Aufnahmen des Raptors in der Halle und von Ellies anschließender Flucht geplant. Wie schon bei der Küche, hatte man sich auch bei der Konstruktion der Generatorenhalle vorwiegend vom Aspekt der Bewegungsfreiheit für den Raptor leiten lassen. »Das Set wurde über einer großen Grube gebaut, so daß die Raptoren von unten gesteuert werden konnten«, erklärt John Berger. »Ansonsten war es eine recht einfache Kulisse – nur ein Gewirr von Betondecken und Betonwänden, aus denen Rohre kommen.«

Auch für diese Sequenz kamen eine ganze Reihe von Raptor-Figuren zum Einsatz. »Für die Angriffsszenen benutzten wir den separaten Kopf«, erläutert Winston, »und zusätzlich eine Ganzkörper-Gliederpuppe mit verstellbaren Gelenken und beweglichem Kopf. Auch die Raptorbeine wurden verwendet, und uns gelang damit ein wunderbar dynamischer Lauf.«

Mit einer weiteren hochkomplizierten Dinosauriersequenz im Kasten, konnte man sich nun einigen normalen Szenen mit Schauspielern an einer Ausgrabungsstätte zuwenden, die sowohl im Roman wie im Drehbuch in Montana lag. Ursprünglich hatten die Produzenten und Spielberg vorgehabt, die gesamte Mannschaft nach Montana zu transportieren, um dort die Szenen zu drehen, in denen Grant und Ellie eingeführt werden und Hammonds Einla-

Oben: Spielberg hatte die Küchensequenz als furchterregende Jagd- und Verfolgungsszene geplant. Die komplexen Bewegungsabläufe der Raptoren waren in Animatics, die Phil Tippet schon früh in der Vorproduktion hergestellt hatte, vorchoreographiert worden. *Unten:* Lex und Tim verstecken sich vor den näherrückenden Bestien.

Links: Winstons animatronische Geschöpfe traten auch in einer Szene in der Generatorhalle auf, in der Ellie versucht, die Stromversorgung des Parks wiederherzustellen. *Rechts:* Ellie erschrickt, als ein Raptor sie aus der Dunkelheit heraus anspringt. *Unten:* Laura Dern und Sam Neill im Red Rock Canyon, dem Drehort in der Mojave-Wüste, wohin die im Roman in Montana angesiedelte Ausgrabungsstätte verlegt wurde. Dort erhalten Grant und Ellie die Einladung in den Jurassic Park.

dung erhalten. Nach reiflicher Überlegung beschloß man jedoch, statt dessen im Red Rock Canyon in der Mojave-Wüste – nur zwei Autostunden von Los Angeles entfernt – zu drehen. »Wir merkten, daß wir 350 000 Dollar sparen konnten, wenn wir *nicht* in Montana drehten«, erzählt Spielberg. »Ich beschloß deshalb, einen Kompromiß einzugehen, in der Mojave zu drehen und es Montana zu nennen.«

»Es war natürlich nicht so gut, wie Montana gewesen wäre«, gibt Kathy Kennedy zu, »aber es erfüllte seinen Zweck. Wir zeigten den Paläontologen, die uns bei dieser Produktion berieten, die Grabungsstätte, die wir aufgebaut hatten, und die sagten, sie sehe genauso aus wie die Stätten, an denen sie gearbeitet hatten. Deren Okay hatten wir also.«

Als man am Dienstag, dem 29. September, in die Universal Studios zurückkehrte, war bereits klar, daß die Produktion schneller vorankam, als im Drehplan vorgesehen war – was angesichts der komplizierten tricktechnischen Teile des Films wirklich erstaunlich war. Offensichtlich wollte Spielberg mit diesem halsbrecherischen Tempo etwas beweisen. »Von Anfang an«, gesteht Spielberg, »hatte ich Angst, daß mir ein Film wie *Jurassic Park* aus den Händen gleiten würde. Bei anderen –, *1941*, *Der weiße Hai* und *Hook* – war mir das passiert, und ich hinkte dauernd hinter dem Drehplan her. Ich war entschlossen, es diesmal nicht so-

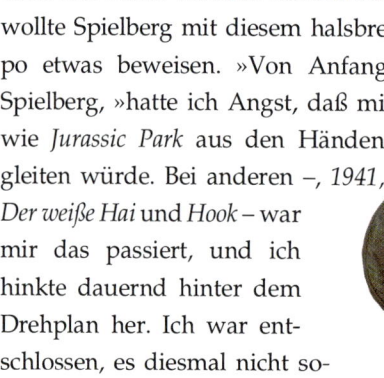

Im Uhrzeigersinn von links oben: Sam Neill, Steven Spielberg und Laura Dern in der Mojave-Wüste. • Beim Drehen immer zur Stelle waren Don Lessum, der Gründer der Dinosaur Society, und der Paläontologe Jack Horner. • Grant und Ellie untersuchen den jüngsten Fund der paläontologischen Ausgrabungen.

weit kommen zu lassen. Bei vielen Einstellungen gab ich mich deshalb mit Takes zufrieden, die ich im vorherigen Film noch vier- oder fünfmal hätte wiederholen lassen. Und ich merkte, daß ich dadurch eine gewisse Disziplin schuf – nicht nur für mich, sondern für die ganze Crew. Die Schauspieler wußten, sie mußten es spätestens bei der fünften Klappe schaffen, eine sechste würde es nicht geben; und alle zeigten sich der Lage gewachsen. Die Schauspieler waren bei der vierten oder fünften Klappe so gut, wie sie es in einer lockeren Atmosphäre bei der fünfzehnten gewesen wären, es war also gar nicht nötig, mehr zu machen. Das war einer der Hauptgründe, warum wir so schnell vorwärtskamen. Rick Carter jammerte immer wieder: ›Ihr seid schon viel zu weit! Ich kann nicht mit euch mithalten!‹ Und das war Musik in meinen Ohren.«

WARUM DIE DINOSAURIER AUSSTARBEN – Nr. 1

Obwohl vor allem Spielbergs Entschlossenheit, zu einem budget- und termingerechten Ende zu kommen, die Produktion vorantrieb, trugen auch andere Faktoren wesentlich zum reibungslosen Ablauf der Dreharbeiten bei. Sind mechanische Wesen im allgemeinen dafür berüchtigt, daß sie wie Sand im Getriebe einer Produktion wirken, funktionierten Stan Winstons Dinosaurier ganz hervorragend und praktisch ohne Ausfallzeiten. Tempofördernd wirkte auch, daß Dean Cundey ständig auf der Suche war nach Möglichkeiten, die Aufbauzeiten zwischen den Szenen zu verkürzen. »Ich komme von Billigproduktionen«, erzählt Cundey, »bei denen wir nur einundzwanzig Tage Zeit hatten, um einen ganzen Film abzudrehen. Ich habe deshalb eine Arbeitsmethode entwickelt, die es mir ermöglicht, anhand einer Probe für eine Szene einen Plan zu entwickeln, der weniger Veränderungen und weniger Zeit zwischen den Takes bedeutet. Es ist ein Reflex, den ich mir im Lauf der Jahre angewöhnt habe, und ich glaube, es trug auch dazu bei, daß alles so glatt lief.«

War das erhöhte Tempo bei den Dreharbeiten für die Produktion insgesamt ein großer Vorteil, setzte es doch die Bühnenarbeiter stark unter Druck. Der Drehplan wurde ständig nach vorn korrigiert, und das bedeutete für die Handwerker immer kürzere Fertigstellungstermine. »Die haben uns absolut wahnsinnig gemacht«, erzählt John Villarino lachend. »Wir sind gern soweit voraus, daß wir vom Drehteam überhaupt nichts sehen. Aber ich glaube, in dem Film haben wir in einigen Szenen noch den Pinsel geschwungen, als die anderen schon drehten. Gott sei Dank funktionierte die Zusammenarbeit zwischen Bühnenarbeitern und Drehteam so gut, daß wir gerade noch rechtzeitig fertig wurden. Es kostete zwar einige Wochenenden und einige Nächte und eine ziemliche Menge Nerven, aber wir schafften es.«

Einen Großteil der restlichen Drehtage verbrachte die Crew im Studio 27 bei Universal, einem von zwei Studios, in denen diverse Außenaufnahmen des Films nachgestellt wurden. In der Grundausstattung eine Dschungelansicht, konnte die Szene so umgestaltet werden, daß sie vier verschiedene Schauplätze im Jurassic Park darstellte. Die Entwürfe für das Set stammten von Marty Kline, die Aufbauarbeiten wurden von Villarino geleitet. Zur Simulation einer dichten Regenwaldvegetation wurden Wagenladungen voll echter und künstlicher Pflanzen in das Studio geschafft. »Wir benutzten echte Bäume«, berichtet Villarino, »und auch einige künstliche, die von Garrick Alfer aus Schaum modelliert wurden. Dazu konstruierten wir ein Gerüst aus Holz oder Metall und bedeckten das mit einer fünf Zentimeter dicken Schaumschicht. Einmal hatten wir zwanzig Leute, die nichts anderes taten, als Bäume anzumalen und Blätter daranzuhängen – fast wie am Fließband. Diese wurden vorwiegend für die Hintergründe benutzt. Für den Vordergrund nahmen wir entweder echte, lebende Bäume oder tote mit frischen grünen Blättern daran.«

Zu den spannendsten, aber auch technisch anspruchsvollsten Szenen, die im Studio 27 gedreht werden sollten, gehörte die, in der Grant und Tim von einem der Fahrzeuge buchstäblich den Stamm eines Urwaldriesen hinuntergejagt werden. Diese Sequenz folgt dem Angriff des Tyrannosauriers auf der Hauptstraße, wo Tim und Lex verletzt und allein, weil von dem in Panik geratenen Donald Gennaro – Hammonds Anwalt – im Stich gelassen, in dem von dem aufgebrachten Tier schwer beschädigten Auto sitzen. In einer kurzen Atempause, in der der Tyrannosaurier sich Malcolm und Gennaro zuwendet, gelingt es Grant, Lex aus dem Auto zu zerren. Bevor er jedoch auch ihren Bruder

Im Freien spielende Szenen, die nicht vor Ort aufgenommen worden waren, wurden in Studios bei Universal und Warner Brothers, in denen man eine Dschungelumgebung nachgebaut hatte, gedreht. Um in den riesigen Hallen tropischen Regenwald zu simulieren, wurde echte Vegetation mit künstlichen Bäumen aus Holz und Schaumstoff ergänzt.

Einer der vier Dschungelschauplätze, die von Marty Kline entworfen und in einem einzigen Studio aufgebaut worden waren.

retten kann, macht der T-Rex sich wieder über das Auto her und schiebt es schließlich von der Straße und eine steile Böschung hinunter, wo es im Blätterdach eines Baumes landet. Grant klettert später den Baumriesen hinauf, um Tim aus dem gefährlich schwankenden Fahrzeug zu retten. Als die Äste unter dem enormen Gewicht nachzugeben beginnen, krabbeln Grant und Tim in aller Eile den Stamm hinunter, das fallende Auto immer hinter sich.

Im Mittelpunkt der Szene stand ein siebzehn Meter hoher künstlicher Baum, der von Michael Lantieri für diese spezielle Autojagd konstruiert und von den Ausstattern und einigen Handwerkern umhüllt und mit Details versehen worden war. Weil Spielberg wollte, daß er dreimal so hoch wirkte, als er tatsächlich war, wurde der Baum auf drei Seiten verschieden gestaltet. Das Auto wurde nun zunächst auf der Spitze der einen Seite in Position gebracht und die ganzen siebzehn Meter tief fallengelassen, dann wieder hochgezogen und auf der zweiten, anders gestalteten Seite noch einmal fallengelassen, und schließlich wurde dies alles auf der dritten Seite noch einmal wiederholt. Geschickt geschnitten ergab das eine Filmsequenz, in der das Auto scheinbar mehr als fünfzig Meter tief fiel.

Zur Planung des komplizierten Gerüsts für diese Autojagd baute Lantieri zunächst ein Modell des Baumes im Maßstab eins zu fünf. »In enger Zusammenarbeit mit Steven legte ich genau fest, wie das Auto fallen, wie es durch die Äste gleiten mußte, um maximale Spannung zu erzeugen. Das Stahlskelett war mit hydraulischen Gelenken ausgestattet, mit denen wir die Bewegungen der Äste steuern konnten. Außerdem war die Außenhaut so gestaltet, daß wir echte Äste hineinstecken konnten. Für die Einstellungen, in denen keine Schauspieler vorkamen, benutzen wir die echten Äste und ließen sie von diesem fallenden, zweitausend Pfund schweren Auto abrasieren. Für die anderen installierten wir hydraulisch gesteuerte Attrappen mit T-Trägern im Inneren, die das Gewicht des Autos aufhalten würden, was auch passieren mochte. Wir bekamen so ein paar richtig gute Nahaufnahmen von Sam Neill, wie das Auto knapp über seinem Kopf auf diese Äste kracht.«

Dem Schauspieler wurde in dieser Szene einiges an Vertrauen abverlangt. »Es war beängstigend«, gibt Neill zu. »Wie dieses Auto im freien Fall auf mich zustürzte, das war vielleicht ein Anblick. Aber ich hatte nie das Gefühl, wirklich in Gefahr zu sein. Die Crew war Spitze, und ich verließ mich ganz auf ihr Können. Wenn sie sagten, daß das Auto zehn Zentimeter über meinem Kopf hängenbleiben würde, dann glaubte ich ihnen das.«

Das Stahlskelett dieses Baumriesen kam ein zweites Mal zum Einsatz, als im Studio 27 eine andere Stelle im Park nachgebaut wurde. Zu einem Zeitpunkt, da wegen eines ungeplanten Abschaltens des Computersystems die Sicherheit im Park nicht mehr gewährleistet ist und seine prähistorischen Einwohner nicht mehr kontrolliert werden können, versuchen Grant und die Kinder, sich zu Fuß zum Besucherzentrum durchzuschlagen. Bei Einbruch der Nacht halten sie an und klettern zur Sicherheit in den Wipfel eines Baums. Am nächsten Morgen weckt sie ein Brachiosaurier, der friedlich die Blätter ihres luftigen Ruheplatzes abweidet.

Für diese Sequenz hatte das Stan Winston Studio ein Kopf- und Halsensem-

In einer in diesem Dschungelnachbau gedrehten Schlüsselszene krabbeln Grant und Tim in aller Eile einen riesigen Baum hinunter, ein fallendes Tourfahrzeug im Nacken. *Links unten:* Michael Lantieri konstruierte ein Stahlgerüst mit hydraulischen Ästen, das dann mit künstlicher Baumrinde verkleidet und mit echten und künstlichen Ästen versehen wurde. *Links:* Spielberg demonstriert Grants Haltung am Ende der Sequenz. *Oben:* Grant versucht Tim zu retten, der im Tourfahrzeug eingeklemmt ist.

ble des Brachiosauriers konstruiert. »Mit einem hydraulisch gesteuerten Schwenkarm wurden die gröberen Bewegungen simuliert«, erklärte Winston, »aber die feineren Bewegungen des Kopfes – von Augen, Lidern, Lefzen und Nüstern – wurden über Seilzüge und Funk gesteuert. Es gibt ein Wechselspiel zwischen dem Brachiosaurier und den Kindern. Sie versuchen, dem Tier ein Blatt aus dem Mund zu ziehen, und es kommt zu einem ziemlichen Gezerre zwischen ihnen und dem Tier. Erst als der Brachiosaurier sich abwendet, sieht man den ganzen Körper, und der entstand durch eine Computeranimation.«

Rechts: Derselbe siebzehn Meter hohe Baum wurde umdekoriert für eine spätere Szene, in der Grant, Tim und Alexis eine Nacht in einem Baumwipfel verbringen und beim Aufwachen merken, daß ein sanfter Brachiosaurier direkt neben ihnen die Blätter abweidet. *Unten:* Die drei starren den riesigen Sauropoden an. *Unten rechts:* Die lebensgroße Kopf- und Halspartie des Brachiosauriers, die vom Stan Winston Team entwickelt und gebaut wurde.

Die Dreharbeiten näherten sich der Halbzeitmarke, als die Crew ins Studio 28 überwechselte, um dort die Szenen zu drehen, die im Kontrollraum, dem Labor und der Brutstation des Parks spielten. Laut Drehbuch waren diese Räume im Obergeschoß des Besucherzentrums angesiedelt. Obwohl sich das Erdgeschoß dieses Rundbaus in Wirklichkeit in einem ganz anderen Studio befand, hatte die Bühnenbildnerin Lauren Cory das Kreismotiv des Erdgeschosses in ihren Entwurf für den Kontrollraum wiederaufgenommen. »Für den Kontrollraum wollte ich eine Mischung aus männlichen, harten Linien und den geschwungenen Formen, die für das ganze Gebäude typisch sind, wobei alles strahlenförmig um einen Mittelpunkt angeordnet sein sollte.« Um sich Anregungen für das High-Tech-Ambiente des Raums zu holen, besuchte Cory ähnliche, von Computern dominierte Arbeitsbereiche im Massachusetts Institute of Technology und in verschiedenen Freizeitparks. »Jede Arbeitsstation mußte ihre eigene, sehr persönliche Note haben, so als würden die besten Computerfreaks der Welt hier arbeiten, mit den neuesten, besten Geräten. Der ganze Kontrollraum sollte deutlich benützt wirken, denn im Gegensatz zum übrigen Park sind diese Räume bereits einige Jahre in Betrieb.« Darüber hinaus wurde das Design auch dadurch beeinflußt, daß diese Räume in dem Roman ein wesentlicher Teil der Besichtigungstour sind. »Wir haben versucht, den Eindruck zu vermitteln, daß diese Räume nicht nur funktionell sind, sondern quasi Ausstellungsstücke, die den Besuchern vorgeführt werden. Dazu haben wir kalte, funktionelle Dinge wie Akkustikkacheln mit Teakholzbalken und Steinskulpturen kombiniert.«

Dominiert wurde der Kontrollraum von einem zwei mal drei Meter großen Bildschirm, über den das Kontrollpersonal die verschiedenen Sektoren des Parks überwachen kann. Während der Szenen im Kontrollraum sollten auf dem Bildschirm eine Reihe von Grafiken zu sehen sein, die unter anderem die Wetterbedingungen, die Aufenthaltsorte der Tiere und Störungen im Sicher-

Computergrafik-Displays mit Informationen über die verschiedenen Abläufe im Park wurden von einem Team unter der Leitung von Michael Backes programmiert und auf die überall im Kontrollraum verteilten Monitore überspielt.

heitssystem des Parks übermitteln. Normalerweise werden diese Computer-Displays erst nach dem Abdrehen der jeweiligen Szene erzeugt und nachträglich auf den während des Drehens toten Monitor kopiert. Für *Jurassic Park* wurde eine dynamischere und interaktivere Methode zur Erzeugung der Grafiken sowohl auf dem großen Bildschirm wie auf den Monitoren der Arbeitsstation entwickelt. Direkt neben dem Set entstand ein provisorischer

Oben: Beim Aufbau des Kontrollraums im Studio. Zu diesem Set gehörten auch von Lauren Cory entworfene, kreisförmige Aussichtsluken, da der Kontrollraum einen wesentlichen Bestandteil der Besichtigungstour bilden sollte. *Oben rechts:* John Hammond mit dem Parkaufseher Robert Muldoon und dem Kontrollraum-Techniker Ray Arnold. *Unten rechts:* Von der Aussichtsplattform des Kontrollraums aus beobachtet Hammond Dennis Nedry, den brillanten, aber geldgierigen Architekten des Computersystems des Parks.

Computerraum mit einer Batterie von Computergrafik-Systemen von Silicon Graphics und Macintosh. In ihnen waren die Grafiken abgespeichert, die ein vierköpfiges Computeranimationsteam unter der Leitung von Michael Backes zuvor in wochenlanger Arbeit erstellt hatte. Auf ein Signal hin, das sie vom Set über Kopfhörer erhielten, konnten Backes und seine Programmierer die fertigen Grafiken direkt an die entsprechenden Monitore ausgeben, was im Film dann so aussah, als würden die Schauspieler diese Grafiken wirklich selbst aufrufen.

Dieses sehr überzeugend wirkende Echtzeit-Verfahren zur Grafikerstellung auf den Monitoren im Kontrollraum wurde ermöglicht durch großzügige Spenden von Silicon Graphics und Macintosh. »Alles im Kontrollraum war echt«, sagt Cory. »Wir konnten nichts tricksen, weil sich das Publikum mit Computern inzwischen viel zu gut auskennt.« Für die Ausstattung sowohl des Kontrollraums wie der realen Computerzentrale nebenan stellten Silicon Graphics Hardware im Wert von 862 000 Dollar und Macintosh im Wert von 300 000 Dollar zur Verfügung, dazu kam noch Software für etwa 200 000 Dollar.

An Kontrollraum und Labor schließt sich im Besucherzentrum die Brutstation an, in der die Wissenschaftler bei der Besichtigungstour zusehen können, wie ein Raptor-Baby aus seinem Ei schlüpft. Ursprünglich sollten in dieser Sequenz zwei von Stan Winstons Geschöpfen auftreten – ein schlüpfender Triceratops und ein etwas älteres Raptor-Baby, das verspielt an Tims Arm hochkrabbelt. »Für das Triceratops-Baby war eine simple Fingerpuppe geplant«, erzählt Winston, »von der man nur den Kopf sieht, der aus dem Ei herausschaut. Der kleine Raptor dagegen wäre für uns eine viel größere Herausforderung gewesen, weil man seinen ganzen Körper in Bewegung gesehen hätte. Doch schließlich wurde diese Szene fallengelassen und Steven beschloß, aus dem schlüpfenden Triceratops einen schlüpfenden Raptor zu machen.«

Da auch für den schlüpfenden Raptor eine Fingerpuppe geplant war, bereitete dieser Wechsel Winston kein Kopfzerbrechen – bis Spielberg verkündete, er wolle zeigen, wie das Baby aus seiner Schale herauskriecht. »Wir waren also wieder bei einer vollständigen Dino-Puppe angelangt«, sagt Winston. »Und eine kleine Dino-Puppe ist in Wirklichkeit schwieriger zu machen als eine große, denn wie soll man die Mechanik in einem so winzigen Ding mit dürren Ärmchen unterbringen? Richard Landon meldete sich freiwillig für diesen Job, und obwohl wir anfangs glaubten, er würde eine Stangenpuppe verwenden und die Stangen dann in der Postproduction digital wegretuschieren lassen, entschied sich Richard für eine interne Mechanisierung der Figur. Größtenteils funktionierte das auch. Schwanz, Kopf und Ärmchen bewegten sich, Atmung war erkennbar. Weil aber Richard in diesem winzigen Ding sehr dünne Drähte hatte benutzen müssen, wirkten die Bewegungen etwas unkontrolliert. Aber

Im Uhrzeigersinn von links oben: Nedry stiehlt Saurierembryos aus der Lagereinheit. • Das gentechnische Labor im Jurassic Park. • Wesentlicher Bestandteil des Kontrollraums war ein Großbildschirm zur Überwachung des Parks. Von einer Drehplatte aus beobachten Hammond und das Inspektionsteam die Arbeit in der Brutstation. • Muldoon und Arnold überwachen vom Kontrollraum aus den Ablauf der Besichtigungstour.

Direkt neben dem Kontrollraum liegt die Brutstation, in der die Wissenschaftler die Geburt eines Velociraptor-Babys miterleben. *Oben links:* Stan Winston, dessen Team die winzige Raptor-Puppe konstruiert hatte, bereitet Sam Neill auf die Szene vor. *Oben:* Das mechanische Baby mußte eine zuvor angeritzte Eierschale durchstoßen, mit dem ganzen Körper aus der Schale herausschlüpfen und sich dann bewegen wie ein Neugeborenes. *Links:* Hammond, Ellie, Grant und der Gentechniker Wu sehen dem Raptor-Baby beim Schlüpfen zu.

im Film sah das dann sehr natürlich und organisch aus, weil sich Neugeborene ja wirklich so bewegen.«

Es war Dienstag, der 27. Oktober, als man von Universal zu Warner Brothers umzog, um dort, im Studio 16, den Angriff des Tyrannosaurus Rex auf die liegengebliebenen Fahrzeuge mit den Kindern und den angereisten Wissenschaftlern zu drehen. Zur Geschichte: Dennis Nedry, der brillante, aber etwas verschrobene Schöpfer des allumfassenden Computerkontrollsystems des Parks, hat sich von einer konkurrierenden Gentechnologiefirma verführen lassen und sich für viel Geld zur Lieferung von fünfzehn Dinosaurierembryonen verpflichtet. Um das Sicherheitssystem außer Funktion zu setzen und in den Kühlraum mit den Embryonen zu gelangen, führt er eine Totalabschaltung des Systems durch. Als Folge davon bleiben die ferngesteuerten Fahrzeuge in der Nähe des Tyrannosaurier-Geheges stehen. Und schlimmer noch, dadurch

Nachdem das Sicherheitssystem des Parks abgeschaltet wurde, greift der ausgebrochene Tyrannosaurier die liegengebliebenen Tourfahrzeuge an. *Oben:* Grant und Lex entkommen, indem sie eine steile, von Ranken überwucherte Betonwand hinunterklettern. *Unten:* Malcolm, Ellie und Gennaro suchen nach Grant, den Kindern und dem T-Rex.

wird die Starkstromzufuhr in dem Zaun unterbrochen, der das gefährliche Tier in seinem Gehege halten soll. Ohne Strom erweist sich diese Barriere als wirkungslos gegen die gigantische Kraft des Sauriers, der durch den Zaun bricht und die liegengebliebenen Fahrzeuge samt Insassen angreift.

Die Tage im Studio 16 sollten für Stan Winston, Michael Lantieri und deren Teams zum Höhepunkt der gesamten Produktion werden. Nach beinahe zweijähriger Bauzeit sollte der von Winstons Team entworfene und konstruierte und von Lantieri auf das Set montierte, lebensgroße und hydraulisch bewegte Tyrannosaurier sein Debüt vor der Kamera geben.

Dieses Debüt war unter anderem deshalb so wichtig, weil Winston sich mit der Schaffung des Tyrannosauriers auf ziemlich unerforschtes Terrain vorgewagt hatte. Es war nicht nur die bei weitem größte Figur, die das Studio je geschaffen hatte, sondern auch die erste in der Geschichte der mechanischen Effekte, die auf einen Bewegungssimulator montiert wurde. Darüber hinaus hatte Winstons Team bis zum *Jurassic-Park*-Projekt nur wenig Erfahrung mit der komplizierten Hydrauliktechnik sammeln können, die nötig war, um eine so riesige Figur zu bewegen. Winstons relative Unerfahrenheit mit moderner Hydraulik hatte ihn sogar dazu gebracht, den Berater Craig Barr zu engagieren, einen Veteran der computerkontrollierten, hydraulisch bewegten Vergnügungspark-Attraktionen wie zum Beispiel dem King Kong in den Universal-Studios in Florida. Barr sollte für das Tyrannosaurier-Team unersetzlich werden.

»Craigs Fachgebiet sind hydraulische Großkonstruktionen und deren Vernetzung mit Computersystemen«, erläutert Winston. »Als ich ihn zum ersten Mal traf, sagte er mir mehr oder weniger deutlich, daß ich ihn brauchen würde. Woraufhin ich erwiderte: ›Wir werden sehen.‹ Also engagierte ich ihn zu-

Der riesige Räuber schlägt auf das Tourfahrzeug ein, in dem Tim und Lex eingesperrt sind. Die Szene wurde im Studio bei Warner Brothers unter Verwendung von Winstons lebensgroßem hydraulischen Tyrannosaurier gedreht.

nächst einmal auf Probe, doch schon bald wurde er zu einem wesentlichen Bestandteil des Projekts. Er wußte, wie er mit den Leuten von McFadden Systems reden mußte, die unseren Flugsimulator gebaut hatten, er konnte uns also auch bei den Problemen helfen, die wir in diesem Bereich hatten. Außerdem konnte Craig uns die Fachleute besorgen, die wir dringend benötigten, wie zum Beispiel Lloyd Ball, der unser Hydrauliktechniker wurde. Craig erwies sich für uns als richtiger Problemlöser, und wenn ich jetzt auf seine Arbeit zurückblicke, weiß ich, daß es ohne ihn bei weitem kein solcher Erfolg geworden wäre.«

Spielberg hatte schon sehr früh erkannt, daß der Tyrannosaurier-Angriff das Potential hatte, zum nervenaufreibendsten Teil der Dreharbeiten zu werden. Nicht nur, daß er sich mit einem sieben Meter hohen, über zwölftausend Pfund schweren mechanischen Wesen herumschlagen mußte; die ganze Szene spielte auch noch in einem heftigen Wolkenbruch. Weil er die statischen Totalen, die für frühere Dinosaurierfilme typisch sind, vermeiden wollte, erschwerte er sich die Arbeit noch zusätzlich, indem er beschloß, das Geschehen vorwiegend aus dem Blickwinkel der Autoinsassen zu zeigen. »Wir hatten zwar einige Einstellungen von außen, um das Größenverhältnis zwischen T-Rex und den Fahrzeugen zu zeigen«, erzählt Spielberg, »aber bei den meisten filmten wir aus den Autos heraus. Das war wirklich gruselig. In gewisser Weise erlebten wir den Angriff so, als würde er wirklich passieren. Wir waren zwar beim Drehen in unseren Möglichkeiten ziemlich eingeschränkt, aber ich dachte mir, daß es so eindrucksvoller wirken würde.«

Das Set des Studio 16, wo der T-Rex-Angriff in Szene gesetzt werden sollte, entwarf Marty Kline in enger Anlehnung an die in Hawaii gedrehten Außenaufnahmen. »Das Set bestand praktisch aus einem großen Straßenstück«,

118 Jurassic Park

Im Uhrzeigersinn: Spielberg filmte die Angriffssequenz fast ausschließlich aus dem beengten Blickwinkel der Kinder im Auto. • Grant benutzt einen Leuchtstab, um das Tier von den Kindern abzulenken. • Da der T-Rex an die Kinder im Auto nicht herankommen kann, schiebt er das defekte Fahrzeug auf einen steilen Abhang zu.

erklärt Kline, »mit einem Elektrozaun auf der einen Seite und einem Rastplatz mit Toiletten auf der anderen – und natürlich im Hintergrund jede Menge Dschungel. Das Studio 16 ist eine riesige Halle – ungefähr fünfzig mal achtzig Meter. Ich glaube, wir hatten im Studio mehr Platz als vor Ort in Hawaii.«

Es war die enorme Größe des Studio 16 – eines der größten schalldichten Studios, die Hollywood zu bieten hat –, die den Ausschlag für den Umzug von Universal zu Warner Brothers gegeben hatte. Darüber hinaus war es für die Tyrannosaurier-Sequenz besonders gut geeignet, weil es eine sogenannte »tank stage« war – unter dem Setboden befand sich eine einen Meter achtzig tiefe, betonierte Grube. »Wir nahmen einen Teil des Bodens heraus, um filmen zu können, wie das Auto während des Angriffs die Böschung hinunterstürzt«, erklärt Kline. »Ein anderer Teil des Bodens wurde entfernt, um eine Schlammgrube zu schaffen. Das Auto wurde auf Gummischläuche in diese Grube gestellt, so daß wir den Eindruck erwecken konnten, als würde das Fahrzeug vom Gewicht des Dinosauriers in den Schlamm gedrückt.«

Vor allem aber bot die Betongrube eine solide Montierfläche für die Simulatorplattform. In enger Zusammenarbeit mit Stan Winston hatte Lantieris Team einen Turm entwickelt, der am Grubenboden befestigt wurde und als Stützfuß für den Bewegungssimulator diente. »Wir brauchten etwas, um das Gewicht und die bei der Bewegung entstehenden Fliehkräfte aufzufangen«, sagt Lantieri. »Steven hatte immer wieder betont, er wolle, daß der T-Rex sich *schnell* bewegt – und das bedeutete, daß dabei eine Unmenge von Kraft freigesetzt würde. Wenn wir den Bewegungssimulator einfach nur auf den Studioboden montiert hätten, hätte er den Boden schon bei der ersten Bewegung aufgerissen. Also entwickelten wir ein Luftkissensystem, das unter den Simulator kam und den Druck gleichmäßig verteilte. Unser Turm wurde gute zwei Meter unter dem Bühnenboden im Muttergestein verankert und mit Betonblöcken gesichert, und darauf wurde der Simulator geschraubt.«

Die Turmkonstruktion diente dazu, den Tyrannosaurier auf dem Set zu verschieben – eine schwierige, Stunden dauernde Arbeit, die glücklicherweise nur viermal wiederholt werden mußte. »Monatelang hatten wir immer wieder Besprechungen, nur um uns zu überlegen, wie viele verschiedene Aufnahmen wir in einer Position machen konnten, damit wir das Ding nicht

Links: Winston und sein Team konstruierten verschiedene Versionen des T-Rex, darunter separat laufende Beine und ein vor allem für Nahaufnahmen verwendetes Kopf- und Halsensemble.
Rechts: Grant und Lex sitzen bewegungslos da, um von dem näherkommenden Fleischfresser nicht entdeckt zu werden.

dauernd hin und her schieben mußten. Um die ganze Konstruktion zu bewegen, mußten wir die Schrauben in unserem Turm lösen und den T-Rex auf Luftkissen über den Boden schieben, was Unmengen an Luftdruck und -volumen erforderte.«

Trotz der Komplexität der Konstruktion funktionierte der Tyrannosaurier hervorragend – allerdings nicht genau so wie vorgesehen. Während der Vorproduktion hatte das Stan Winston Studio viel Zeit und Arbeit in die Entwicklung eines computerisierten Waldo-Systems investiert, das dem Tyrannosaurier-Team die Möglichkeit gab, vorchoreographierte Bewegungsabläufe zu speichern und sie für die verschiedenen Takes auf Knopfdruck präzise zu wiederholen. In der hektischen Atmosphäre der Dreharbeiten entdeckte Winston aber, daß es praktischer und sogar dynamischer war, die Figur für jede Einstellung manuell zu bewegen. »Der Vorteil lag in der Spontaneität des Augenblicks«, erklärt Winston. »Manchmal passierten Fehler, die aber den Bewegungsablauf des T-Rex nur realistischer wirken ließen. Das Computerprogramm benutzten wir weiterhin in Situationen, in denen das Tier präzise einen Punkt treffen mußte. Aber wenn der Rex richtig agieren mußte, machten wir es manuell – und es war großartig. Steven sagte zum Beispiel: ›Hol dir eine Tasse Tee‹, und der T-Rex holte sich eine Tasse Tee. Er brüllte und schlug auf Autos ein und krachte gegen Gegenstände und agierte auf Teufel komm raus.«

Auch wenn das Waldo-System nicht so häufig benutzt wurde, wie ursprünglich geplant, war es doch unverzichtbar für die Szene, in der Malcolm auf der Schnauze des Tyrannosauriers durch die Wand der Toilette am Rastplatz gedrückt wird. Der Tyrannosaurier in seiner ganzen Größe, wie er den auf den Unterschlupf zulaufenden Malcolm verfolgt, sollte mit Computeranimationen

Winstons Team entwickelte auch ein computerisiertes Waldo-System, das dem T-Rex-Team die Möglichkeit gab, Bewegungen vorab zu programmieren, so daß sie bei Bedarf sehr einfach wiederholt werden konnten.

Der animatronische T-Rex-Kopf in Aktion.

dargestellt werden, während für die Großaufnahme, wie Malcolm auf der Schnauze des Tiers durch die Wand kracht, Winstons mechanischer Kopf benutzt wurde. Um menschliches Versagen bei dem potentiell gefährlichen Stunt auszuschließen, kam die Programmierfähigkeit der Figur zur Anwendung. »Der T-Rex mußte den Punkt präzise treffen«, sagt Winston. »Wir probten die Bewegung von Punkt A nach Punkt B, und als sie dann perfekt war, speicherten wir sie ein. Dann arbeiteten wir mit dem Stuntman, der in einem Haltegeschirr von der Decke hing, damit wir präzise bestimmen konnten, was für eine Position er einnehmen sollte. Als die Szene gedreht wurde, drückten wir einfach nur auf einen Knopf und der T-Rex führte seine Bewegung exakt aus, mit dem Stuntman auf der Nase brach er durch die Toilettenwand. Für Szenen wie diese war die Programmierfähigkeit des Tiers unverzichtbar.«

Während man es für zu gefährlich hielt, Jeff Goldblum selbst durch die Wand brechen zu lassen, bot die Angriffssequenz dem Schauspieler eine gute Gelegenheit, in engen persönlichen Kontakt mit einem der mechanischen Dinosaurier zu kommen. »Es war ein Vergnügen und eine Ehre, mit den Dinosauriern zu arbeiten«, gesteht Goldblum. »Als Kind war ich ganz vernarrt in Dinosaurier. Ich erinnere mich, daß ich ein Buch über einen Jungen hatte, der in seinem Garten ein Ei findet, aus dem schließlich ein Triceratops-Baby schlüpft. Und ich staunte immer über die Sammlung von Dinosaurierknochen, an der ich jeden Samstag auf meinem Weg zur Zeichenstunde im Carnegie Museum vorbeikam. Es war für mich also sehr aufregend, zu sehen, wie diese Dinosaurier zum Leben erwachen.«

Letztendlich resultierten die größten Probleme bei den Dreharbeiten zur Tyrannosaurier-Sequenz nicht aus der komplexen Elektronik und Hydraulik der Figur. Es war vielmehr das unaufhörlich niederprasselnde Wasser, das dem Saurier-Team das Leben erschwerte. Da die Regenmaschinen fast ohne Unterbrechung arbeiteten und auf den Schaumgummi stark absorbierend wirkte, saugte der T-Rex im Verlauf eines einzigen Drehtages enorme Wassermengen in sich auf. Doch das Wasser beschädigte nicht nur die Schaumgummihaut, das zusätzliche Gewicht – was beträchtlich war – störte auch den fein abgestimmten Mechanismus der Figur.

Winston hatte vorausgesehen, daß das Wasser seinem animatronischen Geschöpf Probleme bereiten würde. »Wir hatten das Wasser berücksichtigt, weil wir aus dem Skript wußten, daß die Szene in einem Wolkenbruch spielt. Wir hatten das Problem schon ziemlich früh in Angriff genommen und versucht, den Schaumgummi wasserdichter zu machen. Aber so sehr wir ihn auch imprägnierten, irgendwo drang immer Wasser ein. Wir beschlossen deshalb mehr als ein Jahr vor Drehbeginn, im Studio peinlich darauf zu achten, daß es

In einem Wolkenbruch stellt sich Malcolm auf der Hauptstraße dem T-Rex entgegen.

Links: Stan Winston mit seinem Tyrannosaurier. *Unten:* Die animatronische Bestie wurde auf dem Set sorgfältig gewartet und die Farbgebung, wenn nötig, ausgebessert. *Ganz unten:* Ein großes Problem für das T-Rex-Team war der beständige Regen, der die Schaumlatex-Haut des Riesen durchnäßte und zwischen den einzelnen Aufnahmen häufiges Trockenreiben nötig machte.

vor und hinter unserer Figur, aber nie auf die Figur selbst regnete. Doch als es dann ans Drehen ging, wurde aus diesem Vorhaben natürlich nichts, die Figur wurde tropfnaß, und das schuf enorme Probleme. Nach jeder Aufnahme mußten wir hin und das Ding abtrocknen. Doch die Haut saugte sich trotzdem voll, und wir ließen deshalb am Ende jedes Drehtags Leute kommen, die die ganze Nacht aufblieben und das Ding mit großen Föns trockneten. Außerdem drang Wasser in den Bewegungssimulator ein, und es kam zu mehreren Kurzschlüssen. Wir waren beständig am Warten und Reparieren. Für uns war es die reinste Hölle, aber der T-Rex sieht im Film großartig aus – und das ist das wichtigste.«

Das Wasser war auch für die menschlichen Beteiligten ein Ärgernis. »Es erschwerte die Arbeit«, erinnert sich Dean Cundey, »weil unsere Ausrüstung dauernd naß war und wir im Schlamm herumrutschten, auch nachdem das Wasser abgedreht war. Aber vom filmischen Standpunkt aus war es ein Vorteil, weil es optisch dynamischer wirkte. Wenn wir mit der Kamera auf einen Ausschnitt zufuhren, war es interessant, zu sehen, wie der Regen das Bild lebendig machte. Wenn der Regen abgeschaltet war, wurde es plötzlich tot, und wir konnten erkennen, wo die Bäume aufhörten und der künstliche Nachthimmel begann. Das Wasser erhöhte also eindeutig die Dramatik, auch wenn es lästig war.«

Nicht zuletzt wegen der Zuverlässigkeit des animatronischen Tyrannosauriers konnte Spielberg die Angriffssequenz vier Tage früher abschließen als geplant. »Ich glaube, wir hatten alle die gleiche Motivation: raus aus der Nässe«, bemerkte Spielberg. »Es war sehr unangenehm für die Schauspieler und

Oben: John Rosengrant, Supervisor in Winstons Art Department, lackiert das Innere des T-Rex-Mauls mit einer Spritzpistole. *Unten:* Der Parkaufseher Robert Muldoon verfolgt einen Raptor, der aus seinem Gehege ausgebrochen ist.

die Crew – trotz wasserfester Kleidung waren wir am Ende eines Tages naß bis auf die Haut. Wir machten also alle Druck, um das so schnell wie möglich hinter uns zu bringen. Trotzdem mußte ich bei der Sequenz keine Kompromisse eingehen. Im Gegenteil – ich konnte sogar noch einige Einstellungen anhängen, die in den Storyboards und den Animatics gar nicht vorhanden gewesen waren.«

Nach den schwierigen Tyrannosaurier-Aufnahmen waren noch drei Dinosauriersequenzen übrig, die wieder bei Universal gedreht wurden. Dazu gehörte die Szene, in der Robert Muldoon, der Wildhüter des Parks, sich auf ein jägerisches Kräftemessen mit einem Raptor einläßt – und verliert. Als zweite stand Dennis Nedrys tödliche Begegnung mit einem Dilophosaurier auf dem Drehplan. Den Abschluß sollte schließlich die dramatische Verfolgungsjagd im Besucherzentrum bilden, in der zwei Raptoren zum Einsatz kommen und der Tyrannosaurus Rex seinen letzten Auftritt hat.

Muldoons Tod wurde in der frisch aufpolierten Dschungelkulisse im Studio 27 inszeniert. Laut Drehbuch verfolgt der erfahrene Jäger einen Raptor durch den Dschungel und hat auch das Tier bereits im Visier seines Gewehres. Doch bevor er den Abzug betätigen kann, hört er hinter sich ein Geräusch, dreht sich um und sieht dort einen zweiten, zum Angriff bereiten Raptor stehen. Zu spät erkennt Muldoon, daß die intelligenten Tiere ihm eine Falle gestellt haben, und wird getötet.

Für diese Szene kam der Raptor-Anzug, in dem John Rosengrant von Stan Winstons Team steckte, zum Einsatz, und für Nahaufnahmen auch das von Craig Caton bediente, ausbalancierte Kopf-Hals-Ensemble. »In einer Einstellung sieht man Muldoon über die Schulter, als er gerade den einen Raptor ins Visier nimmt«, erzählt Caton. »Das war John in dem Anzug. Dann schwenkt die Kamera auf ein paar Büsche direkt hinter Muldoons Schulter. Dort sieht man den zweiten Raptor. Ich stand in diesen Büschen, den Kopf auf meiner Schulter festgeschnallt, und die Crew hatte mich total mit Dschungel zugedeckt, damit man mich nicht sah. Sie hatten mir ein Tarnnetz über den Kopf geworfen und um mich herum Pflanzen plaziert. Ich bediente den Raptor mit der einen Hand, und in der anderen hatte ich einen kleinen Zwei-Zoll-Monitor, damit ich sehen konnte, was ich tat.«

Auch für Nedrys tödliche Begeg-

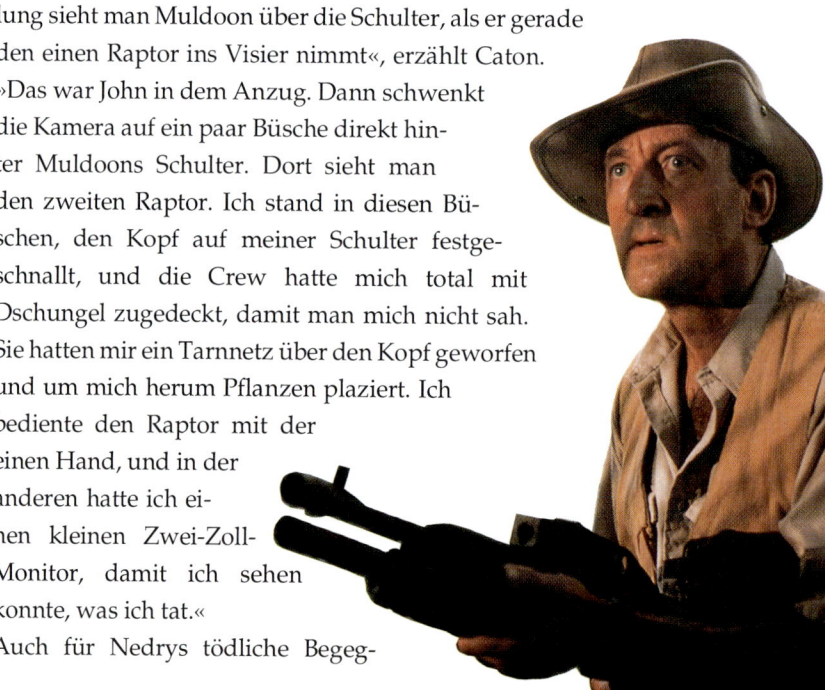

nung mit dem giftspuckenden Dilophosaurier wurden Winstons mechanische Geschöpfe verwendet. Unterwegs zu einem Boot, das im Hafen der Insel auf ihn wartet, kommt Nedry mit seinem Jeep von der Straße ab und rutscht in einen schlammigen Graben. Als er verzweifelt versucht, das Fahrzeug mit einer Seilwinde aus dem Schlamm zu ziehen, nähert sich ihm ein täuschend harmlos aussehender Dinosaurier. Eher verärgert als erschrocken, versucht Nedry das Tier zu verscheuchen. Doch der Giftspucker kommt näher, und als er dann in Reichweite ist, stellt er seine Krause auf und spuckt dem Mann Gift in die Augen. Nedry taumelt geblendet zu seinem Fahrzeug, steigt ein und knallt die Tür hinter sich zu, um vor einem weiteren Angriff sicher zu sein – das glaubt er zumindest. Augenblicke später ist der charakteristische Schrei des Giftspuckers im Wageninneren zu hören, und mit wütend zitternder Krause greift das Tier an.

Für diese Szene hatte Winstons Team eine lebensgroße Dilophosaurier-Puppe mit auswechselbaren Köpfen für spezielle Aktionen und die verschiedenen Stellungen der Halskrause entwickelt. Außerdem gab es mechanische Beine für das Heranschleichen des Spuckers. »Die erste Einstellung in dieser Sequenz«, sagt Winston, »zeigt das vorbeihüpfende Tier und Nedry im Hintergrund. Diese separaten Beine haben großartig funktioniert, aber mit der Ganzkörperpuppe brachten wir einfach keine vernünftigen Laufbewegungen zustande – deshalb sieht man im Film auch nicht, wie das Tier auf Nedry zugeht. Doch das war einer dieser Fehler, die sich am Ende als Vorteil für den Film erweisen; denn so wie man es jetzt sieht, ist das Tier plötzlich einfach da. Jedesmal, wenn man es sieht, ist es ein Stückchen näher, aber man sieht nie, wie es dorthingekommen ist. Und dieses jetzt-sieht-man's-jetzt-sieht-man's-nicht macht sich in dieser Szene sehr gut.«

Für die Sterbeszene des Parkaufsehers wurde das gesamte verfügbare Raptor-Arsenal verwendet: Die Anzüge mit menschlichen Darstellern im Inneren, lebensgroße mechanische Puppen, Gliederpuppen und das ausbalancierte Kopf-Hals-Ensemble.

Die letzte größere Sequenz, die noch gedreht werden mußte, war das große Finale in der Rotunde des Besucherzentrums. Der in Studio 12 nachgebaute Rundbau bestand aus der Eingangshalle, wo zwei lebensgroße Dinosaurierskelette sich ein Scheingefecht lieferten, einer großen geschwungenen Treppe und einem Speisesaal mit einem Wandgemälde vom Leben aus dem Jura-Zeitalter. Das Besucherzentrum, einer der wichtigsten Schauplätze des Films, war im Stil klassischer Einfachheit entworfen worden. »Uns gefiel die Idee eines Rundbaus«, sagt Rick Carter. »Ein einfacher Raum, der ein bißchen etwas von einem Museum hat. Das Besucherzentrum ist im wesentlichen der Ausgangspunkt für die Besichtigungstour, es sollte deshalb das Wissen widerspiegeln, das wir heute über Dinosaurier haben. Deshalb wurde beschlossen, die Skelette des Tyrannosauriers und des Alamosauriers in den Mittelpunkt der Eingangshalle zu stellen. Abgesehen von dem Wandgemälde im Speisesaal – das von Doug Henderson, einem bekannten Dinosaurierillustrator gemalt wurde – gibt es nur relativ wenige Dinosaurierabbildungen. Wir wollten nicht von

126 Jurassic Park

Im Uhrzeigersinn: Eine vom Winston-Team gebaute Dilophosaurier-Puppe. • Bei dem Versuch, die gestohlenen Saurierembryos von der Insel zu schmuggeln, stößt Dennis Nedry auf das scheinbar harmlose, in Wirklichkeit aber todbringende Wesen. • Die Puppenspieler bereiten eine Szene mit der Dilophosaurier-Puppe vor. • Ein lebensgroßer Dilophosaurier-Körper wurde so konstruiert, daß er in Kombination mit drei verschiedenen, auswechselbaren Köpfen verwendet werden konnte.

den echten Dinosauriern ablenken, die der Zuschauer später zu sehen bekommt.«

Verantwortlich für die Innenausstattung war der Bühnenbilder Paul Sonski. »Das Besucherzentrum sollte eine Art Denkmal für die Dinosaurier sein«, sagt Sonski. »Es bekam deshalb einen Eingangsbereich, der an einen Tempel erinnert. Seine Hauptfunktion war es, die Aufmerksamkeit auf die Dinosaurier zu lenken. Um das zu unterstreichen, verwendeten wir Knochenformen für die Treppe und Fossilien für die Verzierung der Säulen.«

Trotz der eindrucksvollen Größe war die Rotunde einer der problematischsten Drehorte, und zwar vorwiegend wegen seiner Rundform. »Wir mußten mit

Nedry wurde von dem giftspuckenden Dilophosaurier geblendet.

sehr starken Weitwinkelobjekten arbeiten«, erklärt Dean Cundey, »weil es eine Schande gewesen wäre, einen so großen und mit so viel Kreativität entworfenen Schauplatz nicht in seiner ganzen Schönheit zu zeigen. Aber damit liefen wir auch Gefahr, all die Fehler bloßzulegen – die Tatsache, daß das Zentrum in einem Studio nachgebaut war, ohne echten Himmel und ohne echte Landschaft dahinter. Außerdem war es ziemlich schwierig, die Scheinwerfer richtig zu plazieren. Wo stellt man die Scheinwerfer hin, wenn man einen Kameraschwenk von 180 Grad machen will, um das Set mit einer Einstellung zu zeigen? Das war einer der Gründe, warum ich mich mit Rick Carter schon so weit im voraus zusammensetzte, damit wir diese Art von Problemen aufspuren und Lösungen dafür finden konnten.«

In der Geschichte sind Muldoon und Nedry bereits tot, Hammond und der verletzte Malcolm sicher in einem Bunker, und Ellie, Grant und die Kinder suchen Zuflucht im Kontrollraum, weil sie das Kontrollsystem reaktivieren und die Telefonverbindungen zur Außenwelt wiederherstellen wollen, um Hilfe rufen zu können. Das gelingt ihnen zwar, aber ihre Freude über die Gewißheit, daß Hilfe unterwegs ist, erhält einen Dämpfer, als ein Raptor durch ein Fenster in den Kontrollraum springt. Eine ganze Reihe von Winstons Raptor-Geschöpfen kam zum Einsatz für die Verfolgungsjagd durch die Lüftungsschächte, die schließlich damit endet, daß die Helden auf die riesigen Dinosaurierskelette in der Eingangshalle des Besucherzentrums klettern.

Diese Jagdsequenz verlangte den Schauspielern körperlich einiges ab. »Ich mußte auf das Skelett im Rundbau springen«, erinnert sich Laura Dern. »Dann sprang der Raptor ebenfalls drauf und zerbrach es, und ich hing kopfüber am Schwanz. Irgendwann in dieser Szene sagte ich zu Steven: ›Eigentlich wollte ich ja Schauspielerin sein …‹ Ich meine, ich hing da an einem Dinosau-

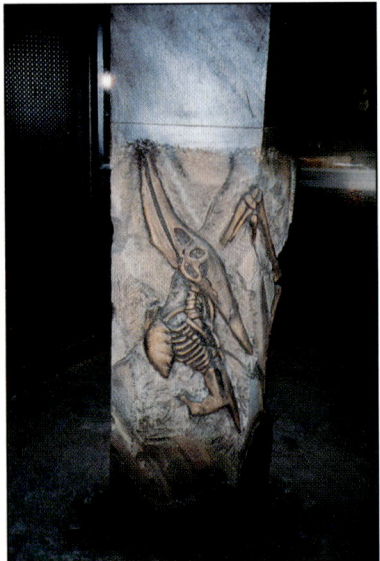 

Im Uhrzeigersinn von links oben: Während des Aufbaus der Rotunde bei Universal. • Spielberg und Neill im Gespräch am fertigen Set. • Die Rotunde sollte Schauplatz des Kampfes zwischen dem T-Rex und zwei Raptoren werden. Da es sich bei den Tieren um Computeranimationen handeln sollte, die erst später in die Szene hineinmontiert würden, wurden beim Abdrehen der Hintergründe sogenannte Story Poles als Platzhalter für die Dinos verwendet. • Eine aus Schaumstoff modellierte Säule für die Rotunde des Besucherzentrums.

rierknochen! Es war eine ganz neue Erfahrung, und es hat eine Menge Spaß gemacht.«

Laut Drehbuch sollte der Angriff damit enden, daß Grant, an der Steuerkonsole eines großen Laufkrans, den Raptor in das Maul des Tyrannosaurierskeletts manövriert, wo er zerquetscht wird. Beim Drehen dieser Szene änderte Spielberg den Schluß und ließ den Raptor zum Opfer des lebendigen Tyrannosauriers werden. »Als ich sah, wie großartig und eindrucksvoll der T-Rex war«, bemerkt dazu Spielberg, »bekam ich das Gefühl, daß das Publikum enttäuscht sein würde, wenn er nicht noch einmal auftrat. Außerdem schien es mir zur Geschichte zu passen, daß der T-Rex die Lage rettet,

Links: Grant, Ellie und die Kinder klettern auf ein in der Rotunde ausgestelltes Skelett, nachdem sie von den Raptoren durch den Kontrollraum des Besucherzentrums gejagt wurden. *Mitte:* Der Speisesaal des Besucherzentrums mit dem großen Wandgemälde, einer Darstellung des Lebens in der Jurazeit. *Unten:* Die extra für diese Produktion angefertigten Repliken aufrecht stehender Tyrannosaurier- und Alamosaurierskelette wurden so konstruiert, daß sie, wenn die Handlung es erforderte, Stück um Stück einstürzten.

Bei den Dreharbeiten in der Rotunde: Laura Dern hängt an einem der Dinosaurierskelette.

weil es ja im wesentlichen darum geht, daß die Natur siegt und der Mensch versagt.«

Dieser veränderte Schluß wurde unter anderem auch durch den großen Erfolg ermöglicht, den ILM bei der Entwicklung der computererzeugten Dinosaurier hatte. Ein Einsatz des riesigen mechanischen Tyrannosauriers wäre in dieser Szene nicht möglich gewesen. »Stans T-Rex wog mit Simulator und allem Drum und Dran einige tausend Pfund«, sagt Kathy Kennedy. »Den konnte man nicht einfach so herumbugsieren. Außerdem war das Besucherzentrum nicht so gebaut worden, daß man den T-Rex hätte einsetzen können. Also mußten alle Aufnahmen des T-Rex Computergrafiken sein. Es war eine spontane, ziemlich riskante Entscheidung, aber wir hatten einen knappen Monat zur Vorbereitung.«

Spielberg hatte, was nicht überraschend war, ein ungutes Gefühl dabei, wesentliche Sequenzen des Filmhöhepunkts mit Computergrafiken zu realisieren, die erst lange nach Abschluß der Dreharbeiten in der Postproduction fertiggestellt würden. »Ich wußte nicht, ob es funktionieren würde, aber ILM war davon überzeugt, es schaffen zu können. Ich hatte also nichts als ihr Wort – aber auf das hatte ich mich während der gesamten Produktion schon sehr oft verlassen.«

Diese neue Herangehensweise bedeutete auch, daß mehr Raptor-Aufnahmen mittels Computergrafiken produziert werden mußten, da der Raptor direkt mit dem Tyrannosaurier in Kontakt kommt. Die zusätzlichen Computergrafiken, die deutlich teurer waren als eine Verwendung der animatronischen Puppen, rückten auch finanziell in den Bereich des Möglichen, weil Spielberg mit der vorzeitigen Beendigung der Dreharbeiten viel Geld gespart hatte. »Steven beschloß, diese Einsparungen in zusätzliche Computergrafiken zu investieren«, bemerkt Gerald Molen. »Was ILM an Computergrafiken produzierte, war einfach phänomenal. Auch wenn er den Drehplan nicht eingehalten hätte, hätte er vermutlich trotzdem beschlossen, den neuen Schluß mit Computergrafiken zu realisieren, einfach weil die den Film soviel besser machen. Aber da er einen so großen Vorsprung hatte, war er in der beneidenswerten Situation, sagen zu können: ›Ich will das, und ich mache das.‹«

Am Montag, dem 30. November 1992 – einen Tag nach den Thanksgiving-Ferien und erstaunliche zwölf Tage früher als geplant –, waren die Dreharbeiten abgeschlossen. Dank seiner unnachgiebigen Entschlossenheit, hatte Spielberg

Oben: Ein Raptor dringt durch ein Deckengitter in das System von Lüftungsschächten ein, in dem Grant und Ellie mit Tim und Lex Zuflucht gesucht haben. *Links:* Spielberg bereitet eine Einstellung mit einem der Raptoren vor.

sein Ziel, sich die Produktion nicht aus den Händen gleiten zu lassen, mehr als erreicht. Es war eine gigantische Leistung. »Wahrscheinlich habe ich alle an den Rand des Wahnsinns getrieben, nur weil ich diesen Film budget- und termingerecht fertigstellen wollte«, gesteht Spielberg. »Daß wir früher als geplant fertig wurden, war ein Bonus. Natürlich war zum Teil meine Entschlossenheit dafür verantwortlich, aber ich muß auch sagen: Ehre, wem Ehre gebührt. Wenn Stan Winstons Dinosaurier nicht funktioniert hätten, würden wir immer noch drehen. Wenn Michael Lantieris mechanische Effekte nicht funktioniert hätten, würden wir immer noch drehen. Wenn Dean Cundey nicht fünfzehn Einstellungen pro Tag abgedreht hätte, würden wir immer noch drehen. Es haben also viele zu diesem Erfolg beigetragen.

So schnell gearbeitet habe ich das letzte Mal bei *Jäger des verlorenen Schatzes*, den ich fünfzehn Tage früher als geplant fertigstellen konnte. Doch eigentlich ist uns bei *Jurassic Park* eine viel größere Leistung gelungen, weil wir für diesen Film fünfunddreißig Drehtage für die Second Unit angesetzt hatten, ich aber alle bis auf zwei Tage in den Drehplan der First Unit einbauen konnte. Ich wurde eifersüchtig auf die Arbeit der Second Unit und dachte mir: ›Also, jetzt sind wir schon einmal da – warum es ihnen überlassen? Machen wir doch diese vier Aufnahmen gleich jetzt, dann muß die Second Unit nächste Woche nicht mehr kommen und alles noch einmal ausleuchten.‹ Wir wurden also nicht nur mit der Arbeit der First Unit zwölf Tage früher fertig als geplant, sondern haben außerdem die Second Unit fast überflüssig gemacht. Und darauf bin ich wirklich stolz.«

Daß ein Projekt so frühzeitig und noch dazu budgetgerecht abgeschlossen wird, ist der Traum eines jeden Produzenten. »In unserem Gewerbe passiert so etwas ganz selten«, sagt Molen, »wir waren deshalb sehr froh darüber. Es lag unter anderem auch daran, daß wir so gut vorbereitet in die Dreharbeiten gingen. Und während der Produktion hatten wir in Kathy Kennedy eine unglaublich kreative Produzentin, die Hand in Hand mit Steven arbeiten und dafür sorgen konnte, daß alles reibungslos ablief. Vor allem aber hatten wir einen Regisseur, der mit Herz und Seele bei dem Projekt war. Bei diesen Voraussetzungen konnten wir nur gewinnen.«

Vermutlich konnte keiner der Beteiligten Spielbergs Leistung besser würdigen als sein Regisseurkollege Richard Attenborough. »Man sollte Steven aus der Director's Guild ausschließen«, sagt Attenborough lachend. »Er ist eine Bedrohung, eine absolute Bedrohung! Jetzt müssen wir anderen alle wirklich die Ärmel hochkrempeln, was?«

Der Abschluß der Dreharbeiten bedeutete für das Stan Winston Studio auch die Beendigung eines Auftrags, an dem es drei Jahre lang gearbeitet hatte. Wie Spielberg konnte auch Winston mit berechtigtem Stolz auf *Jurassic Park* zurückblicken. »Bei diesem Film passierte es mir das erste Mal, daß ich mich am

Abend zurücklehnen, mir die Muster anschauen und zu mir selber sagen konnte: ›Mein Gott, wir haben fabelhafte Arbeit geleistet.‹ Es funktionierte zwar nicht alles perfekt, und wir konnten auch nicht jede Aufnahme machen, die Steven sich vorgestellt hatte. Trotzdem war es eine erstaunliche Leistung. Die Leute werden sich den Film anschauen und sich von den Dinosauriern unterhalten lassen, und das ist das wichtigste. Der Film *ist* Jurassic Park, wie Hammond ihn sich vorgestellt hat. Die Dinosaurier sind da, sie sind wirklich, und wenn die Leute das Kino verlassen, werden sie beinahe glauben, daß Dinosaurier wieder unter uns leben – und daß Steven Spielberg sie irgendwie aufgestöbert und mit ihnen einen Film gedreht hat.«

Auch Michael Lantieri und seine Crew waren am Ziel eines langen und beschwerlichen Wegs angelangt. »Dieser Film war problematischer als zwei andere zusammengenommen. Er war einfach überwältigend schwierig. Aber die Ergebnisse auf der Leinwand sind alle Mühe wert. Steven hat so ein gutes Auge, er nimmt, was man ihm gibt, und läßt es großartig aussehen. Ich glaube, uns alle beschäftigt jetzt eine große Frage – wie geht's weiter? Nach etwas so Großem, was kann da noch kommen?«

Auch andere dachten über diese Frage nach. Obwohl in der Postproduction noch eine Menge zu tun war, bedeutete der Abschluß der Dreharbeiten für Rick Carter, Dean Cundey, die Schauspieler und für praktisch das gesamte Filmteam das Ende von *Jurassic Park*. Für jeden Mann und jede Frau war es eine sehr lohnende Arbeit gewesen, eine, die gekennzeichnet war durch Kameradschaft und dem Gefühl, etwas gut gemacht zu haben. »Es war das reinste Vergnügen, mit den Leuten zu arbeiten«, erzählt Sam Neill. »Wir kamen ausgezeichnet miteinander aus, und obwohl die Dreharbeiten sehr lange gedauert haben, kamen sie uns am Ende zu kurz vor. Es war eine der schönen Erfahrungen, die man im Leben macht.«

Jurassic Park war auch für Richard Attenborough eine wichtige Erfahrung. Der Film markierte nicht nur das Ende eines inoffiziellen Rückzugs von der Schauspielerei, sondern hatte ihm auch die lange erwartete Gelegenheit geboten, mit einem Regisseur zu arbeiten, dessen Werk er sehr schätzte. »Ehrlich gesagt, in dem Jahr, als mein *Gandhi* gegen Stevens *E. T.* antrat, war ich sicher, daß *E. T.* nicht nur gewinnen würde, sondern auch gewinnen sollte. Er war originell, eindrucksvoll, einfach wunderbar. Ich mache Filme, die mehr mit der realen Welt zu tun haben. Mich interessieren Geschichten, und ich benutze das Kino, um sie zu erzählen. Aber Steven macht Filme, weil sie Filme sind – und darin ist er ein Zauberer. In der Filmgeschichte dieser Jahrzehnte wird Steven Spielberg ein herausragender Rang zugewiesen werden als innovatives, begeisterndes, übersprudelndes Talent.«

Dieses übersprudelnde Talent hatte bereits sein nächstes Projekt im Visier – *Schindler's List*, die wahre Geschichte eines Mannes, der über eintausend Juden vor Hitlers Endlösung bewahrt hat. Da die Dreharbeiten zu *Schindler* bereits

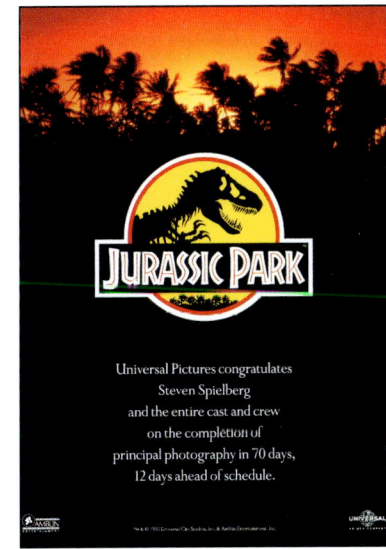

Universal feierte Steven Spielbergs frühzeitigen Abschluß der Dreharbeiten mit ganzseitigen Anzeigen in Filmfachzeitschriften.

134 Jurassic Park

Schauspieler und Produktionsteam am T-Rex-Set bei Warner Brothers.

wenige Wochen nach dem Produktionsende von *Jurassic Park* in Europa beginnen sollten, legte Spielberg die Verantwortung für die Postproduction in Kathleen Kennedys fähige Hände. Er hielt sich allerdings telefonisch über den Fortgang auf dem laufenden und kehrte rechtzeitig aus Europa zurück, um sich die verschiedenen Probevorführungen anzusehen und dem Film den letzten Schliff zu geben.

Zu den wichtigsten Aufgaben in der Postproduction gehörte Michael Kahns Schnitt – ein laufender Prozeß, den Kahn und Spielberg bereits während der Dreharbeiten begonnen hatten – und John Williams musikalische Begleitung des Films. Auf der Skywalker Ranch in Nordkalifornien sollte Gary Rydstrom die Geräuscheffekte überwachen, während Spielbergs langjähriger Freund und Kollege George Lucas sich um das Sound Mixing, die Abmischung kümmerte.

Und noch etwas blieb zu tun. Das Stan Winston Studio hatte den Jurassic Park mit lebenden, atmenden Dinosauriern bevölkert: mit behenden, schrecklichen Raptoren, einem liebenswürdigen, rührenden Triceratops, einem giftspuckenden Dilophosaurier, einem beängstigend echt wirkenden Tyrannosaurus-Rex. Aber zwischen den dynamischen Szenen mit diesem Aufgebot prähistorischer

Fauna gab es Momente, die merkwürdig steril wirkten. Die Darsteller staunten beim Anblick eines in der Entfernung grasenden Brachiosauriers – aber noch war in der Szene kein Brachiosaurier zu sehen. Eine Gallimimus-Herde sollte über eine tropische Ebene galoppieren – aber noch zeigte die Szene nichts als leere hawaiianische Landschaft. Grant, Ellie und die Kinder sahen in ängstlichem Erstaunen zu, wie der Tryannosaurier in den Rundbau eindringt und einen knurrenden Raptor erledigt – aber noch konnte man sich diese hochdramatische Begegnung nur vorstellen.

Bei Industrial Light and Magic standen Dennis Muren, Phil Tippett und ein Team der besten Computeranimateure bereit, um nach Monaten der Vorbereitung mit genialer Hand das einzufügen, was zur vollständigen Verwirklichung von John Hammonds Traum vom Jurassic Park noch fehlte.

TEIL III

POST-PRODUCTION

Offiziell begann die Postproduction für *Jurassic Park* im Dezember 1992 und dauerte bis zum Start des Films in Amerika am 11. Juni. Die Zeit war aber weniger eine in sich abgeschlossene Phase als die Kulmination bereits laufender Arbeitsprozesse. An vielen für die Postproduction typischen Aufgaben war bereits während der Produktion und sogar der Vorproduktion gearbeitet worden: Industrial Light and Magic hatten in Zusammenarbeit mit dem Dinosaurier-Supervisor Phil Tippett mehr als zwei Jahre vor dem Beginn der Postproduction mit der Entwicklung ihrer computererzeugten Dinosaurier begonnen; die Tonschnittspezialisten von Skywalker Sound waren mit Sammeln und Aufnehmen der verschiedensten Toneffekte beschäftigt, seit sie vor einem Jahr den *Jurassic*-Auftrag erhalten hatten; und obwohl technisch gesehen der Filmschnitt in die Postproduction gehört, hatte der Cutter Michael

Der Paläontologe Mike Greenwald, der Herpetologe Jacques Gauthier, der Dinosaurier-Supervisor Phil Tippett und der Paläontologe Rob Long besprachen Bewegungsabläufe und Verhalten der Dinosaurier.

Kahn bereits während der Dreharbeiten alle Hände voll zu tun gehabt, um bald nach dem Abdrehen einer Szene den Rohschnitt liefern zu können.

Da Spielberg kurz vor dem Beginn der Dreharbeiten für *Schindler's List* in Europa stand, war es wichtig, daß der Schnitt für *Jurassic Park* vorangetrieben wurde – eine Aufgabe, die durch das bestens vorbereitete Filmmaterial und die langjährige Zusammenarbeit des Cutters mit dem Regisseur erleichtert wurde. Da Kahn seit *Unheimliche Begegnung der dritten Art* jeden Film Spielbergs bis auf einen geschnitten hatte, kannte er den Schnittstil des Regisseurs sehr gut. »Das Tolle an der Arbeit an einem Spielberg-Film ist, daß Steven Unmengen von Material verfilmt«, bemerkt Kahn. »Er dreht so viel, damit er später im Schneideraum alle Möglichkeiten offen hat. Er hat auch ein gutes Gespür für den Schnitt, weil er sich nicht in jede Einstellung, die er dreht, verliebt. Wenn etwas funktioniert, gut, wenn nicht, dann kommt's raus. Im allgemeinen liegen Steven und ich bei solchen Entscheidungen auf der gleichen Wellenlänge. Und da wir schon so lange zusammenarbeiten, müssen wir im Schneideraum nicht mehr viel reden. Ich weiß, was er will.«

Während der Produktion hatten Spielberg und Kahn sich mehrmals pro Woche zusammengesetzt, um am Schnitt zu arbeiten, meistens abends nach dem Drehen. »Wir hängten die Tagesmuster aneinander, spielten sie ab und notierten uns dabei die Einstellungen, die Steven verwenden wollte. Wenn er eine Szene abgedreht hatte, montierte ich sie für gewöhnlich anschließend sofort zusammen, damit er entscheiden konnte, ob er noch zusätzliche Aufnahmen brauchte. Er sah dann gleich, ob die Schauspieler überzeugend agierten und die Struktur der Szenen funktionierte. Diese grundsätzlichen Entscheidungen wurden sehr früh getroffen – welche Einstellungen wir benutzten, welches Tempo und welchen Rhythmus wir der Szene gaben, was wir betonen wollten. Es war eine sehr aufregende Zeit im Arbeitsprozeß, weil wir es nicht erwarten konnten, zu sehen, wie eine Szene wirkte.«

Nach dem Rohschnitt der einzelnen Szenen ging es an die Feinarbeit. »Wir spielten den Film Spule für Spule ab und entschieden, was wir herausschneiden und welches Tempo wir dem Film geben wollten. Das ging alles sehr schnell. Einige Regisseure spielen gern ewig an einem Film herum, aber Steven fackelt da nicht lange – er kniet sich rein und weiß genau, wann etwas stimmt.«

Die einzelnen Sequenzen wurden dann aneinandermontiert, um ein zusammenhängendes Ganzes zu schaffen. »Von da ab ging es nur noch darum, die Übergänge zwischen den Szenen einzubauen. Wir mußten uns auch die Gesamtspielzeit des Films überlegen. Dabei versuchten wir allerdings nicht, sie auf zwei Stunden oder ein anderes willkürliches Zeitlimit zu drücken. Wir sahen uns einfach an, wie der Film wirkte – wenn er bei zwei Stunden am besten war, würden es zwei Stunden sein, wenn er bei zwei Stunden zehn Minuten besser wäre, würden wir auf diese Vorführdauer hinarbeiten. Herauszuschneiden gab es eigentlich kaum etwas, da bereits in der Rohfassung nicht viel Überflüssiges geblieben war.«

Da nur noch die Computergrafikelemente fehlten, die erst wenige Tage vor dem Filmstart eingeführt werden sollten, erhielten die Tontechniker in der Skywalker Ranch Anfang Januar eine mehr oder weniger endgültige Version von *Jurassic Park*. Michael Kahn war ab Mitte Februar in Polen, wo er sich bereits mit Spielbergs neuem Projekt befaßte. Wie bereits bei früheren Projekten fand Kahn auch bei *Jurassic Park* die Zusammenarbeit mit Spielberg sehr lohnend. »Steven und ich sind ein gutes Team, und wir haben viel Spaß miteinander. Wir haben beide Freude am Schneiden. Ich stelle mir gern vor, daß *Jurassic Park* ein Riesenhit werden wird, und das ist natürlich ein gutes Gefühl. Aber die Freude liegt in der Arbeit, ob der Film nun ein Erfolg wird oder nicht. Wenn man mit einem Projekt anfängt, weiß man nie, ob ein Film ein Hit wird oder nicht, und deshalb sollte man zusehen, daß man schon bei der Arbeit Spaß hat. Wenn der Film den Leuten dann auch noch gefällt – um so besser.«

Im Gegensatz zu Michael Kahn, dessen Arbeit an *Jurassic Park* im wesentlichen abgeschlossen war, kamen Industrial Light and Magic und das Phil Tippett Studio bei Beginn der Postproduction erst richtig in Schwung. Die noch nie zuvor versuchte Erschaffung von computererzeugten Dinosauriern hatte umfangreiche Vorbereitungen erfordert – traditionelle Stop-Motion-Animatoren mußten sich in das für sie fremde Gebiet der Digitaltechnik einarbeiten; Computeranimatoren, die normalerweise vor ihren Tastaturen und Bildschirmen

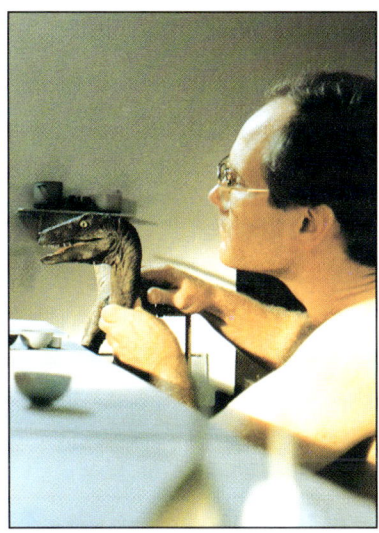

Oben: Randy Dutra bei der Produktion von Animatics: Für die Küchensequenz animiert er eine Raptor-Puppe. *Links:* Der Cutter Michael Kahn (rechts außen), ein langjähriger Mitarbeiter Spielbergs, besorgte zusammen mit seinen Assistenten (von links) Patrick Crane und Alan Cody und dem Praktikanten Michael Fallavollita den Filmschnitt zu *Jurassic Park*.

Der Supervisor für visuelle Effekte Dennis Muren, sein Mitarbeiter Mark Dippe und die Animatoren Steve Williams und Eric Armstrong sehen sich die computergrafische Animation des T-Rex an.

sitzen, mußten ihre animatorischen Fähigkeiten durch mimisches Training verfeinern; neue Hardware zur Koordination dieser beiden unterschiedlichen Techniken mußte entwickelt und gebaut werden; existierende Output-Systeme mußten optimiert werden, um sie leistungsfähiger zu machen; Standard-Software war verbessert und vollkommen neue Möglichkeiten an Software waren erprobt worden. »Als wir mit *Jurassic Park* anfingen«, erinnert sich der Computergrafikanimator Steve Williams, »war die Erschaffung computererzeugter Tiere, die seit hundertfünfzig Millionen Jahren tot sind, weniger eine Frage der *Fähigkeit*, sondern mehr eine Frage des Schweißes. Es erforderte einfach eine Unmenge Arbeit.«

Dieser ganze Aufwand war nötig geworden wegen der erweiterten Rolle, die man der Computeranimation schon in einer sehr frühen Phase zugewiesen hatte, als es nämlich Spielberg und seiner Mannschaft beim Anblick von ILMs Computergrafikprobeaufnahmen eines Tyrannosauriers die Sprache verschlagen hatte. Zu Beginn des Projekts hatte der Regisseur Computeranimation als Möglichkeit der Realisierung der Dinosaurier überhaupt nicht in Betracht gezogen. »Vor *Terminator 2* hatte ich dieser Technik kaum Beachtung geschenkt«, gibt Spielberg zu. »Ich war so beeindruckt von der Arbeit, die ILM für diesen Film geleistet hatte, daß ich glaubte, *eines Tages* würden sie wohl in der Lage sein, mit Computergrafik lebensechte, dreidimensionale Figuren zu erzeugen. Aber daß es so bald passieren würde, habe ich nicht geglaubt.«

Bei ILM ebenfalls keiner. Auch nachdem ihre Teilnahme an dem Projekt bereits feststand, glaubten die Verantwortlichen bei ILM und Amblin, daß sich der Beitrag der Computergrafik auf die Aufnahme mit der Gallimimus-Herde beschränken würde – eine Sequenz, die sich für Computeranimation besonders gut eignete – und auf einige Entfernungen von Stangen und Kabeln mittels Computer aus Aufnahmen mit Stan Winstons Gliederpuppen. Doch dank der Fortschritte der Digitaltechnik – Fortschritte, die sich zum ersten Mal in den verblüffenden T-Rex-Tests gezeigt hatten – war das Auftragsvolumen für die Computergrafiker auf beachtliche zweiundfünfzig Einstellungen angewachsen. Zu diesen Einstellungen gehörten Ganz-, Halbkörper- und Nahaufnahmen des Tyrannosauriers für die Angriffsszene auf der Hauptstraße, Aufnahmen des Brachiosauriers, sowohl für die Toursequenz am Anfang wie für eine spätere Szene, in der das computererzeugte Tier mit Aufnahmen von Winstons lebensgroßem, animatorischem Kopf kombiniert werden sollte, und eine Reihe von Raptoren-Aufnahmen, die über den ganzen Film verteilt waren. Das wichtigste aber war die Schlußszene, in der es zu einem Kampf zwischen dem Tyrannosaurier und zwei Raptoren kommt, denn die sollte komplett im Computer erzeugt werden.

Was Umfang, Vielschichtigkeit und Gegenstand anging, war das eine Aufgabe von furchteinflößenden Ausmaßen, weit anspruchsvoller als die computergrafischen Effekte in *Terminator 2*, die Spielberg – und das gesamte Filmteam – so beeindruckt hatten. Was zur Erzeugung des T-1000 für den *Terminator 2* benutzt worden war, war damals der neueste Stand der Technik gewesen: Anhand von Daten, die mit einer Laserabtastung des Schauspielers Robert Patrick gewonnen wurden, hatte man per Computer ein Drahtmodell der Figur konstruiert und animiert. Anschließend wurde das sogenannte Texture-Mapping, eine Technik zum Auftragen spezifischer Charakteristika auf das Drahtmodell, benutzt, um eine metallische Oberfläche zu erzeugen. So beeindruckend

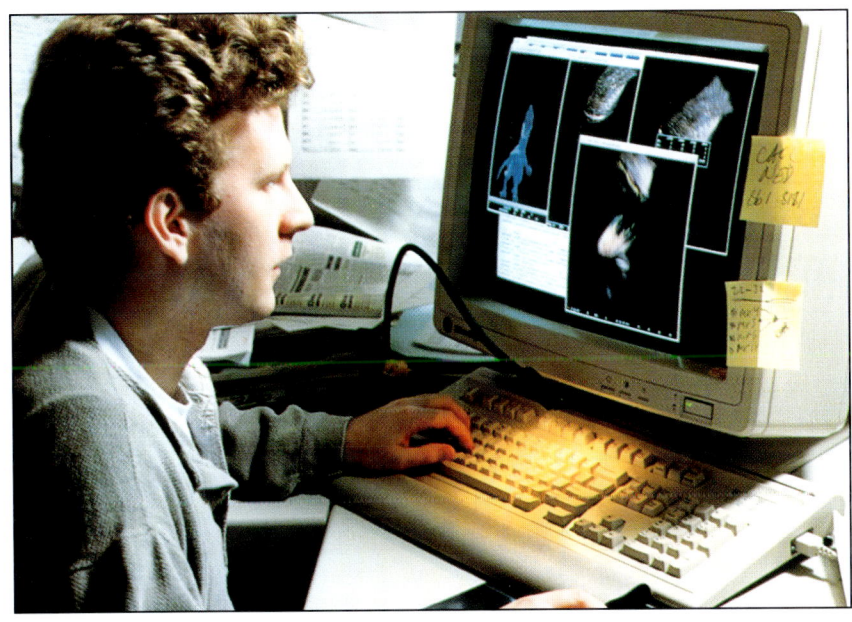

Alex Selden, der Supervisor für Computergrafik bei ILM, arbeitet an Details der Hautbeschaffenheit des computererzeugten Raptors in der Küchensequenz.

die Ergebnisse auch gewesen sein mochten – immerhin markierten sie einen Durchbruch im Bereich der digitalen Effekte –, war der T-1000 doch nur ein erster, winziger Schritt in Richtung zur Erzeugung organischer, lebensechter Wesen mit Hilfe der Computeranimation. Für *Jurassic Park* mußte diese Technik laufen lernen.

Das Hauptanliegen war die Erzeugung eines fotorealistischen Aussehens für die Dinosaurier. War für den T-1000 im wesentlichen nur eine metallisch glänzende Oberfläche nötig gewesen, erforderten die Dinosaurier im *Jurassic Park* eine Unmenge von physischen Details, damit sie auf der Leinwand »naturgetreu« wirkten. »Der T-1000 hat sehr gut funktioniert«, erzählt der Assistent Co-Supervisor für visuelle Effekte, Mark Dippe, »aber er war kein Wesen aus Fleisch und Blut. Er war ein Ding aus Metall, und es gab deshalb keine Probleme wie: Atmet das Metall? Vibrieren beim Gehen seine Oberschenkelmuskeln ein wenig? Für *Jurassic Park* mußten wir das Aussehen einer lebendigen, atmenden Dinosaurierhaut erzeugen – die reptiltypischen Knötchen, den Glanz, Wasserspuren, Schmutz, kleine blanke Stellen, wo sie sich an Bäumen reiben, feuchte Augen, gelbe Zähne. Wir hatten es hier mit einem Grad von Realismus zu tun, der mit nichts vergleichbar war, was wir je gemacht hatten.« Dieser Realismus war von entscheidender Bedeutung, da Spielberg lange Einstellungen der Computergrafik-Dinosaurier zeigen wollte. »Es gab Einstellungen, bei denen die Kamera zwanzig Sekunden am Stück auf ein solches Tier gerichtet war – was sehr mutig von Steven war, für die Aufrechterhaltung eines funktionierenden Effekts allerdings eine sehr lange Zeitspanne ist.«

Der Computergrafikanimator Steve Price bei der Arbeit.

Zusätzlich zu den verschiedenen Texture-Maps zur Simulation der Hautbeschaffenheit mußte in dem Computergrafikmodell auch die Illusion eines Stützgerüsts aus Knochen und Muskulatur erzeugt werden. Dazu wurden Software-Programme wie etwa Sock – das bereits bei *T2* zur Anwendung gekommen war – und Enveloping weiterentwickelt. Sock war ein Programm, das die einzelnen Punktgitter, aus denen die Körperteile des Computermodells bestanden, miteinander verband. »Wir konnten uns die einzelnen Punktgitter für die verschiedenen Körperteile – Fuß, Schienbein, Schenkel, Hüfte, Bauch – vornehmen, sie animieren, und dann Sock laufen lassen, um sie zu einem, sich geschmeidig bewegenden Körperganzen zu verbinden.«

War Sock ein Hilfsmittel, um die einzelnen Punktgitter zu kombinieren, ermöglichte es Enveloping den Computeranimatoren, einzelne Punkte im *Inneren* eines Gitternetzes zu bewegen, um das An- und Entspannen von Muskeln zu simulieren. »Nachdem wir dieses Programm zum Funktionieren gebracht hatten«, erzählt Dippe, »konnten wir die ganze Haut kontrollieren. Wenn das Tier lief, sah man, wie die Muskeln sich anspannten, wir konnten Atmung simulieren, und uns gelangen schöne, geschmeidige Übergänge bei den Bewegungen der einzelnen Körperteile.«

Zu den anderen Neuerungen, die für *Jurassic Park* zur Anwendung kamen, gehörte auch ein Animationsprogramm, das von dem Programmentwickler SoftImage angeboten wurde. Das neue Programm erwies sich als deutliche Verbesserung der bis dahin verwendeten hierarchischen Animationsprogramme. »SoftImage ermöglichte es uns, Dinosaurierbewegungen auf natürlichere

Der Computergrafikanimator Geoff Campbell sieht seinen Kollegen bei der Szenenmontage zu: Jeanie Cunningham ist mit einem Raptor in der Rotunde beschäftigt, Tien Trwong mit dem T-Rex auf der Hauptstraße.

144 Jurassic Park

Oben links: Eine T-Rex-Armatur, die Tippett zur Herstellung seiner Animatics verwendete. DIDs – Dinosaur Input Devices – waren als Hilfsmittel für die Animatoren der Phil Tippett Company entwickelt worden, um ihnen einen leichteren Umgang mit den computergenerierten Dinosauriern zu ermöglichen. *Unten links:* Stuart Ziff schließt Sensoren an eine DID-Puppe an. *Unten rechts:* Die Systementwickler Craig Hayes und Bart Trickel mit dem T-Rex-DID.

Art zu erzeugen«, erläutert Dippe. »Bei der hierarchischen Computeranimation baut man zum Beispiel einen menschlichen Körper, indem man den Körper an der Hüfte verankert und dann Brust, Schultern, Hals und Kopf in dieser Reihenfolge dranhängt. Wenn man nun die Hüfte dreht, dreht sich alles oberhalb der Hüfte mit. Aber was ist, wenn wir diesen Körper gehen lassen wollen wie John Wayne, der sich in den Hüften wiegt, aber den Kopf dabei ganz gerade hält? Wir müßten dann in das Programm rein und den Kopf per Hand zurückdrehen. Hierarchische Animation ist eine Quälerei, weil dauernd Korrekturen nötig sind. SoftImage ermöglichte es uns, das Modell eher wie einen natürlichen Körper zu behandeln – wir konnten eine Bewegung eingeben, und das Programm glich dann automatisch alle Körperteile daran an. Ab und zu mußten wir schon noch rein und ein paar kleinere Korrekturen per Hand vornehmen, aber das war Lichtjahre von der alten Methode entfernt.«

Neben neuen Programmen war für das Projekt auch neue Hardware nötig – vor allem das DID, das Dinosaur Input Device, also ein Gerät zur Direkteingabe, das Phil Tippett und ILM gemeinsam entwickelt hatten. Das DID bestand aus einer Armatur mit Sensoren an jedem Drehpunkt, die Bewegungen aufzeichneten und auf das Drahtmodell auf dem Monitor übertrugen. Das DID diente hauptsächlich Tippett und seinen Stop-Motion-Animatoren als vertrautes und leicht zu bedienendes Mittel zur Manipulation der Computermodelle. »Das DID war eine wirklich gute Verschmelzung von zwei Techniken – der Stop-Motion und der Computeranimation«, bemerkt der Supervisor für visuelle Effekte, Dennis Muren.

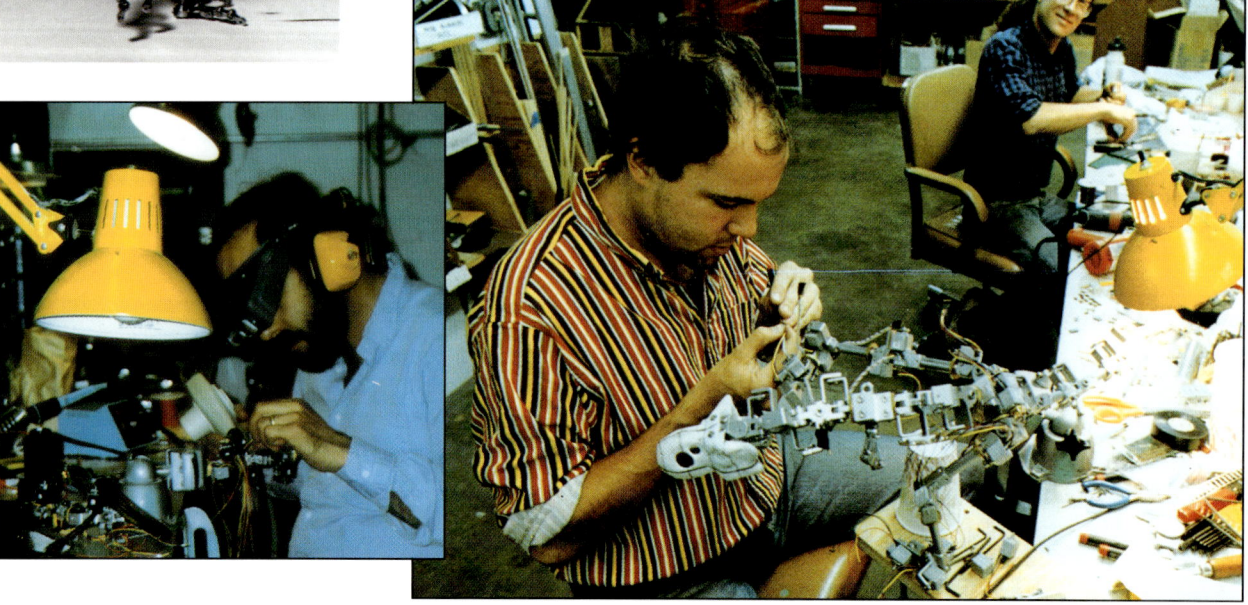

Das DID-Animationsteam: Phil Tippett, Jules Tippett, Tom St. Amand, Stuart Ziff, Craig Hayes, Bart Tickel, Randy Dutra und Adam Valdez.

»Eigentlich hatten Phil und ich schon vor drei oder vier Jahren darüber gesprochen, so etwas zu bauen – ein Gerät, das sich an der Stop-Motion orientiert –, weil Computer immer noch so schwer zu bedienen sind. Statt also die Stop-Motion-Animatoren zur Arbeit am Computer zu zwingen, bauten wir dieses hybride Gerät, das etwas ist, was sie anfassen und bewegen können. Phils Team baute die Hardware, und wir lieferten die Software. Das war eine Riesensache, allein schon, sich zu überlegen, wie wir diese Unmenge Daten von der beweglichen Apparatur in ein brauchbares Format bringen konnten, so daß man sie am Bildschirm ansehen und bearbeiten konnte.«

Ursprünglich arbeiteten Tippetts DID-Animationsteam und die Computeranimatoren von ILM Hand in Hand. Doch als das Projekt dann immer komplexer wurde, teilte man die Computergrafiksequenzen unter den beiden Teams auf. »Es wurde ziemlich unpraktisch, die beiden Verfahrensweisen in einer Sequenz zu mischen«, sagt Muren. »Es war viel sinnvoller, die Arbeit aufzuteilen. ILM machte schließlich die Schlußsequenz in der Rotunde und die Toursequenz mit dem Brachiosaurier und der Gallimimus-Herde. Phils Team konzentrierte sich auf den Angriff auf der Hauptstraße und die Raptoren in der Küche.«

Der erste computererzeugte Dinosaurier, den man im Film sieht, ist der Brachiosaurier, den die Wissenschaftler am Anfang ihrer Rundfahrt durch den Park beobachten. Die Aufnahmen für die Hintergrundprojektionen in dieser Szene waren von einem Filmteam von ILM in Hawaii gedreht worden. »Bei den Dreharbeiten in Hawaii standen wir ziemlich unter Druck«, erinnert sich Muren. »Immer wieder verschwand die Sonne, wir mußten uns deshalb beeilen, um alles in den Kasten zu bekommen, und das hieß, daß wir ziemlich improvisieren mußten. Ich habe schon oft genug mit Steven gearbeitet, um zu wissen, daß es nicht gut ist, wenn man alles zu sehr vorausplant, weil ihm viele Ideen erst am Set kommen. Zum Beispiel ist eine der schönsten Einstellungen in der Toursequenz die, in der die Kamera an Sam Neill und Laura Dern vorbei und dann am Hals des Brachiosauriers hochfährt. Der Brachiosaurier rupft dreizehn Meter über ihnen ein paar Blätter ab, und dabei rieseln Zweige und Blätter auf die beiden herunter. Diese Idee ist uns ganz spontan gekommen, und es ist eine großartige Aufnahme. Michael Lantieri hatte Draht an Äste gebunden, so daß man sie herunterziehen konnte und es aussah, als würde der Brachiosaurier daran zerren.« Vor diesem in Hawaii gedrehten Hintergrund sollte dann ein voll beweglicher, computergrafisch erzeugter Brachiosaurier montiert werden. Zur Herstellung der Computermodelle scannte das Computergrafikteam die vom Art Department im Stan Winston Studio entworfenen und gebauten Dinomodelle und ergänzte, wo es nötig war, das mit den so gewonnenen Daten erzeugte, digitale Modell mit zusätzlichen Punktgittern.

Zur Vorbereitung der Animation des fertigen Brachiosauriers studierte das Team Elefanten, und zwar sowohl auf Film wie in Wirklichkeit. »Wir gingen in ein paar Naturparks«, berichtet Tippett, »damit wir die Elefanten wirklich berühren und ihre Haut spüren konnten. Wir tasteten die Muskeln ab, um ein Gefühl dafür zu bekommen, wie sie funktionieren. Und was wir da lernten, wendeten wir für unsere Animationen an. Was die Bewegung angeht, ist der Brachiosaurier eine Mischung aus einem Elefanten und einer Giraffe – er hat die langen Schritte und die Anmut einer Giraffe, aber das Gewicht und die Masse eines Elefanten.«

Die rennende Gallimimus-Herde, die etwa in der Mitte des Films zu sehen ist, wurde ebenfalls im Computer erzeugt. Die Aufnahmen für die Hintergrundprojektionen dieser Szene hätten ursprünglich am letzten Drehtag auf Kauai

Zur Vorbereitung auf die Animationsarbeit studierten und fotografierten die Animatoren von ILM und Tippett lebendige Tiere in der Marine World und anderen Naturparks.

Computergrafik-Supervisor Stefen Fangmeier arbeitet zusammen mit dem Animator Eric Armstrong an der Animation eines computergrafischen Dinosauriermodells.

gefilmt werden sollen, doch dies wurde vom Hurrikan Iniki vereitelt. Ein Filmteam holte später diese Szenen an einem hektischen Wochenende auf der Nachbarinsel Oahu nach. »Es mußte alles sehr schnell gehen«, erinnert sich Muren, »und wir hatten wieder Probleme mit dem Wetter. Aber letztendlich erwies es sich als großer Vorteil, weil das Gelände in Oahu spektakulär war – viel besser als auf Kauai. Wir hatten dramatische Klippen mit einem schmalen Tal dazwischen, während das andere Aufnahmegelände nur eine leere Ebene gewesen war.«

Da die Sequenz mit der Gallimimus-Herde von Anfang an als Computergrafik geplant war, hatte der Animator Eric Armstrong bereits in der Anfangsphase der Beteiligung von ILM an *Jurassic Park* mit dem Bau der Modelle und der Animation der Herde begonnen. Um die vogelähnliche Schwarmbildung der Gallimimus-Tiere, bei deren Gestaltung der Strauß als Vorbild gedient hatte, zu betonen, konzentrierte sich Armstrong bei der Animation auf die Herde als Ganzes und weniger auf einzelne Tiere. »Im Buch wird darauf eingegangen, daß diese Tiere einen Schwarm bilden«, bemerkt Tippett, »und nicht nur herumrennen wie ein Haufen dämlicher Reptilien. Da man annimmt, daß sie die Vorläufer der Vögel waren, mußten sie sehr komplexe Mechanismen zur Schwarmbildung entwickelt haben. Die Art, wie die Herde sich als Gruppe bewegte, war deshalb sehr wichtig. Einzelne Tiere traten erst in den Vordergrund, als die Massenflucht bereits begonnen hatte. Eric hatte ein hübsches Szenario erarbeitet, in dem die Elterntiere die kleinen Gallis in der Mitte der Gruppe hielten, wie um sie zu beschützen. Solche Details erhöhten den Reiz der Szene ungemein.«

Wie die Gallimimus-Herde sollten anfangs auch die Raptoren die vogelähnlichen Charakteristika der Dinosaurier vor Augen führen. Tippett hatte sich für die Raptoren ursprünglich schnelle, zuckende Bewegungen vorgestellt, änderte aber dann dieses Konzept, als er sah, wie sich Winstons lebensgroße Puppen auf dem Set bewegten, und da Spielberg meinte, ihm sei ein etwas langsamerer, schleichender Räuber lieber. »Spielberg glaubte, die schnellen, abgehackten Bewegungen sehen zu sehr nach Stop-Motion-Animation aus«, erklärt Tippett. »Wir mußten uns auch an die lebensgroßen Puppen anpassen, die sich nicht so schnell bewegten, wie ich mir das vorgestellt hatte. Also ließen wir die vogelähnlichen Bewegungen schließlich sein.«

Spielbergs Absicht, die Tiere in langen Einstellungen zu zeigen, warf bei der Animation der Raptoren zusätzliche Probleme auf. »Das Verhalten dieser Tiere sollte über einen längeren Zeitraum zu sehen sein«, berichtet Tippett. »Aber was sollten sie in dieser ganzen Zeit *tun?* Es war okay, wenn sie eine bestimmte Aufgabe zu erfüllen hatten, etwa, auf einen Tisch springen, oder von Punkt A nach Punkt B gehen. Aber wenn sie nur dastanden, war es ein Problem, die Zeit mit interessantem Verhalten zu füllen. Ich hatte dann diese Idee mit dem Züngeln. Wir bauten das in alle unsere Animatics ein, und es war ein hervor-

Im Uhrzeigersinn: Randy Dutra, Craig Hayes und Tom St. Amand mit der DID-Raptor-Puppe. • St. Amand bedient das Raptor-DID. • Dutra mit dem T-Rex-DID.

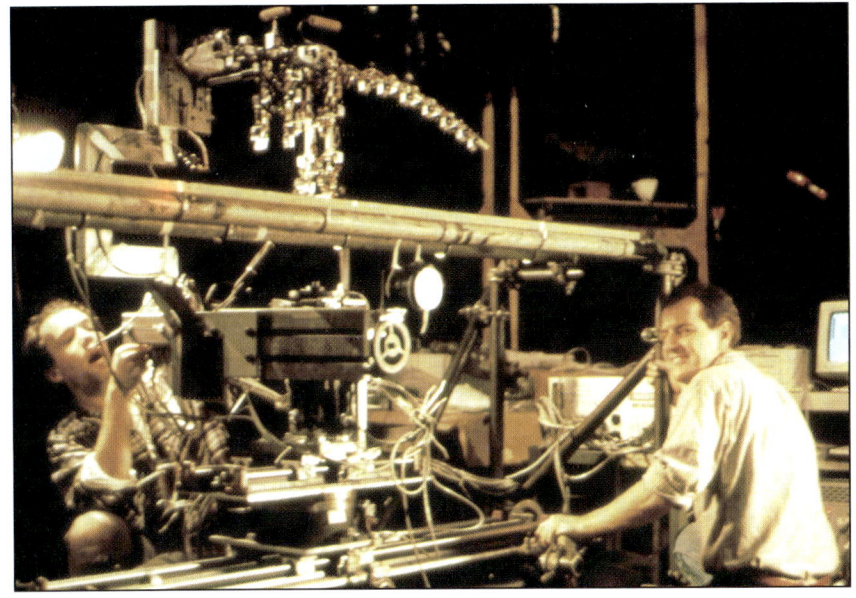 

Rechts: Randy Dutra bedient das Raptor-DID. *Links:* Craig Hayes und Nick Blake mit dem Raptor-DID samt dazugehöriger Apparatur.

ragender Zeitfüller – die Zungenbewegung konnte eine tote Szene wirklich beleben. Als aber Jack Horner, der Paläontologe des Projekts, das sah, sagte er nur: ›Was soll denn das? Raptoren haben das nicht getan! Sie waren anatomisch dazu überhaupt nicht in der Lage! Das ist ja schrecklich!‹ Und da wir in diesen Dingen so authentisch wie nur möglich sein wollten, haben wir das Züngeln wieder rausgenommen.«

Keiner der Computergrafik-Dinosaurier hatte eine so lange Vorbereitungszeit hinter sich wie der Tyrannosaurus Rex. Um die Möglichkeiten der computergrafischen Herstellung von Dinosauriern auszuloten, hatte der Animator Steve Williams die Gestaltung und Animation des T-Rex bereits zu seinem Lieblingsprojekt gemacht, als der Film noch in der Frühphase der Vorproduktion steckte. Spielberg, der ursprünglich davon ausgegangen war, daß die Dinosaurier mit einer Mischung aus Stan Winstons Puppen und Go-Motion-Techniken dargestellt werden müßten, hatte sich begeistert für die Alternative der Computergrafik entschieden, als er Williams erste Testaufnahmen sah.

Ursprünglich sollte der computererzeugte T-Rex nur in der Angriffssequenz auftreten und zwar bei den Totalen mit dem vollständigen, laufenden Tier, was mit Winstons Puppen nicht bewerkstelligt werden konnte. »Bei dem Angriff auf der Hauptstraße zeigt die Computergrafik den ganzen T-Rex«, sagt Muren, »und dann gibt es noch eine Aufnahme, in der man die untere Hälfte des T-Rex am Auto vorbeigehen sieht – eine extreme Nahaufnahme. Ursprünglich hatten wir ein wenig Angst vor solchen Nahaufnahmen, doch schließlich konnten wir die ästhetischen Probleme lösen, die sie mit sich brachten, wie zum Beispiel die Frage, wie die Haut des Tieres bei Bewegungen das

Licht reflektiert. Diese künstlerischen Aspekte sind in der Computergrafik nur sehr schwer zu bewältigen, weil sie nicht den richtigen Fluß der Bewegungen dazustellen vermag. Außerdem mußten wir darauf achten, daß unser Material zu Stans paßte – was es auch tat. Niemand wird einen Unterschied bemerken, außer vielleicht Stan. Die Beleuchtung ist in einigen Einstellungen minimal anders, aber auch Schauspieler sehen in einem Film von Szene zu Szene nicht immer gleich aus. Ich glaube deshalb, die Leute werden überzeugt sein, daß alles dasselbe ist – und daß es realistisch ist.«

Ermutigt von den Fortschritten des Computergrafikteams entwarf Spielberg schließlich einen neuen Schluß, in dem computererzeugte Raptoren sich in der Rotunde des Besucherzentrums mit dem ebenfalls computererzeugten T-Rex einen wüsten Kampf liefern. Obwohl die sehr detailgenauen Computermodelle Nahaufnahmen durchaus standgehalten hätten, beschränkte sich der Regisseur für diese Sequenz größtenteils auf Totale. »Ich hatte das Gefühl, es sei wichtig, die relative Größe und den Umfang des T-Rex zu zeigen«, erläutert Spielberg. »Im Gegensatz zur Angriffssequenz auf der Hauptstraße, wo ich ein Gefühl der Klaustrophobie erzeugen wollte, erschien mir der Schluß in der Rotunde eindrucksvoller und spektakulärer, wenn die Kamera auf Distanz blieb.«

Bis zum 28. Mai wurden noch computererzeugte Elemente in den Film eingefügt. Spielberg, der in Polen *Schindler's List* drehte, hielt sich über sein Produktionsteam bei Amblin ständig über die computergrafischen Fortschritte auf dem laufenden. »Wir überspielten die Aufnahmen von Computer auf Video, um die Dinosaurierbewegungen, das Licht und den Gesamteindruck zu analysieren«, erzählt der Koproduzent Colin Wilson. »Dann schickten wir Steven die Kassetten, damit er sie sich ansehen konnte. War er zufrieden, überspielten wir das Material auf Film, und für die endgültige Zusammenstellung holten wir uns dann noch einmal sein Okay. Anfangs passierte das im Wochenrhythmus, doch zum Ende hin gab es dann beinahe täglichen Kontakt.«

Als Industrial Light and Magic die letzte Einstellung ablieferte, hatte die Firma mehr als zwei Jahre an *Jurassic Park* mitgewirkt. Obwohl mühselig und arbeitsintensiv, war es doch eines der aufregendsten Projekte gewesen, die das Studio je übernommen hatte, und als nun der Filmstart näherrückte, herrschte unter den Beteiligten helle Begeisterung bei dem Gedanken an die zukünftigen Anwendungsmöglichkeiten der Computergrafik – und an die Wirkung von *Jurassic Park*. »*Jurassic Park* wird für jeden ein umwerfendes Erlebnis sein«, prophezeit Mark Dippe. »Und ein sehr wichtiger Film im Hinblick auf filmische Techniken. Dinosaurierfilme waren schon immer die klassischen Spezialeffektefilme. Und im Lauf der Jahre wurden dafür eine Menge verschiedener Effektetechniken entwickelt – Stop-Motion, Knetpuppenanimation, Männer in Gummianzügen, mit Seilzügen bewegte Puppen, funkgesteuerte Puppen, Go-Motion … und jetzt die bewegte Computeranimation. Mit *Jurassic Park* haben

Janet Healy, Dennis Muren und Phil Tippett diskutieren via Satellit mit Spielberg.

Der ILM-Animator James Strauss arbeitet an T-Rex- und Raptor-Bildern für die Schlußsequenz in der Rotunde. Alle Dinosaurierbilder in diesem Finale sind computererzeugt. Im Hintergrund der Computergrafik-Supervisor George Murphy.

wir etwas geschaffen, das eine neue Stufe in der Entwicklung von künstlich erzeugten Wesen darstellt.«

Sogar Dennis Muren, der alte Hase, der dem Gedanken einer Erzeugung der Dinosaurier mit Hilfe von Computern eher skeptisch gegenübergestanden hatte, war angenehm überrascht von dem Ausmaß, in dem *Jurassic Park* seine Erwartungen übertraf. »Als wir mit *Jurassic Park* anfingen, hatte ich eigentlich nicht erwartet, daß die Computergrafik-Dinosaurier so spektakulär sein würden. Ich dachte mir: ›Okay, unsere Dinosaurier werden vielleicht ein bißchen besser sein als die, die wir bisher zu sehen gekriegt haben.‹ Aber diese Dinosaurier sind total anders als alles, was man je gesehen hat – ich bin wirklich fasziniert.«

Vermutlich konnte niemand die Wirkung des mit *Jurassic Park* Erreichten besser beurteilen als Phil Tippett. Tippett war zu dem Projekt gestoßen mit der Absicht, seine in langen Jahren perfektionierten Fähigkeiten als Stop-Motion-Animator einzubringen, doch abgeschlossen hatte er es mit der Überzeugung, daß *Jurassic Park* einen Wendepunkt in seiner Karriere markierte. »Die Leute haben mich gefragt: ›Und wie geht's jetzt weiter?‹ Ich glaube, das hängt davon ab, welche Art von Filme in der Zukunft gemacht werden. Im Augenblick muß man schon ein Steven Spielberg oder ein James Cameron sein, um sich diese Art von Technologie leisten zu können. Ich hoffe deshalb, daß es immer noch Produktionen geben wird, in denen traditionelle Stop-Motion-Methoden zum Einsatz kommen. Es war eine großartige Erfahrung, mit dieser hypermodernen Technologie zu arbeiten, aber ich habe auch meine Probleme damit. Für mich war es nie wichtig, Sachen lebensecht aussehen zu lassen, was ja bei der

Der Computergrafik-Supervisor Stefen Fangmeier, der Supervisor für Spezialeffekte Dennis Muren und der Computergrafik-Künstler Steven Rosenbaum diskutieren über die Ausleuchtung eines Raptors für die Schlußszene in der Rotunde.

Computergrafik ein Hauptkriterium ist; mir hat es immer gefallen, daß Dinosaurier irgendwie unecht aussehen. Aber die Tatsache, daß wir ein weiteres technisches Hilfsmittel gewonnen haben, ist großartig, weil es uns mehr Flexibilität gibt. Wenn die Computergrafik erst einmal einfacher zu bedienen und billiger ist, wird sie wirklich von großem Nutzen sein.«

In einem üppig grünen Tal, knapp zwanzig Minuten von Industrial Light and Magic entfernt, liegt die Skywalker Ranch, ein Gebäudekomplex für Filmproduktionen, den sich George Lucas im Anschluß an seinen phänomenalen Erfolg mit *Krieg der Sterne* und dessen Fortsetzungen gebaut hatte. Unter anderem residiert dort auch Skywalker Sound, eine Firma, die von Lucas gegründet wurde, um die dynamischen Toneffekte für *Krieg der Sterne* zu produzieren. Seitdem hat Skywalker Sound für Filme wie die *Indiana-Jones*-Trilogie, *Terminator 2, Backdraft – Männer die durchs Feuer gehen* – und *JFK* die Klangeffekte und die Tonmischung besorgt und sich damit viele Auszeichnungen und allgemeine Anerkennung erworben.

Wegen ihres guten Rufs in der Filmindustrie und wegen ihrer erfolgreichen Zusammenarbeit mit Steven Spielberg in der Vergangenheit, war Skywalker Sound die erste Wahl für die Tonbearbeitung von *Jurassic Park*. Zu diesem Auftrag gehörte Ungewöhnliches – wie etwa die Produktion aller exotischen Geräusche und der Laute der Dinosaurier – aber auch Alltäglicheres wie das Ersetzen von Dialogzeilen. Zusätzlich sollte das Tonstudio Geräuscheffekte produzieren, die nichts mit den Dinosauriern zu tun hatten, und alle Elemente des Filmtons, darunter auch die Musik, zu einem zufriedenstellenden Ganzen abmischen.

Die Leiter dieses Projekts waren der Sounddesigner Gary Rydstrom und der Tonmeister Richard Hymns. »Meine Arbeit begann mit dem Ende des Filmschnitts«, erklärt Richard Hymns. »Ich koordiniere den Tonschnitt für die verschiedenen Teile des Films: den Schnitt der Toneffekte und der Sprachaufnahmen, den Schnitt der nachträglich produzierten Sprachaufnahmen und so weiter.« Seine Mitarbeiter waren als Verantwortliche für die Tonmischung Gary Summers und als Sounddesigner Gary Rydstrom – beide Oscar-Gewinner für *Terminator 2*.

Auch in einer Zeit, in der das Publikum sich in filmtechnischen Dingen sehr gut auskennt, wissen die meisten Kinobesucher nicht, in welchem Ausmaß Ton und Geräusche eines Films erst lange nach dem Abdrehen aufgenommen und eingemischt werden. »Die Leute gehen ins Kino und glauben, daß das, was sie hören, das ist, was am Set bei den Dreharbeiten aufgenommen wurde«, bemerkt Hymns. »Aber für Tonaufnahmen beim Drehen gibt es viele Beschränkungen. Da ist zum einen natürlich die Frage der Sicherheit, und vor allem bei Explosionen und Zusammenstößen ist mit Livetonaufnahmen wenig zu holen. Da man die Leute schützen will, ist es nicht möglich, richtiges Glas zu verwenden oder echte Autozusammenstöße zu inszenieren. Und deshalb fügen wir diese Geräusche erst während des Tonschnitts ein.«

Zusätzlich zur Produktion der Geräuscheffekte für die Actionsequenzen nahmen die Tonmeister auch die Dialogteile neu auf, die beim Drehen nur unzulänglich aufgenommen worden waren. »Bei *Jurassic Park* hatten wir Glück, weil der Toningenieur bei der Dialogaufnahme am Set sehr gut gearbeitet hat. Wir mußten nur etwa fünfhundert Zeilen Dialog ersetzen, was für diese Art von Film nicht viel ist. Bei *Backdraft* mußten wir ungefähr zweieinhalbtausend Zeilen ersetzen, weil es wegen der Brände am Drehort so viele Hintergrundgeräusche gab. Da *Jurassic Park* in einem schallisolierten Studio gedreht wurde, konnten sie den Ton viel besser kontrollieren.«

Hymns hatte sofort erkannt, daß für den Film ein exotisches akustisches Ambiente nötig sein würde, und war deshalb bereits kurz nach Übernahme des Auftrags im Januar 1992 nach Australien gereist, um dort im Regenwald ungewöhnliche Geräusche zu sammeln. »Zwei Monate lang habe ich in Australien aufgenommen«, erinnert sich Hymns. »Wir gingen davon aus, daß authentische Geräusche aus Costa Rica nicht nötig waren, da ja auf dieser Insel Pflanzen und Tiere vorkommen sollten, die seit Millionen von Jahren ausgestorben sind; es erschien uns deshalb einleuchtend, daß es dort auch Vögel und Insekten aus einem anderen Zeitalter gibt. Ich konnte jede Menge fremdartiger Geräusche aufnehmen, die man hört, wenn man weiß, jetzt passiert gleich was Schlimmes.«

Darüber hinaus waren aber auch noch weniger ausgefallene Toneffekte nötig, wie etwa die Geräusche der Tourfahrzeuge, die in der Geschichte einen elektromagnetischen Antrieb, in Wirklichkeit aber einen Verbrennungsmotor hatten. »Wir mußten die Geräusche des Verbrennungsmotors durch das Geräusch eines Elektromotors ersetzen. Ich hatte mir extra für diesen Zweck ein kleines Archiv mit Geräuschen von Elektromotoren zusammengestellt. Wir nahmen auch fahrende und anhaltende Jeeps auf, Türen, die sich öffneten und schlossen, jede Menge Regengeräusche – Regen auf Leinwand, Regen auf Blättern. Wenn wir einen großen Film wie diesen bekommen, gehen wir lieber raus und nehmen alles neu auf, obwohl wir viele der Geräusche bereits in unserem Tonarchiv haben. Denn allmählich erkennen die Leute aus dem Gewerbe, aus welchem Tonstudio oder von welchem Tonmeister die Geräusche eines Films stammen. Wir versuchen, die unseren so oft wie möglich zu verändern, damit wir nicht in eine langweilige Routine mit immer gleich klingenden Schuß- oder Unfallgeräuschen kommen. Wir haben lieber alles so frisch wie möglich.«

Der vielleicht kreativste Aspekt der Tonbearbeitung war die Erzeugung der verschiedenen Schrei-, Grunz-, Heul- und Brüllgeräusche der Dinosaurier. Wie schon bei der visuellen Darstellung der Dinosaurier, war auch bei der Erzeugung ihrer Laute Wirklichkeitsnähe von entscheidender Bedeutung. Spielberg ermutigte Gary Rydstrom dazu, ein breites Spektrum von Lauten herzustellen, mit denen man die Vielschichtigkeit dieser Tiere unterstreichen konnte. »In früheren Dinosaurierfilmen hört man dasselbe Brüllen immer und immer wieder«, bemerkt Rydstrom. »Für *Jurassic Park* wollten wir ein reichhaltigeres natürlicheres Vokabular für diese Tiere entwickeln – Atmen und Schnauben, ja sogar die Geräusche auf- und zuklappender Lider und sich blähender Nüstern. Wir bemühten uns, alles vollkommen glaubhaft zu machen.«

Zur Vorbereitung dieses Projekts arbeitete Rydstrom sich in paläontologische Theorien für die Lauterzeugung der Dinosaurier ein. »Ich fand heraus, daß es viele Dinge gibt, die die Wissenschaftler einfach nicht wissen. Beim Brachiosaurier zum Beispiel macht es einen gewaltigen Unterschied für die Art von Tönen, die er produzieren konnte, ob der Kehlkopf am Anfang oder am Ende des Halses plaziert war. Spielberg sagte mir, ich solle alle Dinosaurierlaute glaubhaft animalisch machen – und zwar so, daß die Leute sie mit bekannten Lauten in Verbindung bringen können. Wir mußten also etwas liefern, das neu und anders und gleichzeitig so vertraut war, daß die Leute glauben, diese Dinger existieren wirklich. Wir durften uns deshalb für die Dinosaurierlaute nichts zu Ungewöhnliches einfallen lassen, auch wenn man es wissenschaftlich hätte rechtfertigen können, weil das Publikum in der Lage sein muß, eine Verbindung mit den Tieren herzustellen.«

Schon Wochen vor Drehbeginn nahm Rydstrom eine Reihe vorläufiger Brüll- und anderer Sauriergeräusche auf, um das Puppenspiel mit den Tieren auf dem Set zu erleichtern. »Wir sahen uns die Videomatics an und bekamen eine Ahnung davon, wie die Dinosaurier aussehen und sich bewegen würden, und anschließend unterlegten wir die Aufnahmen mit Geräuschen, um herauszufinden, was funktionierte. So hatten die Puppenspieler, als sie die Tiere auf dem Set bewegten, bereits eine Ahnung davon, welche Geräusche sie machen würden. Sie mußten wissen, wie lange das Maul für einen Schrei aufgerissen sein mußte, was für eine Struktur dieser Schrei hatte. So dachten sie sich zum Beispiel eine Kehlkopfbewegung für die gutturalen Schnalzgeräusche der Raptoren aus. Die visuelle und die lautliche Entwicklung der Dinosaurier ging also Hand in Hand.«

Jede der Dinosauriergattungen, die in dem Film vorkommen, stellte Rydstrom vor spezifische Probleme. Zu den kompliziertesten gehörte der Tyrannosaurier. »Kein Tier in der wirklichen Welt hatte eine Bandbreite von Lauten, die umfangreich genug war, um alles abzudecken, was der T-Rex produzieren sollte«, berichtet Rydstrom. »Also benutzten wir eine Kombination von Lauten existierender Tiere, um die Geräuschvariationen des T-Rex zu erzeugen. Dazu gehörten Elefanten-, Alligatoren, Pinguin-, Tiger- und Hundegeräusche, die zusammengemischt wurden. Für das Brüllen nahmen wir einen jungen Elefanten auf, der einen trompetenähnlichen Schrei produzierte. Wir benutzten den für die mittleren Frequenzen und fügten dann ein Tigerbrüllen und das Knurren eines Alligators hinzu. Alligatoren produzieren ein unglaublich tiefes, abgehacktes Knurren, das wir für die tiefen Frequenzen verwendeten. Der

Unten links: Das Tonschnitt-Team von Skywalker Sound in San Raffael. *Unten:* Der Sounddesigner Gary Rydstrom und der Tonmeister Richard Hymnes.

amüsanteste Aspekt des T-Rex war sein Atmen. Ich glaube, mit dem Atmen konnten wir einen viel stärkeren Eindruck von seiner Größe vermitteln als mit dem Brüllen. Wir haben dazu Blasgeräusche von Walen aufgenommen, die ich dann zu einem Atemrhythmus zusammenmontierte, um diese tiefen, sonoren Atemzüge zu erzeugen.«

Auch die Raptoren-Laute waren eine Kombination aus verschiedenen realen Tiergeräuschen. »Die Raptoren mußten klingen, als würden sie Intelligenz besitzen – was lautlich bedeutete, daß sie eine größere Bandbreite von Geräuschen produzieren sollten, so als hätten sie eine gewisse Fähigkeit zur Kommunikation untereinander. Wir kamen schließlich auf ein kehliges Schnalzen, das ein Freund von mir mit seiner Stimme produzierte. Er konnte krächzend schnalzen, und als wir das verlangsamten, klang es sehr interessant und guttural. In Marine World nahmen wir auch Delphine unter Wasser auf. Die stießen hin und wieder diese bizarren Schreie aus, die wirklich schrecklich und schrill klangen, und die wurden dann zum Hauptelement für den Angriffsschrei des Raptors. Daneben nahmen wir für den Raptor auch noch das Zischen von Gänsen auf. Wir hatten da ein paar wirklich gemeine Gänse entdeckt – die zischten nicht nur, die schrien. Für die Szene, in der die zwei Raptoren Muldoon jagen, gaben wir dem einen den Gänseschrei und dem anderen den Delphinschrei, einfach um ihnen unterschiedliche Identitäten zu geben. Für ihre Atemgeräusche nahmen wir Pferde auf, und wir fanden auch einen afrikanischen Kranich, der einen interessanten Paarungsschrei ausstieß, und der machte sich sehr gut für die Verständigung der Raptoren untereinander.«

Auch die Laute des Giftspuckers erhielten vogelähnliche Eigenschaften, wobei Schwanenrufe die Grundlage bildeten – vor allem für die Szene, in der Dennis Nedry das kleine Tier fälschlicherweise als harmlos einschätzt. Als dann die Atmosphäre der Szene umschlägt und plötzlich die tödliche Natur des Giftspuckers deutlich wird, verändert sich auch die Lautqualität des Tiers. »Wir benutzten einen Reiher, der einen krächzenden Ruf hat, für den Angriffsschrei des Giftspuckers. Mit meiner eigenen Stimme fügte ich dann noch ein krächzendes Geräusch hinzu, um dem Schrei mehr Volumen und Gewicht zu geben. Das Vibrieren der Halskrause unterlegten wir mit einem Rasseln, das in Wirklichkeit von einem exotischen Insekt stammte. Unsere Absicht war es, an den Beginn der Sequenz diese harmlosen hohen Töne zu setzen, und sie dann gemein und bedrohlich werden zu lassen.«

Für die Brachiosaurier wich Rydstrom von wissenschaftlichen Erkenntnissen ab, um Spielbergs Vorstellung von den eleganten Riesen besser unterstützen zu können. Aus Unterhaltungen mit Paläontologen wußte er, daß Brachiosaurier vermutlich nur sehr begrenzte stimmliche Fähigkeiten besessen hatten. »Große Tiere, wie zum Beispiel Giraffen, produzieren im allgemeinen nicht viele Laute. Aber die Brachiosaurier vermitteln im Film einen starken Eindruck von Zauber und Schönheit, und deshalb gaben wir ihnen eine wunderschöne, melodische Stimme. Wir fingen mit Walgesängen an, weil Wale auf ähnliche Weise Größe und Anmut miteinander verbinden. Außerdem dehnte ich einige Eselsschreie und gab ihnen ein Echo, um sie melodischer klingen zu lassen. Wichtig war, daß die Rufe der Brachiosaurier eine Struktur erhielten, damit es so klang, als würde einer rufen und ein anderer antworten. Das größte Problem mit den Brachiosauriern war, daß Grant sie im Film nachmacht. Wir produzierten also erst den Ruf und mußten uns danach jemanden suchen, der ihn nachmachen konnte.«

Nachdem Gary Rydstrom einen so wichtigen Beitrag zur Dinosauriercharakterisierung geleistet hatte, äußerte er sich begeistert über seine Mitarbeit an *Jurassic Park*. »*Jurassic Park* ist der Traum eines jeden Tontechnikers. In gewisser Hinsicht war der Film ein klassisches Projekt, fast so, als würde man an einem *King Kong* oder einem anderen Ray-Harryhausen-Film mitarbeiten – was den Ton anging, folgte er einer Tradition. Aber er war auch sehr anders gegenüber diesen früheren Filmen, weil er viel realistischer war. Er sah glaubwürdiger aus und mußte deshalb auch glaubwürdiger klingen.«

Nicht weniger wichtig war die Filmmusik. Traditionell müssen Tontechniker und Komponist unabhängig voneinander arbeiten, sie haben bis zur endgültigen Abmischung nur wenig oder gar keinen Kontakt. Für *Jurassic Park* brach man allerdings mit dieser Tradition und bezog den Komponisten in den Arbeitsprozeß mit ein. »In der Vergangenheit«, erklärt Richard Hymns, »machten sich Tonmeister und Komponist getrennt an die Arbeit. Der Musiker schrieb irgendwo seine Partitur, und wir arbeiteten in unserem Tonstudio. Zum Abmischen traf man sich dann und stieß unweigerlich immer auf Stellen im Film, wo die Toneffekte und die Musik nicht zusammenpaßten. Wir setzten uns deshalb schon früher mit John zusammen und mischten die Geräusche für die wichtigsten Szenen provisorisch ab, damit er einen Eindruck bekam von dem, was wir taten. So konnten wir Unstimmigkeiten vermeiden und uns außerdem gegenseitig ›Löcher‹ freilassen, damit wir uns nicht mehr zu sehr in die Quere kamen. Es war eine ziemlich neue Form der Zusammenarbeit, zumindest für mich.«

Der Komponist John Williams, ebenfalls ein langjähriger Weggefährte Spielbergs, schrieb die Filmmusik für *Jurassic Park*.

Ende Februar traf John Williams auf der Skywalker Ranch ein, um mit dem Komponieren der Filmmusik zu beginnen. Das Arrangement erwies sich als sehr vorteilhaft, nicht nur weil er so in unmittelbarer Nähe des Tonteams lebte, sondern auch, weil die Ranch dem Komponisten eine ruhige Arbeitsatmosphäre bot. Als bekanntester und höchstgeschätzter Filmkomponist unserer Zeit hat Williams in seiner mehr als vierzigjährigen Karriere über fünfundsiebzig Kinofilme musikalisch untermalt. Angesichts seiner langjährigen Verbindung zu Steven Spielberg und ihres gegenseitigen Respekts für die Arbeit des anderen, war seine Mitarbeit an *Jurassic Park* praktisch eine Selbstverständlichkeit. »Ich mag Steven wirklich sehr gern«, gesteht Williams. »Seit zwanzig Jahren arbeiten wir nun schon zusammen, und in dieser Zeit ist meine Bewunderung für ihn als Menschen und als Filmemacher beständig gewachsen. Zwischen uns herrscht eine Art Symbiose wegen der Filme, an denen wir gemeinsam gearbeitet haben. Steven könnte selbst ein Komponist sein. Er hat dieses Rhythmusgefühl in seinem ganzen Wesen, und ich glaube, das ist auch das großartige an seiner Art des Regieführens – dieses rhythmische, kinetische Gespür. In der Art, wie er einen Film dreht, spürt man ein An- und Abschwellen von Kräften.«

Obwohl Williams den Auftrag, die Filmmusik zu *Jurassic Park* zu schreiben, schon sehr früh bekommen hatte, hatte er sich absichtlich von dem Projekt ferngehalten, bis es kurz vor dem Abschluß stand: »Ich finde es im allgemeinen besser, das Skript nicht zu lesen. Ein Drehbuch zu lesen und dann den Film zu sehen, das ist fast so, als würde man einen Roman lesen und sich dann die Filmversion dieses Romans ansehen – es sieht nie so aus, wie man es sich vorgestellt hat. Ich ziehe es vor, nicht zu wissen, worum es geht; ich gehe lieber in einen verdunkelten Raum, sehe mir die Rohfassung an und erlebe den Film so, wie er als Film ist.« Eingespielt wurde die Filmmusik – mit großem Orchester – Ende März, wobei Kathy Kennedy in Spielbergs Abwesenheit die Arbeit überwachte. Kennedy hielt Spielberg auf dem laufenden, indem sie die Aufnahmen jedes Tages auf Digitalkassetten überspielen ließ und sie dem Regisseur schickte, um sie von ihm freigeben zu lassen.

Nach Abschluß der Musikaufnahmen stand als letzte Aufgabe für die Tontechniker das endgültige Abmischen an. Das Mischen ist ein Prozeß, bei dem die verschiedenen Tonelemente – der Dialog, die Geräuscheffekte und die Musik – auf separate Spuren verteilt und dann zusammenmontiert werden. »Wir nehmen die Tonspur«, erklärt Richard Hymns, »die den ursprünglichen Dialog enthält, und verteilen den auf ein halbes Dutzend oder mehr Spuren, damit der Mixer jede Dialogzeile absolut unter Kontrolle hat. Dann machen wir das gleiche mit den Geräuscheffekten – wir trennen die Geräusche der Räder des Autos von den Motorengeräuschen, das Prasseln des Regens vom Rauschen des Windes, die Vogelgeräusche von den Insektengeräuschen, und so weiter. Am Ende haben wir dann bis zu hundert Spuren. Aufgabe des Mixers ist es nun, die richtige Lautstärke für jede Spur zu bestimmen, und sie dann alle so abzumischen, daß sie auf sechs Spuren passen, dem Format der Tonträger in den Kinos.«

Ende April war der Tonschnitt soweit abgeschlossen, daß man die endgültige Fassung Spielberg zur Kontrolle vorlegen konnte. Mehr als ein Jahr lang hatten die Leute von Skywalker Sound an dem Projekt gearbeitet, und doch war es unwahrscheinlich, daß irgend jemand außerhalb des Gewerbes sich deren Leistung bewußt machen würde. »Es ist eine etwas undankbare Aufgabe«, bemerkt Hymns philosophisch. »Wenn die Zuschauer etwas von unserer Arbeit merken, dann haben wir die Illusion zerstört, und wenn wir wirklich gut gearbeitet haben, merkt es keiner.«

Ende Mai war *Jurassic Park* fertig, mehr als rechtzeitig zum Filmstart in den USA am 11. Juni. Die Premiere wurde bereits ungeduldig erwartet: Kinofans freuten sich auf sie als den inoffiziellen Start der großen Spielfilmoffensive dieses Sommers; Liebhaber des Romans standen bereit, um zu prüfen, ob der Film Crichtons ursprünglicher Geschichte das Wasser reichen konnte; Paläontologiebegeisterte wollten sehen, ob nun endlich der definitive Saurierfilm gelungen war; und im Management von Universal stellte man sich die bange Frage, wie der Film an den Kinokassen im Vergleich mit den anderen filmischen Schwergewichten dieser Saison, wie etwa Arnold Schwarzeneggers *The Last Action Hero*, abschneiden würde. Vor allem aber fieberten Spielberg, die Produktions- und Designteams, die Schauspieler und die Filmcrew der Präsentation von *Jurassic Park* vor den eigentlichen Herren über Erfolg der Mißerfolg eines jeden Films entgegen – den Zuschauern.

Die Hoffnung aller an diesem Projekt Beteiligten auf eine begeisterte Aufnahme des Films hatte am allerwenigsten materielle Gründe. Viele hatten drei Jahre ihres Lebens diesem Film gewidmet, und jeder hatte hundert Prozent seines Talents und seiner Energie investiert. Mit weniger wäre die Herausforderung, die dieses Projekt darstellte, auch gar nicht zu meistern gewesen. »Beim ersten Lesen dieses Buches«, bemerkt Koproduzent Lata Ryan, »ging uns allen die gleiche Frage durch den Kopf: ›Wie, um alles in der Welt, sollen wir diesen Film machen? Es war eine gigantische, beinahe unlösbare Aufgabe für jeden von uns. Stan Winston hatte noch nie so riesige animatronische Figuren konstruieren müssen; Dennis Muren und das Team von ILM hatten noch nie so komplizierte computererzeugte Effekte produziert, wie sie dieser Film verlangte; Phil Tippett hatte noch nie diese Art von spartenübergreifender Arbeit mit Computergrafik gemacht; Michael Lantieri hatte noch nie Apparaturen für lebensgroße Dinosaurier konstruieren müssen; und Steven Spielberg hatte es sich noch nie zur Aufgabe gemacht, einen so großen Film so schnell fertigzustellen. Jeder von uns hatte bei *Jurassic Park* seine eigene Hürde, die er nehmen mußte, seine ganz persönliche Herausforderung – und jeder zeigte sich auf seine Art dieser Herausforderung gewachsen. Wir hatten die feste Absicht, Mittel und Wege zu finden, dieses wunderbare, gigantische und komplizierte Buch auf die Leinwand zu bringen – und wir haben es geschafft.«

TEIL IV

STORYBOARDS

Die Geschichte der Storyboards nahm ihren Anfang im Walt Disney Studio. Als Disney dort zu Beginn der dreißiger Jahre den Zeickentrickfilm revolutionierte, benutzten seine Studioartisten Skizzen, um ihre Geschichten zu strukturieren und jeder Produktion einen visuellen Rahmen zu geben, bevor die eigentliche Animation begann. Auf diese Weise war gewährleistet, daß die Vielzahl der an einem Projekt beteiligten Künstler denselben Blickwinkel und dasselbe Konzept vor Augen hatten.

Aus den gleichen Gründen wurden Storyboards zu einem wesentlichen Bestandteil der Produktion von Spezialeffekten, als die dazugehörige Technik sich weiterentwickelte und immer komplexer wurde. Heute verwenden viele Regisseure sie nicht nur für die Effekte, sondern auch für komplexe Actionsequenzen, bei denen visuelle Vorlagen hilfreich sind für die Chorcographie der Schauspieler vor der Kamera. Von einigen Regisseuren, und dazu gehört Steven Spielberg, weiß man, daß sie ihre Filme von der ersten bis zur letzten Szene auf Storyboards ausarbeiten lassen.

Für seine Adaption von *Jurassic Park* verwendete Spielberg Storyboards auf ganz ähnliche Weise wie die frühen Disney-Animatoren – als Mittel zur Strukturierung einer Geschichte und zur Entwicklung eines visuellen Rahmens. Unter der Leitung des Produktionsdesigners Rick Carter arbeitete ein Team von Künstlern – Ed Verreaux, Marty Kline, Tom Cranham, David Lowery und John Bell – anfangs ohne Drehbuch. Sie nahmen Schlüsselszenen direkt aus Michael Crichtons Roman und übersetzten sie in Bilder. Viele Entwürfe entstanden auch nach Strichmännchenskizzen des Regisseurs. Im Verlauf von Monaten, ja sogar Jahren, wurden die Storyboards umgearbeitet, immer detaillierter gestaltet und schließlich benutzten sogar die Drehbuchautoren sie zur Entwicklung der endgültigen Drehvorlage.

Hier nun eine Mappe mit diesen Storyboardksizzen.

DER ANGRIFF AUF DER HAUPTSTRASSE

Im Park: Halbtotale mit beiden Fahrzeugen.

Innenaufnahme vorderes Fahrzeug: Regis zeigt Tim das Nachtsichtgerät. Lex sitzt auf dem Rücksitz.

Lex sieht zum Seitenfenster hinaus.

Lex' Blickwinkel: Die Ziege, die im T-Rex-Gehege angebunden ist.

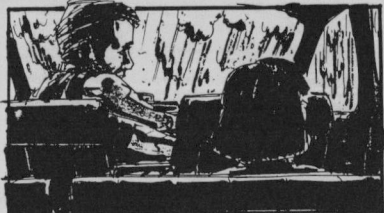

Weitwinkel über Lex' Schulter zu Regis. Tim hat sich hinter der Rückenlehne versteckt. Plötzlich …

… springt Tim mit dem Sichtgerät auf dem Kopf hoch –»Buh!«

Tim klettert zu Lex auf den Rücksitz und …

… stützt sich auf die Rückenlehne und sieht in die Kamera. Die Kamera fährt heran zu …

… einer Nahaufnahme von Tim. Er stellt das Nachtsichtgerät scharf.

Tims Blickwinkel mit Nachtsichtgerät – Tim justiert so lange, bis man den zweiten Explorer mit Grant und Gennaro deutlich erkennen kann.

Jurassic Park

Der zweite Explorer: Grant öffnet die Tür und hält eine Flasche in den Regen.

Innenaufnahme: Regenwasser füllt die Flasche.

Weitwinkelaufnahme von Grant und Gennaro …

Grant zieht den Arm ins Fahrzeug und trinkt aus der Flasche.

Im ersten Fahrzeug: Lex trommelt mit den Füßen gegen die Lehne des Beifahrersitzes … *bumm bumm* …Regis ruht mit geschlossenen Augen.

Tim dreht sich um. »Hör mal, spürst du das?« Er legt ihr die Hand aufs Knie, damit sie aufhört zu trommeln. – **Heranfahren zur Nahaufnahme von Tim.**

Tim nimmt das Nachtsichtgerät ab und …

… sieht nach unten zum Armaturenbrett.

Weitwinkel über Regis' Schulter zu zwei Gläsern auf dem Armaturenbrett. **Zoom auf die Gläser.**

Zoom auf Glas. Vibrationen setzen ein, hören auf, beginnen wieder. *Bumm! bumm* …

Das Wasser im Glas vibriert.

Nahaufnahme von Regis mit geschlossenen Augen.

Plötzlich öffnet Regis die Augen.

Nahaufnahme von Regis' Gesicht im Rückspiegel. **Zoom zum Spiegel.** Er vibriert. Kennkarte baumelt.

Aufnahme von Regis' Gesicht im vibrierenden Spiegel.

164 JURASSIC PARK

Regis: »Vielleicht ist es der Strom, der wieder anspringt!« Tim klettert auf Rücksitz.

Heranfahren an Tim, der sich das Nachtsichtgerät wieder aufsetzt.

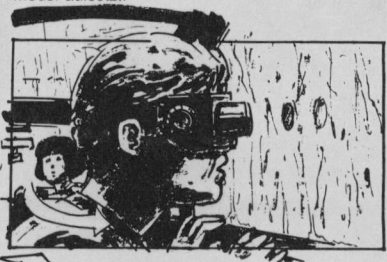

Nahaufnahme von Tim, der den Kopf dreht und zum Seitenfenster hinaussieht.

Blickwinkel mit Nachtsichtgerät: Die Kette ist noch da, aber die Ziege ist verschwunden!

Auf Lex, die sich umdreht. Man hört einen Knall aus dem Off.

Lex sieht zur Glaskuppel hoch.

Weitwinkel zum Dach: Ein Ziegenlauf landet auf der Kuppel.

Totale auf Auto mit Tim, der zum Seitenfenster hinaussieht. **Kamera fährt heran.**

Weiteres Heranfahren an Tim.

Nahaufnahme von Tim, der zum Fenster hinaussieht. **Noch weiter heran.**

Nahaufnahme: Tim reißt den Mund auf.

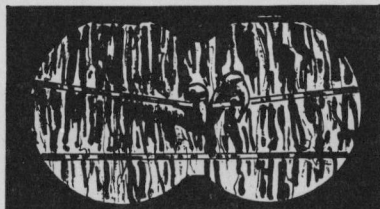

Tims Blickwinkel durch Nachtsichtgerät: Klaue auf Drähten des Zauns.

Tim nimmt Sichtgerät ab.

Nahaufnahme der Klaue. **Kamera fährt zurück.**

Kamera fährt weiter zurück: Blickwinkel über Tims Schulter auf Klaue auf Zaun.
Kamera schwenkt nach oben.

JURASSIC PARK **165**

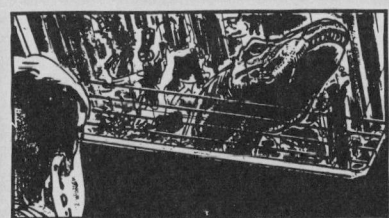
Nahaufnahme über Tims Schulter hinauf zum Dach – Rex am Zaun, Ziege hängt ihm aus dem Maul. Der Rex schluckt die Ziege auf einmal hinunter.

Regis gerät in Panik. Dreht sich zur Tür.

Regis öffnet Tür und rennt davon.

Totale auf die Fahrzeuge. Regis rennt an Grant und Gennaro im zweiten Fahrzeug vorbei.

Innenaufnahme zweites Fahrzeug. Grant im Vordergrund, dahinter Gennaro.

Grant dreht sich um. **Kamera fährt heran** zu ...

... Gennaro, der durch das Fenster auf den kippenden Zaun hinaussieht.

Tim und Lex sehen durch das Fenster auf den Zaun.

Über die Schultern von Tim und Lex, während der Zaun niedergedrückt wird. **Hochschwenken!** Das Schild wird gegen die Kuppel gedrückt.

Halbtotale auf das Fahrzeug. Der Zaun wird niedergedrückt.

Innenaufnahme Fahrzeug: Gennaro dreht den Kopf, sieht zum Fenster hinaus.

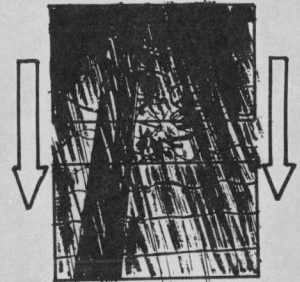
Gennaros Blickwinkel: Zerreißende Drähte.

Totale auf beide Fahrzeuge: Der T-Rex bricht durch den Zaun.

T-Rex steigt über die Barriere, auf die Straße und sieht zu den beiden Fahrzeugen.

Fuß des Rex schiebt sich in den Vordergrund.

Der Rex dreht sich in Richtung des zweiten Fahrzeugs.

Innenaufnahme zweites Fahrzeug: Grants und Gennaros Reaktion.

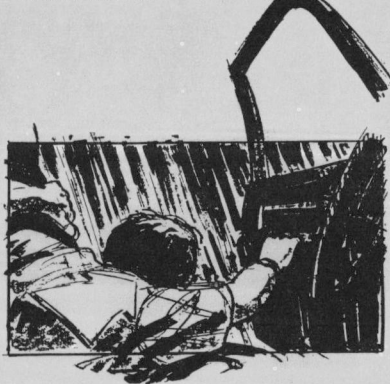
Tim beugt sich vor und zieht die Tür zu.

Nahaufnahme über Tims Kopf auf den Rex, der ins Bild kommt und zu Tim hinuntersieht.

Weitwinkelaufnahme Grant und Gennaro. Grant nimmt Funkgerät in die Hand.

Weitwinkel auf die Beine des T-Rex, der vor dem Fahrzeug vorbeigeht. **Schwenk zum** …

… Seitenfenster. Über Grants Schulter auf den vorbeilaufenden Rex.

Grant und Gennaro drehen sich um. Sehen zum Seitenfenster hinaus. **Kamera folgt ihrem Blick.**

Rex geht an Fenster vorbei. Das Auge des Rex ist zu sehen. Grant hebt das Funkgerät an den Mund.
»Bewegt euch nicht. Nicht bewegen.«

Innenaufnahme vorderes Fahrzeug: Lex stöbert herum, sucht Taschenlampe.

Lex findet Taschenlampe.

Weitwinkel über Lex mit Taschenlampe zu Tim.

JURASSIC PARK **167**

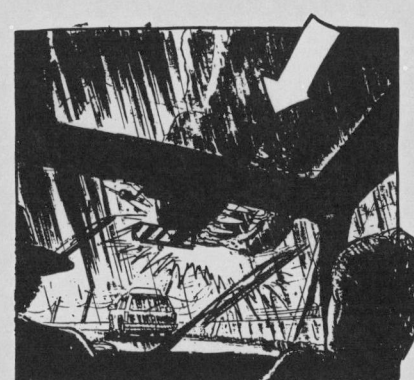

Weitwinkel über Grant und Gennaro. Der T-Rex bückt sich und schlägt gegen Windschutzscheibe. Dann ...

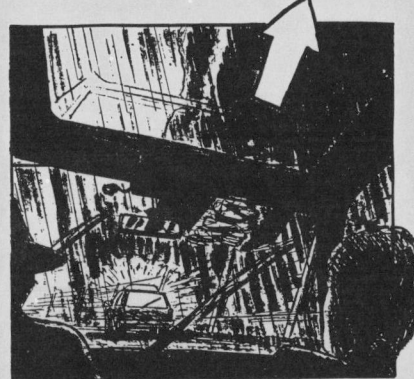

... bemerkt er das hin und her schwankende Licht im vorderen Fahrzeug. Der Rex hebt den Kopf und ...

... geht auf das vordere Fahrzeug zu.

Innenaufnahme vorderes Fahrzeug. Tim dreht sich um.

Tim beugt sich zu Lex. Versucht, ihr die Taschenlampe wegzunehmen.

Lex weicht aus. »Nein, das ist meine Taschenlampe.«

Der Rex schaut durch die Windschutzscheibe ins Fahrzeug. Schwenk mit dem T-Rex, als ...

... der am Seitenfenster vorbei weiter geht ...
Schwenk

Tim beobachtet den vorbeilaufenden T-Rex ...

Lex' Fenster: Das Auge des T-Rex ist deutlich zu sehen.

Tim dreht sich um und reagiert auf den T-Rex.

T-Rex hebt den Kopf aus dem Bild.

Kamera fährt hoch ...

fährt weiter hoch...

168 JURASSIC PARK

Kranfahrt Ende. Über Kopf des Rex auf Tim und Lex hinunter.

Von unten über Tim und Lex zum T-Rex hoch.

Nach unten: Taschenlampe scheint direkt in die Kamera, als Lex hochblickt und schreit.

Rex schlägt auf das Kuppeldach und drückt es in das Fahrzeug.

Die Kuppel fällt auf Tim und Lex.

Über Tim und Lex auf den herabstoßenden T-Rex.

Schräg von oben auf Tim und Lex. Der Rex stößt weiter herab.

Das Maul kommt direkt auf sie zu.

Naheinstellung am T-Rex vorbei auf Tim und Lex.

Der T-Rex drückt das Glas nach unten. Tim stemmt sich mit den Füßen gegen die Kuppel. Und …

Der Rex drückt die Kuppel noch weiter nach unten. Tim und Lex sind eingeschlossen.

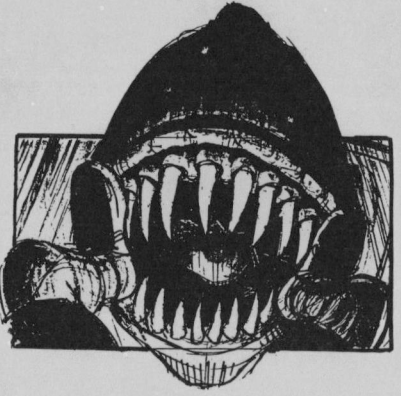

Tims Blickwinkel zwischen den Füßen hindurch auf den T-Rex.

Grants Reaktion.

Blickwinkel am Bein des T-Rex vorbei … Die Kinder starren entsetzt nach draußen.

Kamerawagen um das Bein des Rex herumfahren

Vorfahren bis zum Bildausschnitt zwischen den Beinen des Rex hindurch … Rex brüllt und …

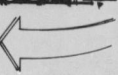

JURASSIC PARK **169**

senkt den Kopf und stößt gegen den Wagen ...

Der T-Rex stößt mit der Schnauze gegen die Flanke des Explorers.

Rex fängt an, den Explorer umzukippen.

Während die Kinder zur Kamera fallen, zerspringt das Glas, Splitter fliegen durch das Auto.

Der T-Rex stößt gegen die Flanke des Explorers.

Auto kippt um und ...

Innenaufnahme: Tim und Lex werden herumgewirbelt.

Durch die Drähte des Zauns: Der Rex fängt an, das Fahrzeug die Betonbarriere hinaufzuschieben.

Der Rex brüllt.

Weitwinkelaufnahme: Der T-Rex tritt auf das Chassis des Fahrzeugs und ...

unter der Wucht des Tritts zerspringt die hintere Scheibe.

Der T-Rex beugt sich über das Fahrzeug und reißt die Hinterachse heraus.

Reißt Kabel und Drähte aus dem Fahrgestell, dann ...

... stößt er ein zweites Mal zu.

170 JURASSIC PARK

Grants Reaktion.

Gennaros Reaktion.

Nahaufnahme des T-Rex, der an Reifen kaut.
Kamera fährt nach unten.

fährt weiter nach unten zu …

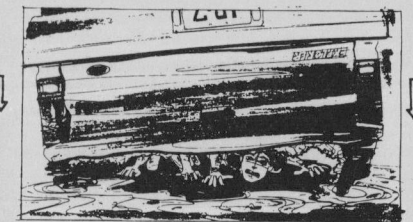
… Tim und Lex, die im Fahrzeug in der Falle sitzen.

Fahrzeugkabine knickt ein.

Der Explorer wird zusammengedrückt. Schlamm und Schmutzwasser dringen ein.

Kamera fährt zurück: Tim und Lex drehen sich um und fangen an zu krabbeln, während der Schlamm immer höher steigt, da der Rex das Fahrzeug niederdrückt.

Tim und Lex krabbeln durch Schlamm und Wasser nach vorn.

Der T-Rex bückt sich zum vorderen Teil des Fahrzeugs.

Ein Sitz fällt herunter und drückt Tim in den Schlamm.

Der T-Rex geht rückwärts, schleift den Explorer mit und schwenkt ihn nach rechts und links.

JURASSIC PARK **171**

Rex zieht den Scheinwerfer direkt zur Kamera.

Weitwinkel auf Grant: Springt aus dem Auto und …

… läuft vorwärts: Zündet einen Leuchtstab an und schwenkt ihn in Richtung Rex.

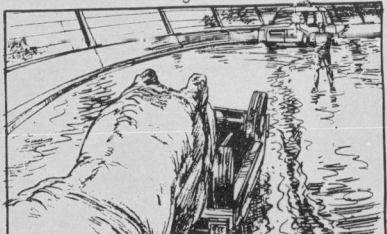

Kamera fährt hoch: Der T-Rex reagiert. Man sieht den Widerschein des Leuchtstabs.

Weitwinkel über Grant im Vordergrund auf den Rex: Grant kann ihn auf sich aufmerksam machen, dann …

… über den Rex auf Grant: Er wirft den Leuchtstab weg und …

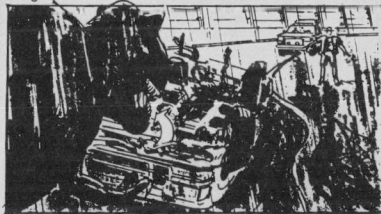
… der T-Rex dreht sich um … und …

Weitwinkel auf den Rex: bewegt sich auf den Leuchtstab zu.

Gennaro: zu Tode erschrocken – springt aus dem Auto …

… und rennt um sein Leben.

Malcolm rennt. Der T-Rex dreht sich um, sieht Malcolm und …

Kamera rückwärts mit Malcolm.

T-Rex nimmt Verfolgung auf, stößt dabei Grant zur Seite. **Kamera fährt weiter zurück.**

Mit Steadicam zurück mit Malcolm – von unten schräg nach oben auf den verfolgenden T-Rex. (Toilettenschild wirbelt dabei durch das Bild.)

172 Jurassic Park

Kamera fährt zurück, in die Toilette hinein.

fährt weiter zurück: T-Rex knapp hinter Malcolm.

Innenaufnahme Toilette: Gennaro versteckt sich in Kabine, schließt die Tür. Raum schwankt.

Raum schwankt weiter.

Man hört das Keuchen des T-Rex immer näher kommen. Raum schwankt.

T-Rex schiebt Malcolm durch die Tür.

T-Rex schiebt Malcolm vorwärts, versucht ihn zu beißen. Daß Toilettenhäuschen stürzt ein.

Nach oben auf das Dach, das ins Bild hineinstürzt.

Dach stürzt weiter in das Bild hinein, **dann Schnitt.**

Malcolm wird unter den Trümmern begraben.

Malcolm liegt bewußtlos in Bildmitte, die letzte Wand stürzt ein und zeigt ...

... Gennaro, der auf der Schüssel sitzt.

Bein des Rex kommt ins Bild. Gennaros Reaktion.

Näher: Gennaro schreit.
(Im Vordergrund Maul des Rex.)

JURASSIC PARK 173

Grant stürzt zum Fahrzeug, um nachzusehen, ob die Kinder verletzt sind.

Kamera fährt darauf zu.

Grant kauert am Boden, sieht zu den Kindern hinein.

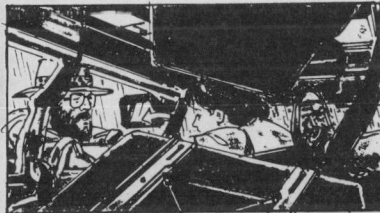

Innenaufnahme Fahrzeug: Lex: »Dr. Grant!«

Grant zieht Lex aus dem Fahrzeug. **Kamera fährt näher heran** … »Tim ist bewußtlos, er rührt sich nicht..«

Grant: »Alles in Ordnung, Lex?«

Lex schreit. Grant dreht sich um.

Grant hält Lex den Mund zu.
Grant: »Er kann uns nicht sehen, wenn wir uns nicht bewegen … Keinen Ton.«

Sie starren an der Kamera vorbei … und …

Grant hält Lex den Mund zu, als ein großer Fuß des Rex im Vordergrund auftrifft.

Grant und Lex im Vordergrund: Kopf des Rex senkt sich ins Bild, schnuppert am Fahrzeug.

Der Rex dreht den Kopf zu Grant und Lex und bläst schnaubend Grant den Hut vom Kopf.

Der Rex zieht sich zurück, verschwindet aus dem Bild.

Der T-Rex senkt den Kopf, sucht nach Lebenszeichen. Grant und Lex sitzen regungslos da.

Der Rex stößt den Explorer mit der Schnauze an. Fahrzeug schaukelt, Lex und Grant lassen sich zu Boden fallen.

174 JURASSIC PARK

Kamera hinter den Füßen des T-Rex: Grant und Lex krabbeln davon, um vom Auto wegzukommen.
Heranfahren zwischen den Füßen des T-Rex.

Näher heran zwischen den Füßen hindurch auf die krabbelnden Grant und Lex.

Heranfahren, so daß rotes Hecklicht durch das Bild wischt.

Grant und Lex rollen ab (und verschwinden aus dem Bild.)
Kamera fährt seitwärts, um den Schauspielern zu folgen.

»Schauspieler« setzen sich auf, kommen so wieder ins Bild. Auto kommt zum Stillstand. **Kamerafahrt mit der Autobewegung bis zu einem Blickwinkel von unten über Grant und Lex auf den T-Rex.**

Innenaufnahme Explorer: Tim wacht auf und schreit!

T-Rex ragt drohend über Grant und Lex auf.
Kamera fährt nach unten

Kamera fährt nach unten mit dem T-Rex, der den Kopf senkt, um im Auto nach Tim zu suchen.

Innenaufnahme Fahrzeug: Tim versucht, sich zu befreien.

Blickwinkel über Tims Schulter: Der Rex schiebt das Fahrzeug mit der Schnauze an und wühlt dabei Schlamm auf.

Der Rex, das Maul voller Schlamm, starrt zu Tim herein.

Der T-Rex schiebt das Fahrzeug auf den Graben zu.

JURASSIC PARK **175**

Grant und Lex schwingen durchs Bild.

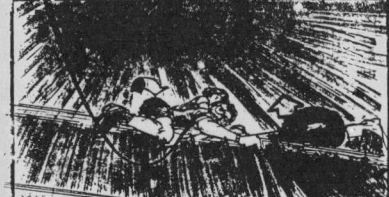

Grant greift nach einem herabhängenden Kabel, während er und Lex über die Mauer klettern.

Sie schaffen es nicht bis zu den Kabeln.

Weitwinkel: Sie gleiten am Kabel hinunter …

Grant und Lex sehen nach oben.

… in den Vordergrund, während das Fahrzeug über den Rand auf sie zugeschoben wird.

Blickwinkel von unten: Lex merkt nicht, daß sie Grant würgt.

NEDRYS BEGEGNUNG MIT DEM GIFTSPUCKER

Nedry fährt eine regennasse, glitschige Straße entlang.

Nahaufnahme von Nedry am Steuer.

Nedrys Blickwinkel.

Nedrys Reaktion. Er reißt das Steuer herum.

Nedry bringt den Rover zum Schleudern.

Rover schleudert mit hoher Geschwindigkeit durch Zaun.

Rover schlittert über Böschung in Wassergraben. **Weiter schwenken.**

Nedry sieht sich den steckengebliebenen Rover an.

Die Räder drehen schlammspritzend durch. Der Rover steckt hoffnungslos fest.

Nedry steigt aus dem Rover, sieht sich nach einem Weg um.

JURASSIC PARK

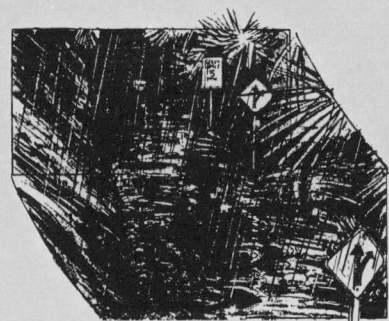

Schwenk: Nedry entdeckt eine tiefergelegene Strasse durch den Park.

Schwenk nach oben von überfluteter Straße zu Nedry auf der Böschung.

Nedry nimmt Seilwinde und sucht nach einem kräftigen Baum.

Er hört eulenähnliche Schreie, die immer näher kommen.

Heranfahren an Nedry, der mit Seil auf Kamera zugeht.

Noch näher heran an Nedry, der mit Seil auf einen Baum zugeht.

Heranfahren an vorwärtstrottenden Nedry.

Heranfahren an Nedry, der Baum erreicht.

Giftspuckerbeine kommen in den Bildvordergrund. Nedry im Hintergrund hört Spritzgeräusche.

Nedry wirbelt herum, als er Spritzgeräusche hört. Giftspucker hüpft weiter durchs Bild. **Schwenken.**

Nedry befestigt Seil am Baum.

Nedry richtet sich auf, erschrickt über Schrei.

Kamerafahrt von Nedry weg, während Giftspucker Kopf hochstreckt, wieder schreit.

Giftspucker taucht wieder im Gebüsch unter. **Kamerafahrt rückwärts,** Nedry läuft auf Kamera zu.

Nedry stapft durchs Bild, sich am Seil entlanghangelnd.

178 JURASSIC PARK

Kamerafahrt nach oben, an Nedry hoch, der sich am Seil entlanghangelt.

Hochfahren bis Blickwinkel von oben auf Nedry: Giftspucker ist hinter ihm, folgt ihm mit einem verspielten Hopser.

Nedry dreht sich um, sieht den kleinen Giftspucker, der noch einmal verspielt einen Satz auf ihn zumacht.

(Von hinten über Schulter und Giftspucker:) Er schreit.

Nedry gestikuliert .»Verschwinde!« Giftspucker starrt verständnislos seine Hand an.

Giftspucker sieht Nedry komisch an.

Nedry ruft und gestikuliert. »Los, verschwinde!« Giftspucker folgt der Bewegung seiner Hand.

Giftspucker sieht Nedry blöde an.

Nedry murmelt: »O Gott ... blöde Eidechse.«

Nedry dreht sich um, stapft weiter auf seinen Jeep zu.

Kamerafahrt parallel zum laufenden Nedry. Extremer Weitwinkel auf vorwärtsstapfenden Nedry und hinterherhüpfenden Giftspucker.

Von unten auf Nedry, der sich an Seil entlanghangelt, dahinter Giftspucker.

Giftspucker hüpft noch einmal hinter Nedry her. Nedry dreht sich um.

Nedry hebt Stöckchen auf, weil er glaubt, daß der Giftspucker spielen will. »Da, Junge.«

JURASSIC PARK **179**

Nedry wirft Stöckchen über Giftspucker hinweg, weil er hofft, ihn so abzulenken. »Komm hol's!«

Stöckchen segelt über Kopf des Giftspuckers hinweg. Giftspucker »holt's nicht«.

Giftspucker dreht den Kopf, sieht zu, wie das Stöckchen hinter ihm in den Schlamm platscht.

Giftspucker sieht Nedry komisch an.

Giftspucker legt den Kopf schief, schreit.

Nedry, genervt: »Ah, kein Wunder, daß ihr ausgestorben seid!«

Nedry dreht sich um, will den Abhang hinaufklettern. Zieht sich gegen das herabströmende Wasser langsam hoch.

Totale von Nedry, der sich am Seil hochzieht.

Giftspucker nähert sich Böschung.

Giftspucker hebt Kopf ins Bild, Nedry versucht zurückzuweichen.

Blickwinkel über Kamm und Krause des Giftspuckers: Nedrys Reaktion.

Giftspucker macht sich zum Spucken bereit.

Nedry krabbelt Böschung hinauf, Giftspucker folgt.

Nedry ist oben, öffnet Tür des Rover.

Nedry kurz vor dem Einsteigen, sieht sich nach seinem Verfolger um.

180 Jurassic Park

Nedry wird von Giftspucker direkt ins Gesicht getroffen.

Nedry taumelt geblendet, springt vorwärts, um in den Rover zu gelangen.

Nedry schlägt mit dem Kopf an Türrahmen.

Nedry stolpert rückwärts, hat starke Schmerzen.

Nedry richtet sich wieder auf, wendet sich der Straße zu, versucht, wegzulaufen.

Nah heranfahren an Nedry, der sich geblendet umsieht.

Nedry sieht sich um, aber da ist kein Giftspucker.

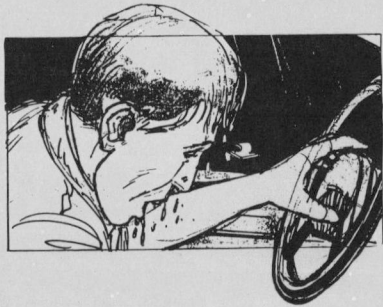

Weitwinkel über Nedry zum Giftspucker, er ...

... dreht sich zum Beifahrersitz um.

Man hört mehr, als man sieht: Der Giftspucker »trifft« Nedry, er schreit, und seine präparierte Rasierschaumdose fliegt aus dem Fenster.

Die Dose fällt in den Schlamm – »platsch«. Man hört markerschütternde Schreie aus dem Off.

Schlamm und Regenwasser überspülen die Dose. Man hört Nedrys Schreien und Todesröcheln.

FLUCHT VOR DEM T-REX

Ellie und Muldoon hören etwas aus dem Off … Sie drehen sich um.

Malcolm taucht im Vordergrund auf.

Plötzlich … der T-Rex bricht aus dem Dschungel hervor …

Ellie tastet nach dem Zündschlüssel. Dreht den Schlüssel. Legt den Gang ein.

Nahaufnahme Ellies Füße: Kupplung loslassen, Gaspedal durchdrücken.

Von unten auf den Jeep. Die Räder drehen durch. Der Jeep fährt los.

Der Jeep rast davon.

Einstellung über Malcolm im Vordergrund auf den näherkommenden T-Rex.

Nahaufnahme von Ellie, die nach unten blickt und …

… im Seitenspiegel den T-Rex sieht.

182 Jurassic Park

Fokus auf den T-Rex.

Halbtotale auf die Gruppe. Alle sehen zur Kamera. Ein umgestürzter Baum blockiert vor ihnen die Straße.

Sie drehen sich alle um und ...

... ducken sich gerade noch rechtzeitig, als die Windschutzscheibe gegen den Baum prallt und ...

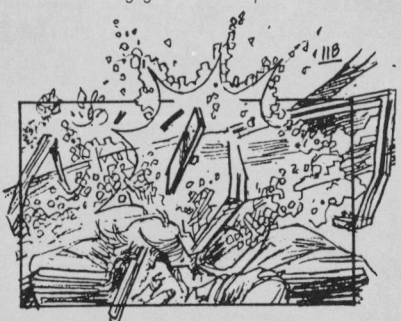

... zur Kamera splittert.

Weitwinkelaufnahme von unten auf das Fahrzeug, während ...

... der T-Rex den Baum zerschmettert und dem Jeep nachsetzt.

Kamera fährt näher an den Jeep heran.
Der T-Rex kommt immer näher und ...

... rammt die Flanke des Jeeps.

Innenaufnahme Jeep: Alle spüren den Aufprall.

Malcolm fällt nach vorn und trifft den Ganghebel so, daß der Gang herausspringt.

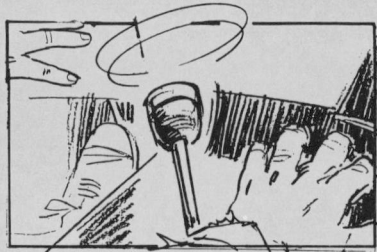

Ellie packt den Ganghebel und ...

... legt den Gang wieder ein.

Nahaufnahme von Ellies Fuß auf dem Gaspedal.

Über Malcolm hinweg auf den T-Rex hinter dem Jeep.

JURASSIC PARK **183**

ZÄUNE UND ANGST

Der Jeep beschleunigt ... der T-Rex bleibt zurück.

Fällt immer weiter zurück.

Nahaufnahme der sich umblickenden Gruppe.

Der Jeep fährt davon ...

... Verschwindet in der Entfernung.

Außenaufnahme Besucherzentrum: Muldoon und Arnold kommen die Treppe herunter zur 2. Aufnahme.

Kamera fährt vorwärts, schwenkt von rechts nach links. Gerader, hin und her schwenkender Blickwinkel.

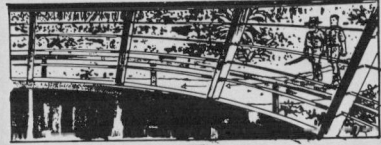
Von rechts nach links schwenken:
Mit Muldoon und Arnold den Weg entlang bis zu ...

... einem riesigen Loch im Zaun des Raptoren-Pferchs. **Weiter schwenken.**

... über Muldoon und Arnold hinweg auf den Raptoren-Pferch.

184 Jurassic Park

Muldoon wendet sich der Kamera zu. Nach unten kippen ...

... auf Muldoon. An Muldoon entlang nach unten schwenken bis ...

... zu Muldoons Füßen. **Kamera fährt zurück**, zeigt Abdrücke eines Raptors. **Kamera fährt weiter zurück** ...

... bis zu einer Totalen von Muldoon, Arnold und die Abdrücke, die in alle Richtungen führen.
Kamera fährt weiter zurück.

Zurückfahren durch Dschungel im Vordergrund. Muldoon und Arnold in der Ferne.
Die Spuren führen in den Dschungel.

Totale von oben von Muldoon und Arnold. Arnold geht zur Generatorenhalle, Muldoon zum Besucherzentrum zurück, um die anderen zu warnen.
Kamera fährt zurück und Kranfahrt nach unten. Mit ...

... Muldoon, der zurückgeht. **Weiter nach unten und zurückfahren** mit Muldoon bis auf ...

... Höhe des Wegs mit Muldoon. In der Ferne sieht man Arnold zum Geräteschuppen gehen.

Totale über die Köpfe der Gruppe auf näherkommenden Muldoon.

Muldoon geht die Stufen hinauf zur Gruppe ...

Totale mit Muldoon im Vordergrund auf die Gruppe. Gruppe hebt Gennaro auf ... und ...

... kommt die Stufen herunter.

Weitwinkel von unten: Gruppe geht zu Hammonds Grundstück.

Kamerafahrt abwärts mit der Gruppe auf dem Weg ... und ...

Im Vordergrund kommt Zaun ins Bild. **Weiter herunterfahren ...**

... und durch Tor, während die Gruppe durch das Tor das Grundstück betritt.

Kamera fährt an Ellie entlang nach unten ...

... und schwenkt dann über Ellies Rücken nach oben zum Zaun.

Von hoch oben auf die Gruppe. Das Tor wird geschlossen. Vor dem Zaun ist der Graben zu sehen.

Innenaufnahme Hammonds Quartier: Türen gehen auf, Gruppe tritt ein.

Über Hammonds Schulter: Sie legen Gennaro auf die Couch, Muldoon durchsucht das Haus.

Kamerafahrt auf Hammond zu, der sich umdreht: »Arnold!«

Weiter heranfahren. »Was ist mit dem Strom!«

Wechselnder Blickwinkel durch Dschungel. Dschungel lichtet sich und zeigt ...

... den Zaun um das Grundstück.

Zurückfahren: Grant und die Kinder kommen aus dem Wald und laufen auf den Zaun zu.

Durch den Zaun zurückfahren. Drähte kommen ins Bild.

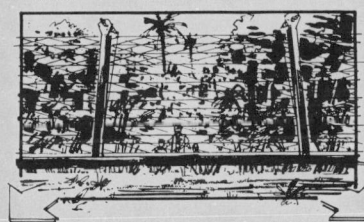

Kamerafahrt zurück bis zur Totalen. Grant: »Wir müssen drüberklettern.«

Von oben am Scheinwerfer des Zauns vorbei auf Grant und die Kinder. Sie sehen, daß der Strom unterbrochen ist. »Das ist ziemlich hoch. Schaffst du das, Lex?«

Nahaufnahme: Ein aufpumpbarer Laufschuh wird zugebunden.

Von unten: Gruppe sieht zu, wie Ellie ihren Schuh zubindet und dann aufpumpt: »Sst. Sst.«

Ellie geht zum Tor von Hammonds Grundstück.

Ellie geht durch das Tor.

Totale von oben auf Ellie, die den Weg entlanggeht.

Von unten an den Fersen von Ellies Schuhen vorbei zur Generatorenhalle.

Nahaufnahme von Ellie. Sie hört etwas.

In Hammonds Quartier: Muldoon hält seinen Hut fest, denn es kommt Wind auf.

Ellie im Vordergrund: Der Wind wirbelt Blätter umher und …

… Ellie dreht sich um. Sie bekommt es mit der Angst zu tun, dreht sich um und …

Ellie läuft auf Kamera zu. **Zurückfahren mit Ellie und schwenken.**

Mit laufender Ellie mitfahren.

Den Weg entlang zur Generatorenhalle.

Zurück auf Hammonds Grundstück: **Heranfahren** an Wu, der Ellie Instruktionen gibt.

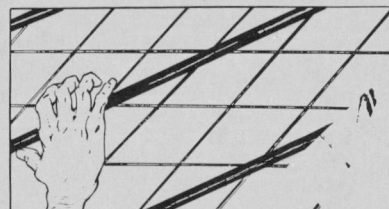
Außenaufnahme am Zaun: Eine Hand kommt ins Bild und packt einen der Drähte. Dann …

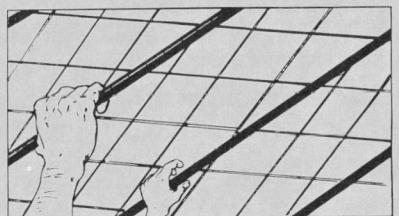

... eine zweite Hand kommt ins Bild und packt einen der tieferen Drähte.

Eine dritte Hand erscheint im Vordergrund und ...

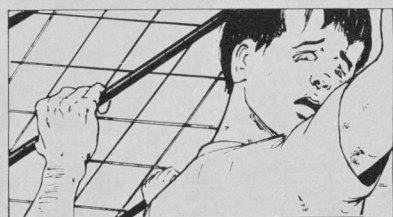

... Tim zieht sich ins Bild.

Von unten hoch zu Grant, Tim und Lex, die hochklettern.

Von oben auf Tim, Grant und Lex auf dem Zaun.

Weitwinkeleinstellung von unten auf Ellie, die die Generatorenhalle betritt.

Näher an Ellie heran: Sie dreht die Handfläche nach oben und ...

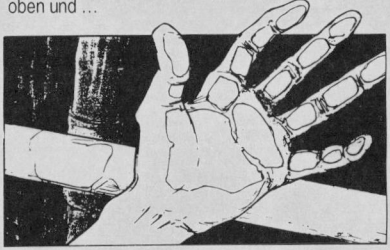

... Ellies Blickwinkel: Sie sieht Farbe auf ihrer Hand.

Ellie geht weiter in die Halle hinein.

Weitwinkelaufnahme mit Ellie im Vordergrund auf Schild an der Wand.

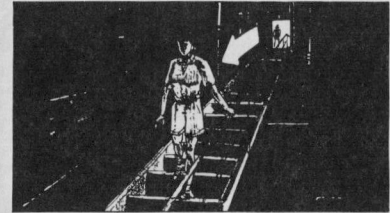

Halbtotale von Ellie an der Tür. Sie geht die Treppe hinunter. Kamera schwenkt ...

... in den Blickwinkel von unten auf Ellie und fährt um sie herum nach vorne.

Von unten auf Ellie ...

... Nahaufnahme ihres Gesichts, das von unten von der Taschenlampe erhellt wird.

Von unten steil nach oben: Weitwinkelaufnahme von Grant, Tim und Lex oben auf dem Zaun.

188 Jurassic Park

Von oben auf den Zaun hinunter.

In der Generatorenhalle: Ellies Blickwinkel.

Mit Ellie im Korridor zurückfahren.

Weitwinkel auf Ellie: Sie richtet die Taschenlampe auf den Schaltkasten.

Ellie geht zum Schaltkasten und …

… über Ellies Schulter auf den Schaltkasten: Sie öffnet die Tür.

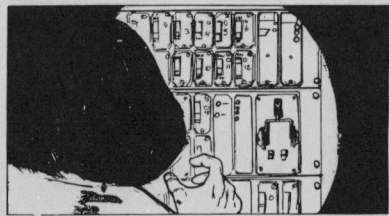

Ein Schaltbrett ist zu sehen.

Am Zaun. Totale auf die Gruppe.
Kamerafahrt zurück.

Am Schaltkasten: Ellie öffnet die Sicherheitsabdeckungen.

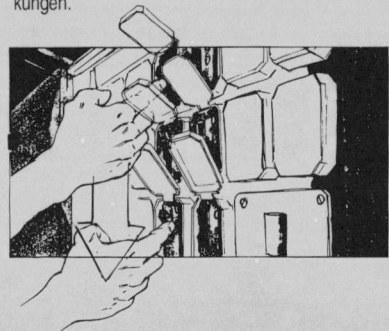

Mit Ellie **nach unten schwenken:** Sie legt die Schalter um.

Ellie tritt zurück. Wartet auf Anweisungen.
Kamera fährt heran.
Über Funk: »Legen Sie die Schalter 4, 5, 6, 8 um, bevor Sie den Hauptstrom einschalten.«

Ellie legt die Schalter der Reihe nach um.

Nahaufnahme von Ellies Hand, die die Stromzufuhr des Generators aktiviert.

Außenaufnahme im Park: Blaue Lampe fängt an zu blinken. »An«.

Außenaufnahme am Zaun: Von oben auf Grant und …

JURASSIC PARK **189**

Grant sieht hoch und in die Kamera. Und zur Lampe.

Am Zaun: Grant versucht, Tim zum Springen zu überreden.

Ellies Hand nähert sich dem Hebel.

Er läßt los und springt nach unten.

Weitwinkel von oben auf Grant und Lex.

Nahaufnahme von Lex, die zu Tim hochsieht.

Totale von springender Lex. Grant fängt sie.

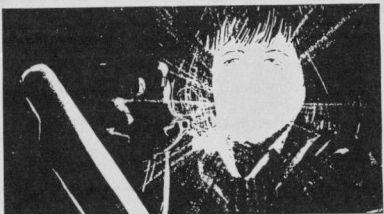

In der Generatorenhalle: Ellie greift nach dem Einschalthebel für die Hauptstromzufuhr.

Nahaufnahme von Tim. Er …

Von oben auf Tim. Er will nicht loslassen.

Nahaufnahme von Grant, der zu Tim hinaufschreit.

… dreht den Kopf und sieht nach unten.

In der Generatorenhalle: Ellie sieht in den Schaltkasten der Hauptstromzufuhr.

Von unten zu Tim hoch.

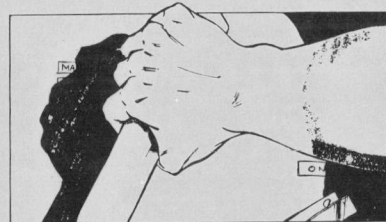

Nahaufnahme von Ellies Hand um den Hebel.

190 JURASSIC PARK

Großaufnahme von Tims Händen. Er ...

... läßt los. Hände verschwinden aus dem Bild.

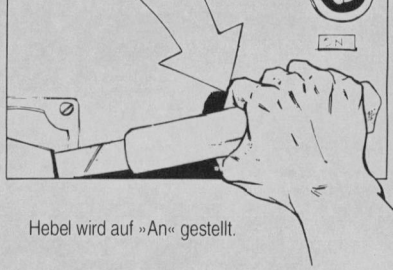

Hebel wird auf »An« gestellt.

Das Stroboskop am Zaun blitzt auf.

Weitwinkel auf fallenden Tim. Grant ...

... fängt Tim. Beide stürzen zu Boden.

Grant und Tim stürzen, während Äste in Kontakt mit dem Zaun kommen. Funken sprühen.

Ellie legt Lichtschalter um. Im Hintergrund springen die ersten Reihen der Deckenbeleuchtung an.

Ellie dreht sich zum Licht um.
Weitere Lampenreihen springen an, auf Ellie zu.

Ellie sieht mit Erleichterung, daß das Licht angeht.

Hinter Ellie geht eine Lampe an ...

Raptor springt Ellie an, eine Lampe neben dem Tier explodiert, Funken stieben. Raptor ist zwischen Röhren eingeklemmt.

Raptor schnappt nach Ellie.

Raptor streckt sich schnappend, um Ellie zu erreichen.

Dampf quillt hervor. Ellie packt die Gittertür.

JURASSIC PARK

Ellie wirft die Gittertür vor dem Raptor zu.

Ellie taumelt entsetzt zurück.

Ein abgerissener Arm fällt ihr auf die Schulter.

Ellie schüttelt den Arm ab, stolpert …

Ellies Blickwinkel: Arnolds Bein, über das sie gestolpert ist.

Mit einem letzten Blick auf den Raptor stürmt Ellie davon.

Froschperspektive: Raptor zerreißt den Maschendraht.

Ellie läuft in Richtung Tageslicht.

Kamerafahrt rückwärts: Ellie läuft Richtung Kamera. Man hört das wütende Brüllen des Raptors durch das Gebäude hallen.

Weiter zurückfahren: Ellie erreicht das Licht.

Sie rennt die Treppe hoch.

Raptor springt ins Bild.

Ellie reißt die Tür auf und knallt sie wieder zu, als das Brüllen des Raptors bereits sehr nahe ist.

Sie ruht kurz aus. Durch die Türen dringen gedämpfte Raptoren-Geräusche.

RAPTOREN VERFOLGEN TIM UND LEX

Innenaufnahme Besucherzentrum: Totale von oben. Grant tritt mit Lex und Tim ein.

Kamera zurückfahren, während sie vorwärtsgehen, bis Skelett ins Bild kommt.

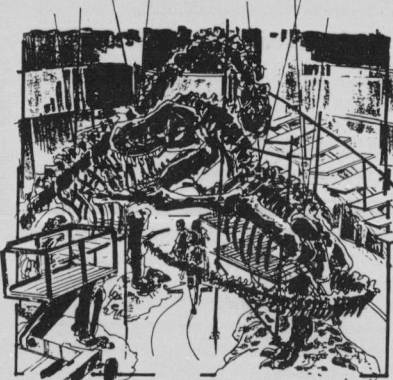
Von der gegenüberliegenden Seite von oben: Grant und die Kinder gehen unter den Skeletten hindurch auf die Cafeteria zu.

Grant, Tim und Lex betreten die Cafeteria.

Grant verläßt Tim und Lex, um die anderen zu suchen.

Grant geht hinaus, Steve (der Koch) führt Tim und Lex zur Essenstheke.

Tim und Lex nehmen sich Getränke …

… und gehen auf einen Tisch zu. Steve betritt die Küche.

JURASSIC PARK 193

Tim sitzt im Vordergrund. Lex nimmt sich Strohhalm.

Weitwinkelaufnahme von Lex mit Tim im Vordergrund.

Nahaufnahme über Tims Schulter auf Lex. Sie sieht etwas.

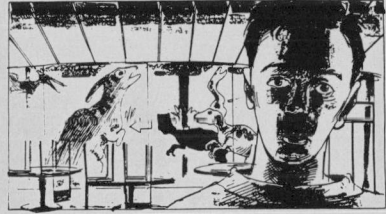
Im Hintergrund sieht man, wie sich der Raptor auf dem Wandgemälde bewegt. Tim ...

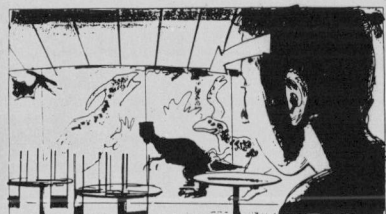
... dreht sich um, sieht Raptor und ...

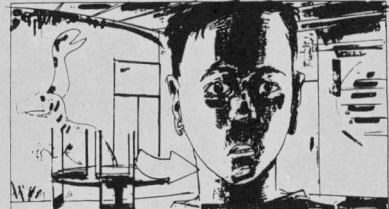
... dreht sich wieder Lex zu ...

... und fängt an aufzustehen.

Lex läuft zur Küchentür.

Lex rennt durch die Tür in die Küche.

Tim folgt.

Tim und Lex sehen sich um.

Weitwinkel von oben auf Tim und Lex hinunter.

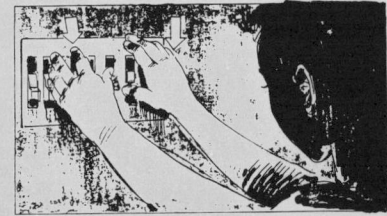
Tim an den Lichtschaltern. Legt jeden Schalter um. Nichts passiert.

Kamera fährt zurück: Tim und Lex laufen den Gang entlang ...

... und verstecken sich am Ende des Gangs hinter einer Anrichte. Der Raptor taucht auf.

194 JURASSIC PARK

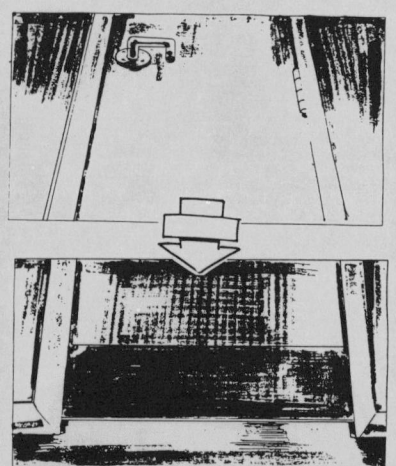

Froschperspektive, Schwenk zur Horizontalen

Weitwinkel auf Tim und Lex. Der Raptor schnuppert am unteren Ende der Tür.

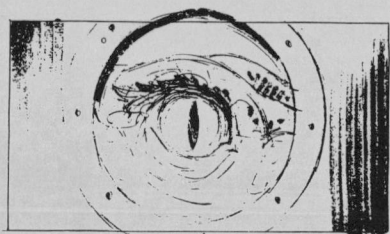

Der Raptor versucht, durch das beschlagene Glas zu sehen.

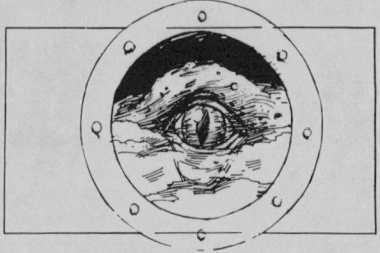

Der Dampf verschwindet. Der Raptor schaut und entdeckt etwas.

Blickwinkel des Raptors: Ein Teil von Tim ragt hinter der Anrichte hervor.

Über Lex und Tim hinweg zur Tür, gegen die wütend geschlagen wird. »Bong, bong, bong.«

Blickwinkel des Raptors: Die Türklinke.

Heranfahren.
Großaufnahme von Tim und Lex.

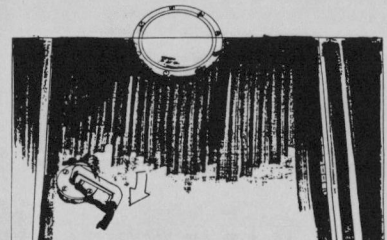

Großaufnahme des Türgriffs: Er wird niedergedrückt.

Der Raptor öffnet die Tür.

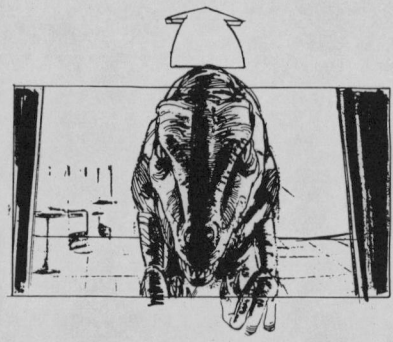

Kamera nach oben
Der Raptor hebt den Kopf und sieht sich um.

Studie des Raptors, der von hinten durch die Tür beleuchtet wird.

Der Raptor dringt in die Küche ein. Tim und Lex beobachten ihn.

JURASSIC PARK

Bildwinkel von unten auf den zweiten Raptor in der Tür.

Die Raptoren drehen sich um und verständigen sich mit Lauten.

Halbtotale: Die Raptoren trennen sich.

Beginn der Kamerafahrt mit den Kindern.

Kamera fährt weiter mit den Kindern mit. Sie kriechen vorwärts. Über ihnen der pirschende Raptor.

In Bodenhöhe mit Raptorenpranken mitfahren. Man hört das Klick, Klick der Krallen auf den Fliesen.
Schwenk zu den Händen der Kinder: Pitsch, Patsch auf dem Boden.

Zurückfahren. In Bodenhöhe auf den Kontrast zwischen Klauen und Händen.

Weitwinkel: Zurückfahren, bis Tim und Lex den Raptor kreuzen.

Raptor sucht nach den Kindern. Wedelnder Schwanz wischt Töpfe und Pfannen von der Anrichte auf die Kinder.

Weiter zurückfahren. Kinder an einer Ecke. Sie krabbeln sehr schnell, um sich zu verstecken.

Schwenk mit den Kindern um Ecke. Raptor streckt den Kopf durch die Anrichte.

Weiter mit Kindern um Ecke schwenken. Raptor streckt Hals durch die Anrichte, als die Kinder eben außer Sicht sind.

Schwenk Ende: Bei den Kindern, die sich hinter die Anrichte ducken. Tim stößt mit Kopf gegen Schöpflöffel.

196 Jurassic Park

Raptoren 1 u. 2 reagieren auf Geräusch …

… Raptor reagiert auf Geräusch.

Hoch und zurückfahren.

Lex läuft ans andere Ende. Raptoren kommen auf Tim zu.

Raptoren kommen weiter auf Tim zu. Lex späht um die Ecke.

Herumwirbelnder Schöpflöffel kommt zum Stillstand.

Schwenken.

Froschperspektive: Raptor dreht Kopf einem Geräusch zu.

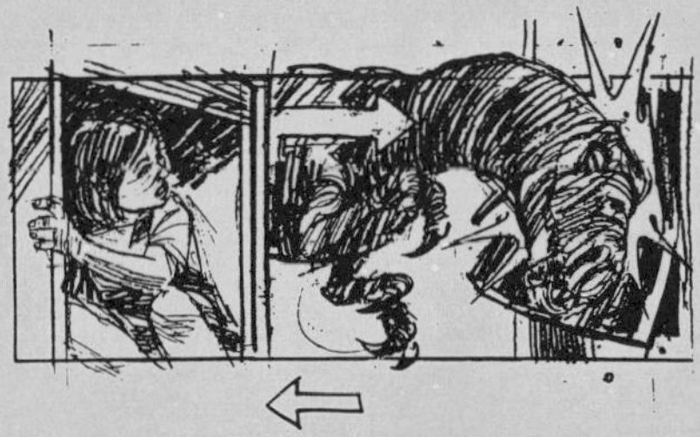

Jurassic Park

Schwenk nach Aufprall

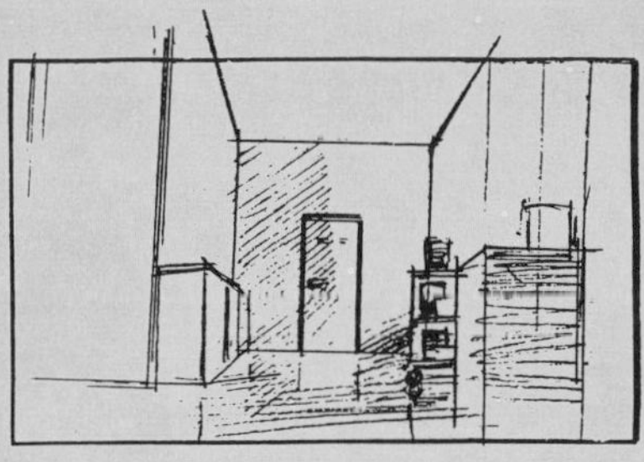

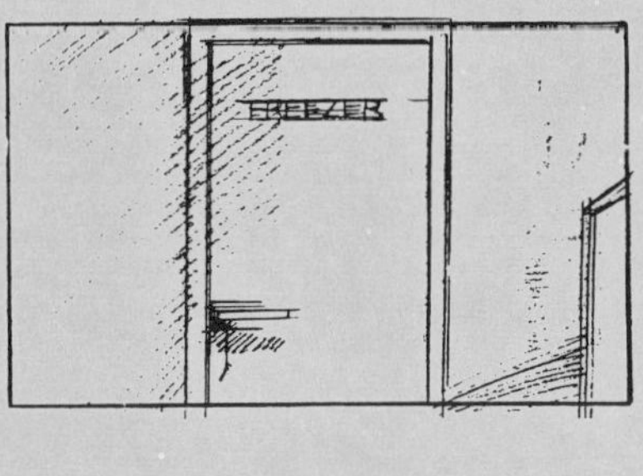

Raptor kommt ins Bild. Weitwinkel von unten durch die Raptorbeine im Vordergrund auf laufenden Tim.

Kamerafahrt rückwärts mit Tim, während der Raptor ihn verfolgt.

198 JURASSIC PARK

Hinter den Beinen des Raptors her auf Tim. Der Schwung der sich öffnenden Tür läßt Tim ausrutschen.

Tim wirbelt herum – in den Kühlraum hinein, wo er hinfällt.

Nahaufnahme von Tims auf dem Boden ausgleitenden Füßen.

Tim stemmt sich gegen Kühlraumtür, um sie zu schließen.

Lex stürmt ins Bild und hilft Tim.

Sie verriegeln die Kühlraumtür.

Raptor im Vordergrund sieht Tim und Lex entkommen.

Großaufnahme: Reaktion des Raptors.

FINALE IN DER ROTUNDE

Weitwinkel auf Tim und Lex: Sie laufen um ihr Leben.

Mit Tim und Lex mitfahren, während sie ...

... sich im Laufen umsehen. Auf ...

... Lex, die gegen eine Gestalt rennt.

Grant kommt ins Bild. »Seid ihr in Ordnung?«

Ellie springt auf die unterste Gerüstplattform.

Sie hören ein Kreischen aus dem Off.
Leicht seitlich schwenken ...

200 Jurassic Park

... bis Raptor auf dem Geländer ins Bild kommt.

Nahaufnahme Grant und Ellie.

Raptor auf Geländer stößt Farbkübel etc. um.

In Panik springen alle ...

... auf das ausgestellte Skelett. – **Totale mit Doubles.**

Der Raptor springt vom Geländer aufs Skelett. – **Totale mit Doubles.**

Befestigungshaken für Seile brechen aus der Decke ...

... was dazu führt, daß der Alamosaurier in drei Teile zerbricht, die wie ein riesiges Mobile zu schwingen beginnen.

Ellie hängt sich an das herumwirbelnde Schwanzstück.

Lex klammert sich an die Halspartie.

Grant läßt Timmy ...

... zu Boden.

Grant und der Raptor auf dem Brustkorb. Das Schaukeln führt dazu ...

... daß auch noch die restlichen Haken aus der Decke brechen.

Das gesamte Alamosaurierskelett stürzt in sich zusammen. Alle fallen zu Boden.

JURASSIC PARK 201

Grant fällt auf die Knochen.

Ellie trifft hart auf ...

... und Lex,

Grant und Co. rennen auf den Ausgang zu.

Die Silhouette des Raptors hinter Plastikplane läßt die Gruppe erstarren.

Nahaufnahme des Raptors hinter Plane.

Raptor zerreißt Plane.

Die Gruppe sitzt in der Falle.

Sie schauen schnell zwischen den beiden Raptoren hin und her. – Aus dem Off hört man lautes Krachen. Ein Schatten huscht über die Gruppe.

Sie drehen sich um und sehen ...

... Raptor 2, der Grant und Co. angreift.

Der Raptor springt, und in der Luft ...

... packt der T Rex ihn mit seinem Maul.

Kreischen aus dem Off.
Grant dreht sich um und sieht ...

Schwenken mit der Action an Grant und den Kindern vorbei. – Der Raptor springt ...

... auf den Hals des T-Rex und schlägt ihm Krallen und Zähne ins Fleisch.

Schatten des Kampfes fallen auf Grant und die Kinder ...

... die sich davonmachen.

Grant: »Fahren Sie los!«

Der Rex läßt Raptor 1 fallen und schlägt mit Raptor 2 am Hals um sich.

Der Rex schüttelt heftig den Kopf, um den sich festklammernden Raptor loszuwerden.

Der Rex schleudert den Raptor gegen das Rexskelett, das zusammenstürzt.

Der Rex untersucht den am Boden liegenden Raptor ...

... und brüllt dann triumphierend.

FILM CREDITS

PRODUCTION STAFF
Directed by ....STEVEN SPIELBERG
Screenplay by ....MICHAEL CRICHTON and DAVID KOEPP
Based on the novel by ....MICHAEL CRICHTON
Produced by.................KATHLEEN KENNEDY, GERALD R. MOLEN
SAM NEILL
LAURA DERN
JEFF GOLDBLUM
and RICHARD ATTENBOROUGH as JOHN HAMMOND
BOB PECK
MARTIN FERRERO
B.D. WONG
SAMUEL L. JACKSON
WAYNE KNIGHT
JOSEPH MAZZELLO
ARIANA RICHARDS
Director of Photography ....DEAN CUNDEY, A.S.C.
Production Designer..RICK CARTER
Film Edited by ....MICHAEL KAHN, A.C.E.
Music by..JOHN WILLIAMS
Associate Producers ....LATA RYAN, COLIN WILSON
Unit Production Manager................................PAUL DEASON
First Assistant Director.......................................JOHN T. KRETCHMER
Second Assistant Director ....MICHELE PANELLI-VENETIS
Full-Motion Dinosaurs By ....DENNIS MUREN A.S.C.
Live Action Dinosaurs..STAN WINSTON
Dinosaur Supervisor ....PHIL TIPPETT
Special Dinosaur Effects ....MICHAEL LANTIERI
Casting by.......JANET HIRSHENSON, C.S.A., JANE JENKINS, C.S.A.
Art Directors.....................................JIM TEEGARDEN, JOHN BELL
Set Decorator ....JACKIE CARR
Stunt Coordinator ....GARY HYMES
Camera Operator...RAYMOND STELLA
Sound Mixer..RON JUDKINS
Paleontologist Consultant ....JACK HORNER
First Assistant Camera..CAL ROBERTS
Second Assistant Camera ....JOLANDA WIPFLI
Loader..STEVE SFETKU
Still Photographer ....MURRAY CLOSE
Boom Operator...BOB JACKSON
Cable Operator...TOVE BLUE VALENTINE
Video Engineer ....IAN KELLY
Script Supervisor ....ANA MARIA QUINTANA
Women's Costume Supervisor ....SUE MOORE
Men's Costume Supervisor ....ERIC SANDBERG
Costumers ....KELLY PORTER, MITCH KENNEY
Textile Artist ....PHYLLIS THURBER-MOFFIT
Property Master..JERRY MOSS
Assistant Property Masters...............KEN PETERSON, CRAIG RAICHE
Second Second Assistant Director ....KENNETH J. SILVERSTEIN
DGA Trainee..FRED ROTH
Unit Publicist...MARSHA ROBERTSON

Production Office Coordinator ....ANGELA HEALD
Assistant Production Coordinator ....SHERRY MARSHALL
Production Secretary ....LYNNE CANNIZZARO
Make-up Supervisor ....CHRISTINA SMITH
Assistant Make-up Supervisor...............................MONTY WESTMORE
Body Make-up...JULIE STEFFES
Hair Supervisor ....LYNDA GURASICH
Assistant Hair Supervisor ....FRIDA ARADOTTIR
Chief Lighting Technician ....MARK WALTHOUR
Assistant Chief Lighting Technicians....................STEVE CHANDLER,
O'SHANA WALKER
Rigging Gaffer ....PAT MARSHALL
Lighting Technicians ....EDWARD THOMPSON,
ANTHONY WONG, KEITH ROVERUD, HENRY "HANK"
CHARLESTON, RON WOODSIDE, BEN O. GRAHAM
Key Grip ....RON CARDARELLI
Best Boy Grips ....SID LUCERO
Dolly Grip..DAVID WACHTMAN
Key Rigging Grip ....BUD HELLER
Grips ....STEVE CARDARELLI, MARTY DOBKOUSKY,
MICHAEL R. HEATH, BILL VENEGAS, JOHN O'GRADY,
JOHN COKER
Special Effects Foreman ....DON ELLIOT
Special Effects Shop Supervisor ....TOM PAHK
Special Effects Engineer ....JOSS GEIDUSCHEK
Special Effects ....STEVE BUNYEA, BRUCE MINKUS,
KIM DERRY, MARK T. NOEL, CORY FAUCHER,
DANIEL OSSELLO, ERIK HARALSTED, JON PORTER,
TERRY W. KING, E. WAYNE RABOUIN, LOUIE LANTIERI,
BRIAN TIPTON, MATTHEW J. McDONNEL
Special Effects Rigging Foreman ....TIM MORAN
Assistant Art Directors ....LAUREN CORY, MARTY KLINE,
PAUL SONSKI
Set Designers............................JOHN BERGER, MASAKO MASUDA,
LAUREN POLIZZI
Chief Sculptor ....YAREK ALFER
Illustrators ....TOM CRANHAM, DAVID LOWERY
Computer Design ....STEFAN DECHANT
Art Dept. Coordinator..CAROLINE QUINN
Leadman ....TIM DONELAN
Swing Gang ....SCOTT LESLIE
Location Manager ....STUART NEUMANN
Casting Associate..MICHAEL HIRSHENSON
Casting Assistant ....SUSANNA GRIFFITH
Extras Casting...CENTRAL CASTING
Construction Coordinator ....JOHN VILLARINO
Construction Foreman...........MIKE VILLARINO, DAN PEMBERTON,
JOHN ELLIOTT
Head Paint Foreman..PAT GOMES
Paint Foreman...............................NANCY GOMES, TOM HRUPCHO,
DAVE TREEVINO
Stand-by Painter..TONY LEONARDI

Tool Foreman	ANTHONY FEOLA
Head Laborer	BRIAN ROCK
Plaster Foreman	DAVID ROBBIE
Head Greensman	DANNY ONDREJKO
Greens Foreman	KEVIN MAGNAN
Greensmen	JEFF BROWN, BOB SKEMP, HUGO HERRERA
Craft Service	TIM GONZALES
Display Graphics Supervisor	MICHAEL BACKES
Display Graphics	DAVID NAKABAYASHI
24 Frame Computer Sync	JOHN MONSOUR, BRIAN CALLIER
Assistant Editors	ALAN CODY, PETER FANDETTI, PATRICK CRANE
Apprentice Editor	MICHAEL FALLAVOLITA
Dinosaur Specialists	JOHN GURCHE, GREGORY PAUL, MARK HALLET
Skeletal Display	RESEARCH CASTING INTERNATIONAL
Slide Show Coordinator	PATTI PODESTA
Goat and Body Parts	LANCE ANDERSON
Additional Video Assist	DEBORAH KELMAN
Production Controller	JANE GOE
Production Accountant	JIM TURNER
Assistant Production Accountant	DEBORAH HENDERSON
Construction Accountant	KAY JORDAN
Payroll Accountant	KRISTEN NYE
Assistant Accountants	ELENA HOLDEN, CHRISTINE STEWART
Set Dressing Coordinator	JANINE CAVOTO
Assistant to Mr. Spielberg	BONNIE CURTIS
2nd Assistant to Mr. Spielberg	KAREN BITTENSON-KUSHELL
Assistants to Ms. Kennedy	BETH CAHN, LESLIE CHEATHAM
Assistant to Mr. Molen	DIANA TINKLEY
Assistant to Ms. Ryan	REBECCA CHAIRES
Assistant to Sam Neill	SIMON MILLAR
Production Assistants	CRAIG BARNETT, JOHN SMITH, JOSEPH J.M. KENNY, ROBERT WEST
Transportation Coordinator	DENNY CAIRA
Transportation Captain	HAL LARY
Drivers	TINO CAIRA, BECKY RAICHE, DON CROW, LEROY REED, JAMES FREAR, STEVE SORKIN, GORDON JERNBERG, MARK WESTCOTT, LORIN JORDAN, WAYNE WILLIAMS, STEVE LUCE, MARK YACULLO
Animal Trainer	JULES SYLVESTER
Teacher	JUDY BROWN
Safety Coordinator	TIM LITCHAUER
Stand-ins	DON FELDSTEIN, DAVIDA VACCARO, JOHNNY JOHNSON, JOE ZIMMERMAN, CYNTHIA MADVIG
2nd Unit First Assistant Director	CARLA McCLOSKEY
Additional Photography	LLOYD AHERN II
2nd Unit Gaffer	JACK SCHLOSSER
Helicopter	BLUE HAWAIIAN HELICOPTER

HAWAII UNIT

Location Manager	KEN LEVINE
Asst. Location Manager	SAM LEE
Asst. Production Coordinator	VICTORIA MATTSON
Office Assistant	TRACI TATEYAMA
Transportation Captain	HARRY UESHIRO
Grip	RUBEN VASQUEZ
Electric	ROGER THOMPSON
Security	MARK TRAVIS
Extras Casting	SHOWLITES

AERIAL UNIT

Aerial Unit Director	DAVID NOWELL
Aerial Coordinator	BOBBY ZAJONC
Assistant Camera	JOHN CONNELL
Picture Pilot	DAVID CHEVALIER
Safety Coordinator	CYNTHIA ZAJONC

"MR. D.N.A." ANIMATION

Animation by	KURTZ AND FRIENDS
Movement Design	BOB KURTZ
Layout Design	ROBERT PELUCE

FULL MOTION DINOSAURS AND SPECIAL VISUAL EFFECTS BY INDUSTRIAL LIGHT & MAGIC
A Division of Lucas Digital Ltd.

Co-Visual Effects Supervisor	MARK A. Z. DIPPÉ
Visual Effects Producer	JANET HEALY
Lead Computer Graphics Supervisor	STEFEN M. FANGMEIER
Computer Graphics Supervisors	ALEX SEIDEN, GEORGE MURPHY
ILM General Manager	JIM MORRIS
Computer Graphics Animators	ERIC ARMSTRONG, JAMES SATORU STRAUS, STEVE SPAZ WILLIAMS, GEOFF CAMPBELL, STEVE PRICE, DON WALLER
Computer Graphics Artists	JEAN M. CUNNINGHAM, JOSEPH PASQUALE, CARL N. FREDERICK, ELLEN POON, THOMAS L. HUTCHINSON, STEVEN ROSENBAUM, JOE LETTERI, JOHN SCHLAG, JEFFREY B. LIGHT, TIEN TRUONG, JAMES D. MITCHELL, WADE HOWIE
Executive in Charge of Production	PATRICIA BLAU
Supervisor of Software and Digital Technology	THOMAS A. WILLIAMS
Computer Graphics Software Developers	MICHAEL J. NATKIN, ERIC ENDERTON, ZORAN KAČIĆ-ALESIĆ, JOHN HORN, BRIAN KNEP, PAUL ASHDOWN
Visual Effects Coordinator	JUDITH WEAVER
Visual Effects Art Director	TYRUBEN ELLINGSTON
Visual Effects Editor	MICHAEL GLEASON
Scanning Supervisor	JOSHUA PINES
Optical Supervisor	JOHN ELLIS
Plate Photography Camera Assistant	PATRICK McCARDLE
ILM Plate Producer	MARK MILLER
Digital Artists	CAROLYN ENSLE RENDU, BART GIOVANNETTI, DAVID CARSON, RITA E. ZIMMERMAN, SANDY HOUSTON, KATHLEEN BEELER, BARBARA BRENNAN, GREG MALONEY, LISA DROSTOVA
Computer Graphics Camera Matchmovers	PATRICK T. MYERS, CHARLIE CLAVADETSCHER
Computer Graphics Technical Assistants	STEVE MOLIN, MICHAEL CONTE, JOEL ARON, CURT I. MIYASHIRO, EDWIN DUNKLEY, PATRICK NEARY
Scanning Operators	RANDALL K. BEAN, GEORGE GAMBETTA, MIKE ELLIS
Computer Graphics Systems Support	KEN BEYER, LINDA J. SEIGEL, JAY LENCI

Video Engineers	FRED MEYERS, GARY MEYER
Computer Graphics Coordinators	GINGER THEISEN, NANCY JILL LUCKOFF
CG Department Production Manager	GAIL CURREY
CG Department Operations Manager	JOHN ANDREW BERTON, JR.
Senior CG Department Manager	DOUGLAS SCOTT KAY
Visual Effects Camera Operators	PAT TURNER, TERRY CHOSTNER
Additional Plate Photography	SCOTT FARRAR
Camera Assistants	ROBERT HILL, JEFF GREELEY
Matte Artists	CHRISTOPHER EVANS, YUSEI UESUGI
Assistant Editor	ROBERTO McGRATH
Negative Cutter	LOUIS RIVERA
Projectionist	TIMOTHY A. GREENWOOD
Editorial Coordinator	DAVID TANAKA
Chief Model Makers	BARBARA AFFONSO, LORNE PETERSON, STEVE GAWLEY, IRA KEELER, CHRISTOPHER REED
Stage Technicians	PAT FITZSIMMONS, TIMOTHY MORGAN, ROBERT FINLEY, JR., WILLIAM BARR
Optical Camera Operators	KEITH L. JOHNSON, JAMES C. LIM
Optical Line Up	JOHN D. WHISNANT, KRISTEN TRATTNER
Optical Lab Technician	TIM GEIDEMAN
Optical/Scanning Coordinator	LISA VAUGHN
Camera Engineers	DUNCAN SUTHERLAND, MIKE BOLLES
Production Accountant	PAMELA KAY
Courier Coordinator	JERRY SIMONSEN
Production Assistant	TINA MATTHIES

STAN WINSTON STUDIO

Art Department Coordinators	JOHN ROSENGRANT, SHANE MAHAN
Mechanical Department Coordinators	RICHARD LANDON, CRAIG CATON-LARGENT
Concept Artist	MARK "CRASH" McCREERY
Mechanical Design	CHARLES LUTKUS III, RICH HAUGEN, EVAN BRAINARD, RICHARD GALINSON, TIM NORDELLA, ALFRED SOUSA, JEFF EDWARDS, JON DAWE, PATRICK SHEARN, J. ALAN SCOTT
Technical Coordinator T-Rex	CRAIG BARR
Hydraulic Engineer	LLOYD BALL
Master Welder	ARMANDO GONZALEZ
Key Artists	MIKE TRCIC, SHANNON SHEA, CHRISTOPHER SWIFT, DAVE GRASSO, JOEY OROSCO, ROB HINDERSTEIN, ANDY SCHONEBERG, JOSEPH READER, GREG FIGIEL, IAN STEVENSON, BILL BASSO, PAUL MEJIAS
Master Mold Maker	ANTHONY McCRAY
Dinosaur Skin Fabricators	RICHARD DAVISON, MARILYN DOZER-CHANEY, KAREN MASON
Art Department	BETH HATHAWAY, NICK MARRA, MICHIKO TAGAWA, ROBERT RAMSDELL, DAVID BENEKE, SCOTT "GWIDGE" URBAN, MARK JURINKO, FRANCESCA AVILA, MITCH COUGHLIN, SEBASTIN CAILLABET, NATHALIE FRATTI-RAPOPORT, ANTHONY GAILLARD, LINDSAY McGOWAN, PIERRE OLIVIER THEUENIN, JEFF PERIERA, LEN BURGE, KEVIN McTURK, EILEEN KASTNER-DELAGO, ERIC OSTROFF, KEVIN WILLIS, BRAD KRISKO, ADAM JONES
Mechanical Department	BRIAN NAMANNY, BRUCE STARK, MATT DURHAM, GREGORY MANION

Production Coordinators	TARA MEANEY-CROCITTO, MARK LOHFF
Production Assistants	CHUCK ZLOTNICK, KIMBERLY VERROS

TIPPETT STUDIO

Production Supervisor	JULES TIPPETT
Computer Interface Engineer	CRAIG HAYES
Senior Animator	RANDAL M. DUTRA
Animator	TOM ST. AMAND
Computer Systems	ADAM VALDEZ
Production Coordinator	SHEILA DUIGNAN
Production	SUZANNE NIKI YOSHII, REBECCA SCHIROS
Engineering	NICHOLAS BLAKE, BART TRICKEL, CONRAD BONDERSON, GARY PLATEK, STUART ZIFF
Animatics	ERIC SWENSON, MIKE BIENSTOCK, KIM BLANCHETTE, PETER KONIG
Computer Technicians	STEVE REDING, DOUGLAS EPPS

Post production sound services provided by
Skywalker Sound, a division of
Lucas Digital LTD.
Marin County, California

Re-Recording Mixers	GARY SUMMERS, GARY RYDSTROM, SHAWN MURPHY
Sound Design	GARY RYDSTROM
Supervising Sound Editor	RICHARD HYMNS
Sound Effect Editors	KEN FISCHER, TIM HOLLAND, TERRY ECKTON
ADR Editor	LAUREL LADEVICH
Dialogue Editors	MICHAEL SILVERS, SARA BOLDER
Foley Editors	SANDINA BAILO-LAPE, MARY HELEN LEASMAN
Asst. Supv. Sound Editor	RUTH HASTY
Assistant Sound Designer	CHRIS BOYES
Assistant Sound Effects Editors	J. R. GRUBBS, SCOTT GUITTEAU
Assistant ADR Editor	BOB MARTY
Assistant Dialogue Editors	DONNA JAFFE, MAIA VERES
Assistant Foley Editor	SUSAN POPOVICH
Apprentice Editor	ANDRE FENLEY
Foley Artists	DENNIE THORPE, MARNIE MOORE
Foley Recordist	CHRIS BOYES
Music Editor	KENNETH WANNBERG
Music Contractor	SANDY DECRESCENT
Music Preparation	JO ANN KANE MUSIC SERVICE
Music Scoring Mixer	SHAWN MURPHY
Scoring Crew	SUSAN McCLEAN, MARK ESHELMAN, GREG DENNEN, RICHARD DEARMAS, BILL TALBOT
Orchestrations	JOHN NEUFELD, ALEXANDER COURAGE
Post Production Assistant	ROBERT WEST
ADR Mixer	DEAN DRABIN
ADR Recordist	ANN HASDELL
ADR Re-Recorded At	TODD-AO/GLEN GLEN STUDIOS
ADR Voice Casting	BARBARA HARRIS
Music Recorded at	SONY PICTURES STUDIOS
Color Timers	DALE CALDWELL, ART HALISSI
Negative Cutter	GARY BURRITT
Amblin Projectionist	RENE GONZALEZ

Dolby Stereo Consultant .... DOUGLAS GREENFIELD
Titles and Opticals by .... PACIFIC TITLE
Remote Control Camera Systems by .... NETTMANN/MATTHEWS
Process Compositing by .... HANSARD
Crane and Dollies by .... CHAPMAN
Gyrosphere by .... PRESTON CAMERA SYSTEMS

CAST

Grant	SAM NEILL
Ellie	LAURA DERN
Malcolm	JEFF GOLDBLUM
Hammond	RICHARD ATTENBOROUGH
Muldoon	BOB PECK
Gennaro	MARTIN FERRERO
Wu	B.D. WONG
Tim	JOSEPH MAZZELLO
Lex	ARIANA RICHARDS
Arnold	SAMUEL L. JACKSON
Nedry	WAYNE KNIGHT
Harding	JERRY MOLEN
Rostagno	MIGUEL SANDOVAL
Dodgson	CAMERON THOR
Volunteer #1	CHRISTOPHER JOHN FIELDS
Volunteer Boy	WHIT HERTFORD
Mate	DEAN CUNDEY
Worker in Raptor pen	JOPHERY BROWN
Helicopter Pilot	TOM MISHLER
"Mr. D.N.A." Voice	GREG BURSON
Worker at Amber Mine	ADRIAN ESCOBER
Jurassic Park Tour Voice	RICHARD KILEY

PUPPETEERS

LLOYD BALL	SHANE MAHAN
CRAIG BARR	KAREN MASON
BILL BASSO	MARK "CRASH" McCREERY
DAVID BENEKE	PAUL MEJIAS
LARRY BOLSTER	TIM NORDELLA
EVAN BRAINARD	JOEY OROSCO
CRAIG CATON	JEFF PERIERA
MITCH COUGHLIN	JOSEPH READER
RICHARD DAVISON	JOHN ROSENGRANT
JON DAWE	ANDY SCHONEBERG
JEFF EDWARDS	J. ALAN SCOTT
GREG FIGIEL	SHANNON SHEA
RICK GALINSON	PATRICK SHEARN
ARMONDO GONZALEZ	ALFRED SOUSA
AVE GRASSO	IAN STEVENSON
BETH HATHAWAY	CHRISTOPHER SWIFT
RICHARD HAUGEN	MICHIKO TAGAWA
RICHARD LANDON	MIKE TRCIC
CHARLES LUTKUS III	MATT WINSTON

STUNTS

NATALIE BOLINGER	GARY EPPER
LAURA DASH	DONNA EVANS
RUSTY HANSON	LARRY DAVIS
NORMAN HOWELL	GARY McCLARTY
LES LARSON	PAT ROMANO
BRIAN SMRZ	R.A. RONDELL
PATRICK TALLMAN	

Filmed at
Universal Studios and
Kauai, Hawaii

The Producers Wish to Thank the Following:
GEORGE LUCAS
THE ISLAND & PEOPLE OF KAUAI—MAYOR JOANN YUKIMORA
KAUAI FILM COMMISSIONER JUDY DROSD
STATE OF HAWAII FILM OFFICE
CALIFORNIA FILM COMMISSION
IRIS INDIGO ELANS AND 4D/440 VGXT COMPUTER SYSTEMS
PROVIDED BY SILICON GRAPHICS
APPLE COMPUTER, INC.
SUPERMAC TECHNOLOGY
3D WEATHER SOFTWARE BY EARTHWATCH
COMMUNICATIONS MINNEAPOLIS
4D CREATIVE ENVIRONMENT PROVIDED BY SOFTIMAGE
ELECTRIC IMAGE
NEWER TECHNOLOGY
KAIMBU ISLAND RESORT, FIJI
TURTLE ISLAND, FIJI
TROPICALS BY GORDON COURTRIGHT © 1988, BY
TIMBER PRESS
RIXAN & ASSOCIATES, INC.
GENETIC ENGINEERING NEWS, MARY ANN LEIBERT, INC.
PUBLISHERS
CARL ZEISS, INC.
HELICOPTER TOUR OPERATORS OF KAUAI
THE DINOSAUR SOCIETY-DON LESSEM
CONNECTION MACHINE (CM-5) SUPERCOMPUTER SYSTEM
BY THINKING MACHINES CORPORATION

"QUB MILAGRO CHAPPARITA"
Written by Dolores Ayala Olivares
Performed by Madacy Mariachi Bond
Courtesy of Madacy Music Group

ORIGINAL SOUNDTRACK ON MCA CDS AND CASSETTES

THIS FILM MIXED AND RECORDED IN A THX SOUND SYSTEM
THEATRE

FILMED WITH PANAVISION CAMERA & LENSES

Color by DELUXE

DOLBY STEREO
in Selected Theaters

THIS FILM MIXED AND RECORDED IN A THX SOUND SYSTEM
THEATRE
EASTMAN COLOR FILM
DIGITAL THEATRE SYSTEM

CERTIFICATE NO   IATSE
MPAA SEAL   INSIGNIA

COPYRIGHT 1993 UNIVERSAL CITY STUDIOS, INC. AND AMBLIN ENTERTAINMENT, INC.
All Rights Reserved.

Country of First Publication: United States of America.
Universal City Studios, Inc. and Amblin Entertainment, Inc. are the authors of this motion picture for purposes of the Berne Convention and all national laws giving effect thereto.

THE ANIMALS USED IN THIS FILM WERE IN NO WAY MISTREATED AND ALL SCENES IN WHICH THEY APPEARED WERE UNDER STRICT SUPERVISION WITH THE UTMOST CONCERN FOR THEIR HANDLING.

THE CHARACTERS AND EVENTS DEPICTED IN THIS PHOTOPLAY ARE FICTITIOUS. ANY SIMILARITY TO ACTUAL PERSONS, LIVING OR DEAD, IS PURELY COINCIDENTAL.

THIS MOTION PICTURE IS PROTECTED UNDER THE LAWS OF THE UNITED STATES AND OTHER COUNTRIES. UNAUTHORIZED DUPLICATION, DISTRIBUTION OR EXHIBITION MAY RESULT IN CIVIL LIABILITY AND CRIMINAL PROSECUTION.

A STEVEN SPIELBERG FILM

AMBLIN ENTERTAINMENT

MPAA CODE Classification

Standard Universal Studios Logo

Standard Tour Log

ÜBER DIE AUTOREN

Don Shay ist Gründer und Herausgeber des *Cinefex*-Magazins. Jody Duncan ist Redakteurin bei dieser Zeitschrift. Beide haben ausführlich über Kinofilme und die Technologie der Spezialeffekte geschrieben, und als Team haben sie Bücher über die Entstehung von *Ghostbusters* und *Terminator 2* herausgebracht. Shay hat zu kürzlich auf Laserdisc erschienenen Materialsammlungen zu *Unheimliche Begegnung der dritten Art*, *Alien* und *Aliens* Video-Interviews beigetragen. Duncan ist eine preisgekrönte Dramatikerin, deren Stück *A Warring Absence* letztes Jahr im Kennedy Center in Washington, D. C., ausgezeichnet wurde.